Auxiliando a humanidade a encontrar a Verdade

A Sacerdotisa Celta

© 2015 – Ana Diegues

A Sacerdotisa Celta
Ana Diegues

Todos os direitos desta edição reservados à
CONHECIMENTO EDITORIAL LTDA.
Rua Prof. Paulo Chaves, 276 — Vila Teixeira Marques
CEP 13480-970 — Limeira — SP
Fone/Fax: 19 3451-5440
www.edconhecimento.com.br
vendas@edconhecimento.com.br

Nos termos da lei que resguarda os direitos autorais, é proibida a reprodução total ou parcial, de qualquer forma ou por qualquer meio — eletrônico ou mecânico, inclusive por processos xerográficos, de fotocópia e de gravação — sem permissão por escrito do editor.

Revisão: Mariléa de Castro
Projeto gráfico: Sérgio Carvalho
Ilustração da capa: Banco de imagens
ISBN 978-85-7618-347-1
1ª Edição – 2015

• Impresso no Brasil • *Presita en Brazilo*

Produzido no departamento gráfico de
CONHECIMENTO EDITORIAL LTDA
Impresso na

Rua Prof. Paulo Chaves, 276 – 13485-150
Fone: 19 99956-0006 – Limeira – SP

Dados Internacionais de Catalogação na Publicação (CIP)
(Angélica Ilacqua CRB-8 / 7057)

Aullus (espírito)
   A Sacerdotisa Celta / Aullus (espírito) ; obra psicografada por Ana Diegues — Limeira, SP : Editora do Conhecimento, 2015.
   234 p.

ISBN 978-85-7618-347-1

1. Celtas – Religião – Cultura 2. Espiritualidae I. Diegues, Ana II. Título

15-0682   CDD – 291.211

Índices para catálogo sistemático:
1. Celtas — religião — cultura

Aullus

A Sacerdotisa Celta

1ª edição
2015

Sumário

Introdução 3
Algumas palavras de Aullus 5
Para melhor compreender 7
Representação geográfica de nossa localização 10
— Capítulo 1 11
— Capítulo 2 14
— Capítulo 3 17
— Capítulo 4 20
— Capítulo 5 24
— Capítulo 6 27
— Capítulo 7 30
— Capítulo 8 37
— Capítulo 9 40
— Capítulo 10 44
— Capítulo 11 48
— Capítulo 12 54
— Capítulo 13 57
— Capítulo 14 62
—Capítulo 15 65
— Capítulo 16 68
— Capítulo 17 71
— Capítulo 18 77
— Capítulo 19 80
— Capítulo 20 86

— Capítulo 21 92
— Capítulo 22 98
— Capítulo 23 103
— Capítulo 24 107
— Capítulo 25 112
— Capítulo 26 121
— Capítulo 27 126
— Capítulo 28 133
— Epílogo 137

Introdução

1. A história da filosofia é um *continuum*, que nasce da primeira indagação do homem sobre a Natureza e depois sobre a vida e sobre ele mesmo. Da magia à religião e desta à filosofia o pensamento se desenrola numa sequência ininterrupta de formulações pessoais.
(...)
2. Na primeira paralela temos a sequência magia-religião, que se desenvolve no plano da afetividade. Na segunda paralela temos a sequência experiência-ciência-filosofia, que se desenvolve no plano da razão.
(...)
3. Arnold Toynbee[1] assinalou a relação entre religião e civilização, que se caracteriza do desenvolvimento dos ciclos naturais. A teoria dos ciclos vem de longe e teve grande voga entre os gregos. Cada ciclo é uma fase do desenvolvimento cultural, que se encerra para dar início a outro. (...) Duas novas civilizações lutavam para definir-se, asfixiadas pelo poder romano: a judaica, na Ásia e a celta, na Europa.
(...)
4. Foi então que surgiu a síntese cristã, infiltrando-se na Europa com seus princípios renovadores, minando o Império Romano em suas bases e encontrando ressonância na cultura celta. O cristianismo iniciava

---
1 Arnold J. Toynbee – (1889/1975), sobrinho de Arnold Toynbee (economista) e Paget J. Toynbee (filólogo e um estudioso de Dante Alighieri), que o influenciou ao gosto pela pesquisa e leitura. Sua obra prima, *Um Estudo de História*, é uma investigação sobre o nascimento, desenvolvimento e queda das civilizações. (Nota da autora).

um novo ciclo, que iria desenvolver-se penosa, mas rapidamente, graças à dinâmica social dos seus princípios. O esplendor da filosofia grega deixaria na sombra os princípios do celtismo. Mas Aristóteles já havia advertido que os celtas era o único povo filósofo do mundo. Dois milênios passariam na estruturação dos primórdios da Civilização Cristã, impregnada de resíduos greco-romanos e judeus. Mas as sementes do druidismo, religião dos celtas, aguardavam no chão da Europa o momento propício à sua germinação. Coube a Allan Kardec um nome druida — revelar a sintonia celta-cristã e anunciar o nascimento de um novo ciclo.

Do livro *Introdução à Filosofia Espírita*, de J. Herculano Pires – Introdução.

Como citado, J. Herculano Pires, em seu livro *Introdução à Filosofia Espírita*, traz na introdução da obra certos conceitos que embasam a característica da evolução humana, no que diz respeito à sua compreensão e consequente evolução, mostrando a necessidade da pesquisa e do estudo para entender a incessante busca do homem, sobre sua origem, material ou divina (espiritual).

Antes de continuar qualquer comentário é importante conceituar aqui o termo magia, que o autor cita em sua escala de conhecimento (segundo parágrafo) e que não tem nenhuma ligação com mágica, mas tem com o estudo do que por muito tempo foi chamado de ocultismo. Na Antiguidade, já existia a Ciência Sagrada que estudava os segredos e forças da natureza e sua ligação com o homem. Nesse estudo há um conjunto de teorias e práticas que visam ao desenvolvimento integral das faculdades espirituais (ocultas) do ser, com objetivos de alcançar assim o total domínio de si mesmo. As características ritualísticas e cerimoniais eram o facilitador do contato entre o homem e os aspectos ocultos da natureza, do Universo e da Divindade (Deus/Criador).[2]

---

[2] Eram chamados de magos, os estudiosos da magia. Um exemplo que podemos citar, e que todos conhecem: os três reis magos que visitam Jesus logo após seu nascimento. Aqui o nome, "magos", refere-se à religião, muito provável, de seguidores de Zoroastro, mas independente disto, eram estudiosos do ocultismo, ou magia.

Faz ainda uma analogia do entendimento humano com duas paralelas, onde a primeira paralela seria a sequência magia-religião, quando o ser é tocado em seu lado afetivo ou emocional, ou seja, num primeiro momento nossa curiosidade nasce a partir da emoção e do sentir. A segunda paralela é a sequência experiência-ciência-filosofia, que aparece quando o homem já tem condições de atuar pela razão: experimenta, conceitua e somente após a compreensão total até este estágio, ele parte para os porquês da vida e do ser.

Em outro parágrafo (quarto parágrafo) o autor, baseado na afirmação de diversos historiadores e filósofos, mostra que nossa compreensão é baseada em ciclos de entendimento e talvez por isso alguns ensinamentos da Antiguidade ficaram por milênios na sombra, aguardando pacientemente o momento certo ou propício para reaparecer. Talvez as sementes citadas no texto façam parte de um ciclo e a fertilização do solo seja outro ciclo, a junção dos dois um terceiro... Não sabemos, mas sabemos que muitos ensinamentos e muitas sementes ficaram esquecidos, porém nunca perdidos.

As próximas páginas, vindo ao encontro das palavras de J. Herculano Pires, trazem as sementes do druidismo. Quando a humanidade estava ainda na primeira paralela de entendimento magia-religião. Certa inocência permeava os dias e as ações desse povo, que não sabia os porquês da vida como muitos sabem hoje, mas já conhecia e praticava as Leis Divinas pela solidariedade, caridade e amor.

Segundo os intelectuais do Iluminismo, a humanidade viveu longo período de escuridão no conhecimento (outro ciclo da compreensão? Talvez!), mas nem este período dizimou as verdadeiras sementes; estavam quietinhas e protegidas à espera do solo fértil, do clima propício e do agricultor dedicado.

Um agricultor que muito provavelmente ajudou a separar as melhores sementes para plantá-las milênios depois, nas bases do espiritismo.

Ana Diegues

Algumas palavras de Aullus

Nossas memórias podem causar muitos problemas, e não é a toa que a cada reencarne passamos pelo esquecimento de tudo e de todos que participaram de nossas vidas, compartilhando sentimentos e ideais bons ou não.

Mas certas situações, ou pessoas, não estão verdadeiramente esquecidas e, não raro, nos pegamos lembrando situações que "nunca" aconteceram, ou reconhecemos pessoas que "nunca" conhecemos. Um momento, um cheiro, um som, qualquer coisa basta para nos remeter ao passado que conscientemente desconhecemos, mas que nossa alma reconhece; e se delicia ao reencontrar pessoas que foram importantes em nossa caminhada.

Os grandes e verdadeiros amigos, os amantes, pais, irmãos de sangue ou de afinidade e o amor que supera as distâncias ou as dimensões, são sentimentos inesquecíveis à nossa alma... Ao nosso espírito.

A Terra, este planeta querido, nos serve de morada há milênios e é lógico termos como certo que nossas encarnações não estão limitadas às últimas centenas de anos, mas mesmo vindos de outros orbes, este planeta nos acolhe como seus filhos há tempos que não temos condições de precisar.

Muitos chegaram à Terra quando ela ainda estagiava no primitivismo, e mesmo não gostando, ou duvidando desta afirmação, vários seres daquela época ainda fazem parte dos bilhões de encarnados que se espalham pela superfície deste planeta, nosso lar espiritual. De lá pra cá muito se descobriu, muito se viveu, e conforme o conhecimento tecnológico e o poder que dele advém cresceram, a moral decresceu.

Importante dizer que não me refiro à moral dos encarnados, que de tempos em tempos se modifica, já que está ligada aos conceitos e éticas ditas sociais; refiro-me à moral divina, perfeita e imutável.

Nesses séculos passados, muitos dos antigos povos foram dizimados pela guerra, instituída pelo homem desejoso de conquistar novos territórios, aumentando reinos e poder; e também por representantes da fé, que desejavam impor uma crença equivocada. Infelizmente, junto com os povos, parte do conhecimento que lhes pertencia foi perdida e outra parte foi retransmitida de forma torpe, com objetivos de fixar o medo e obter controle.

Os celtas, por exemplo, eram um povo cujo exercício da fé era intimamente ligado à natureza. Espiritualizados, este povo assistiu à contaminação de seus valores, à transformação de suas crenças e por fim, acabaram exterminados. Poucos sabem que as aldeias celtas existiam há milênios, bem antes de Jesus andar entre nós.[1]

Os celtas respeitavam a natureza e se incorporavam a ela, acreditavam no espírito e na reencarnação. O sacerdócio e a medicina se confundiam e os processos de cura baseavam-se no poder das ervas e da imposição das mãos, ou o que hoje chamamos de fitoterapia e passes, respectivamente.

Vale aqui uma observação: atualmente há vários estudos sobre a cultura celta, mas praticamente todas as informações que a História possui, são baseadas em textos gregos e romanos, provavelmente alterados e adaptados. Exatamente por isso, hoje há muitas versões equivocadas sobre o comportamento e a religião desta cultura; porém nossa intenção é apenas contar uma história. Nada mais!

A época aqui relatada é muito anterior aos romanos e à

1 A origem do povo celta é controversa e especula-se que apareceram entre 1.900 e 1.500 a.C., porém Daniel Bradley e sua equipe propôs uma origem muito mais antiga para as comunidades da costa do Atlântico: pelo menos 6.000 anos atrás, ou até antes disso. Os grupos migratórios que deram origem aos povos celtas do noroeste europeu teriam saído da costa atlântica da península Ibérica nos finais da última idade do gelo e ocuparam as terras recém-libertadas da cobertura glacial dessa área, deslocando-se depois para as áreas continentais mais distantes do mar. Outro cientista, o geneticista Bryan Sykes, confirma esta teoria no seu livro *Blood of the Isles* (2006), a partir de um estudo efetuado pela equipe de geneticistas da universidade de Oxford. O estudo analisou amostras de DNA recolhidas de 10.000 voluntários do Reino Unido e Irlanda, permitindo concluir que os celtas que habitaram estas terras — escoceses, galeses e irlandeses —, eram descendentes dos celtas da península Ibérica que migraram para as ilhas Britânicas e Irlanda entre 4.000 e 5.000 a.C.

rivalidade que existiu entre eles (gauleses e romanos). Nossa localização era próxima à nascente do rio Danúbio, entre o sul da Alemanha e norte da Suíça[2] e a comunidade era composta de pequenos clãs (ou famílias), que formavam uma aldeia, que por sua vez, formavam a comunidade.

Quando a comunidade atingia determinado número de habitantes era dividida, e um novo grupo se formava, buscando novas terras para viverem. Cada comunidade era completamente independente da outra, ligadas apenas pela religião e a organização social. Historicamente, o povo considerado como "celta" é o povo que tem como característica básica esta independência e certos conceitos religiosos; não estão ligados à etnia ou país.

Como nunca possuíram um reino central, ou seja, um mesmo rei para diversas comunidades, como fizeram os romanos, por exemplo, os celtas não são reconhecidos como um "grande reino", mas eles se espalharam por todo o continente europeu, atravessando mares e chegando a lugares bem distantes do ponto de origem, mas cada comunidade com seu rei.

Infelizmente, com a transformação e a divulgação deturpadas de suas reais crenças e valores, os últimos celtas são mais conhecidos por seus guerreiros, por sua rivalidade com os romanos, e pelos supostos sacrifícios que realizavam como povo pagão;[3] ou pela figura lendária do mago Merlin,[4] cujo comportamento está mais ligado ao extraordinário do que à realidade, e de época bem mais recente do que a mencionada e vivida nas páginas a seguir.

Talvez a verdade esteja no meio dessas duas pontas, onde acharemos um povo cujos guerreiros existiam para defender suas aldeias dos animais selvagens e das intempéries climáticas; para desbravar terras para as novas comunidades, pois não se tomava uma comunidade já existente; ou seja, os guerreiros não existiam simplesmente para conquistar e matar como hoje se divulga; não naquele tempo.

A magia, de que tanto se fala, existia na harmonia en-

---

2 A nascente do rio Danúbio é na cidade alemã de Donaueschingen, portanto a localização atual seria entre esta cidade e Schaffhausen, na Suíça.
3 Povo pagão = Povo do bosque
4 As lendas do rei Arthur

tre o homem e a natureza, não nos "feitiços" ou nos poderes extrassensoriais que vivem em nossa imaginação. Uma cura, para o entendimento da época, era magia (não mágico); não conhecíamos o processo energético da cura, fazia parte do "oculto", da ciência sagrada, vinda do Criador.

Nas próximas páginas estaremos há aproximadamente 2.500 a.C., época onde vivíamos sob certa inocência científica, mas cometendo erros e acertos, como todos os seres em evolução, tentando sempre aprender e acertar.

Queremos mostrar também que a espiritualidade sempre esteve presente em todos os momentos de nossa existência terrena. Os espíritos sempre se comunicaram através de um mediador, afinal a mediunidade é inerente ao ser humano. A vidência, a psicofonia, a intuição, a mediunidade de cura, entre outras já eram praticadas, obviamente com certas diferenças. A mediunidade não era conhecida como hoje, só passou a ser estudada e pesquisada após o trabalho de Kardec.

O estudo, misturado à prática, trouxe algumas facilidades para os dois planos, mas qualquer estudo está vinculado aos limites de nossa compreensão. Além disso, existe uma única forma de se trabalhar com a espiritualidade desde os tempos mais remotos: o amor; e a qualidade deste sentimento, o amor, está ligada à evolução do ser.

Existem atualmente diversas crenças que trabalham com a espiritualidade e cada uma tem sua particularidade. Uma não é melhor que outra, ou mais eficaz; é o sentimento do trabalhador que dá qualidade e eficácia ao trabalho espiritual e não os gestos, as palavras, os templos, ou a fé rotulada.

O amor dedicado ao necessitado moral, cura!
O amor dedicado ao necessitado físico, cura!
O amor dedicado ao necessitado espiritual, cura!

O amor não julga, não condena, não oprime... o amor simplesmente ama e cura aquele que o sente, que o aplica e que o emana.

Aullus
Janeiro de 2014

Para melhor compreender

Como já comentado, os fatos aqui narrados ocorreram há cerca de 4.500 anos atrás, aproximadamente. A linguagem foi apropriada para nosso entendimento atual, algumas expressões e nomes foram preservadas, outras modernizadas, no intuito de obter a melhor representação e entendimento dos fatos relatados.

Como ilustração do costume de um povo, são detalhados alguns rituais pertencentes à prática religiosa da época, como por exemplo, os rituais dos quatro elementos e seus elementais. Não podemos esquecer que ainda hoje existem crenças que praticam rituais parecidos, e não cabe aqui nenhum julgamento ou crítica, mas seguindo os ensinamentos dos espíritos, sabemos que a ligação com o plano espiritual, com Deus ou com os espíritos amigos e/ou ignorantes se dá exclusivamente pelo pensamento, transformador de nosso envolvimento fluídico.

Acompanhando o texto, percebemos, desde aquela época, uma clara preocupação com os pensamentos, porém essa preocupação era instintiva. Não havia explicações científicas para provar qualquer influência dos pensamentos na vida ou na rotina diária.

Mas da mesma forma que hoje vamos ao centro espírita com objetivos de realizar uma ligação com Deus e com os espíritos benfeitores, criando inclusive uma disciplina de comportamento, os rituais aqui descritos tinham como objetivo manter a mente voltada e focada na oração e na comunhão com o Todo, disciplinando atitudes e pensamentos. Não podemos, também, descartar a ignorância científica existente, afinal o representante religioso era também o médico, o farmacêutico e o professor, para não falar de outras profissões agregadas.

Mas deixando os rituais em seus devidos lugares e lembrando que da forma aqui detalhada, eles não passam de exercícios para disciplinar a ligação íntima com o plano maior, da mesma forma que se praticam hoje as meditações, percebe-se que muitos ensinamentos do espiritismo são encontrados e insistentemente cobrados à prática: conhecer a si mesmo, a reforma íntima, caridade, necessidade do controle emocional, a oração como caminho de ligação com o Alto, lei de causa e efeito etc., sem falar da mediunidade existente e já aplicada com disciplina moral.

Como veremos, o ser que tinha mediunidade, mas não seguisse o caminho do sacerdócio, não poderia realizar nada com seu *dom*, como chamávamos. A não ser que fosse convidado por um sacerdote a ajudá-lo.

Ao longo destas centenas de séculos muito se perdeu da sabedoria instintiva e confundimos nossa essência, e de "parte da natureza" viramos "donos da natureza". O medo foi confundido com respeito, a liberdade confundida com a libertinagem e as paixões fúteis embasadas no desejo carnal confundidas com o verdadeiro amor que liberta e regenera.

É interessante saber, para melhor compreender, que não contávamos o espaço de tempo de forma linear como hoje, e sim circular. Um ciclo era composto de duas estações: verão e inverno, e ao terminar cada ciclo outro era iniciado imediatamente, sem intervalos ou interrupções; até aqui nada muito diferente, porém não existiam os meses ou a contagem de anos. A nossa idade era uma estimativa, como Aileen, por exemplo, que tinha quinze verões; algumas árvores só davam frutos após três floradas, e assim por diante; uma lua era uma semana e um sol era um dia, não tínhamos a contagem clássica de anos, ou dias, ou horas.

Nosso fim de ciclo era no inverno (associado à morte). Com a chegada do verão, por consequência "chegava" a vida, e se restabelecia e caracterizava o recomeço ou, como chamaríamos hoje, era como um ano novo, mas a comemoração era pela vida.

As festas e festivais que relatamos aqui, em sua nomenclatura mais moderna, eram os únicos praticados por nós naquela época; apenas quatro festivais, relacionados com as duas estações do ano: verão e inverno. Esses festivais eram como orações que oferecíamos ao Todo e aos deuses, pedindo que a natureza nos fornecesse o alimento necessário para a comunidade não passar fome. Não havia a fartura de hoje e dependíamos diretamente do clima para termos boa colheita.

Eram quatro festivais por ciclo, relacionados diretamente com a agricultura, com o solo e o plantio: no verão tínhamos o Festival da Fertilidade (31 de janeiro e 1º de fevereiro) e o Festival do Fogo (30 de abril e 1º de maio); no inverno o Festival da Colheita (31 de julho e 1º de agosto) e o *Sambain*, o Festival de Inverno ou da morte (31 de outubro e 1º de novembro).

O inverno era um período muito difícil e os celtas acreditavam que neste período os maus espíritos ficavam soltos, pois era uma época de muito sofrimento e muitas perdas. Muitos aldeões morriam de frio ou fome, caso não houvesse uma colheita farta, que era estocada e alimentava a todos da comunidade. Lembrando: o festival da fertilidade era relacionado **apenas** ao solo e plantio, não havia ligação nenhuma com a fertilidade ou reprodução humana. Um conceito confundido e deturpado ao longo dos séculos.

Para terminar, certos nomes como *Sambain, Triskle, Trisqueta* são nomenclaturas de tempos muito mais recentes; porém são mencionados quando hoje se fala sobre a cultura celta. Aqui foram usados para melhor compreensão.

As expressões:

• *Minha Alma* – refere-se a espíritos que possuem grande afinidade espiritual, e compartilham objetivos e metas evolutivas. Quando encarnados podem ser grandes amigos, mas quando formam um casal invariavelmente estes espíritos devem prestar muita atenção para não enveredarem pelos caminhos equivocados da paixão material, principalmente quando certa evolução moral ainda não habita em seus corações.

• *Irmãos de Alma* – são os iniciados ao sacerdócio que formarão um casal druida. Os irmãos de alma serão responsáveis pelo conhecimento, pela informação religiosa da aldeia e principalmente, pelo atendimento aos doentes, aos partos e aos funerais. Um será responsável pelo outro, até que um deles parta para o invisível. Atualmente poderíamos chamar de irmãos de alma os espíritos que compartilham ideais, são muito parecidos emocionalmente e possuem grande afinidade espiritual.

Para outros termos utilizados, havendo a necessidade, algumas referências de fim de página e alguns parágrafos explicativos tornam a mensagem e a leitura mais clara.

O único objetivo desta obra é o de auxiliar, de alguma forma, a todos que a lerem.

Este texto não tem nenhuma ligação com nosso querido codificador Allan Kardec, mas considerando que nosso espírito guarda todo conhecimento adquirido, posso aqui imaginar que Allan Kardec, o druida, aprendeu o suficiente para milênios mais tarde facilitar e trazer pela escrita, embasado na filosofia, ciência e religião os ensinamentos dos espíritos, sem a necessidade dos rituais descritos.

Boa leitura!

Representação geográfica de nossa localização

<u>Distância percorrida</u> — aproximadamente 1.000km.

1ª – Região de Versalhes

2ª – Região de Salisbury

Capítulo 1

Nossas aldeias eram no meio da natureza exuberante da floresta. Árvores, arbustos, flores, rios... Era a nossa fortaleza! Tínhamos uma agricultura de subsistência, mas quase todo nosso sustento material e espiritual era retirado de, e mantido pela natureza que nos envolvia.

Em nosso círculo havia uma jovem, Aileen, que era muito querida. Tinha o frescor da juventude e no coração um sentimento puro e contagiante. Gentil com todos, aos poucos ela conquistava o coração do povoado, um respeito e amor que era destinado somente à sacerdotisa.

Aileen era filha de Atma, a sacerdotisa daquela aldeia, e aprendia conforme ia crescendo os ensinamentos de nossa crença e já participava, mesmo sendo muito jovem, de alguns rituais.

Por mais absurdo que hoje isso possa parecer, para nós não existia a responsabilidade paterna, pois teoricamente, os homens não tinham participação direta no nascimento de uma criança. A concepção era considerada de origem divina, um verdadeiro presente do Criador. Somente o amor devia unir um homem e uma mulher e a entrega do casal à pureza deste sentimento era abençoada com os bebês, que pertenciam à comunidade e às mães. A mulher, praticamente um ser sagrado, sangrava inexplicavelmente a cada período, e tinha o *poder da vida*. O período de gestação era o preparo necessário à alma que viria do invisível para o mundo visível.

Por ser considerada uma bênção ao sentimento puro que unia um homem e uma mulher, a gravidez não era tida como consequência direta do ato sexual, até porque muitas uniões não recebiam no ventre uma criança. Por isso, os bebês e as crianças até seis anos eram "divinas". Ao completar sete anos, as crianças participavam do primeiro ritual de iniciação

19

espiritual. Era neste momento que aprendíamos o conceito do Criador e suas faces, a importância de vivermos em harmonia com a natureza e entre nós e a disciplina das orações e rituais diários.

As mulheres, principalmente as sacerdotisas, tinham filhos sem participarem de uma união marital ou qualquer outro vínculo. Quando resolviam se casar era unicamente por amor e porque assim desejavam. O pacto de união, ou o casamento, era realizado de comum acordo e na maioria das vezes os dois já possuíam filhos com outros parceiros, o que não afetava o convívio do casal. O casal, após assumir diante da aldeia e dos sacerdotes a vontade de viver um com outro, mantinha-se fiel à união, podendo sair dela quando desejassem, o que dificilmente acontecia. Se a mulher já tivesse filhos, as crianças seriam criadas pelo casal como se fossem filhos legítimos da união.

Aileen preparava-se para ser uma sacerdotisa, não por ser filha de Atma, mas por ter o perfil para isso: a bondade e a grande interação com a natureza favoreciam os dons da cura, e a facilidade na comunicação com o invisível; ou seja, a mediunidade que possuía. Ela conseguia, sem esforços, trabalhar com a essência das flores, das ervas e dos cristais, trazendo para os necessitados que a procuravam a paz e, em alguns casos, a cura desejada.

Mesmo muito jovem, ela desejava sinceramente ser a sacerdotisa de seu povo; além disso, ela tinha restrições ao comportamento da mãe e seu objetivo era ser completamente diferente dela, que aos olhos de Aileen, era orgulhosa e algumas vezes injusta; não compreendia algumas atitudes que a mãe tomava, e a crítica era constante nas conversas das duas.

Aos poucos, Aileen participava mais assiduamente dos rituais: na iniciação das crianças, para uma colheita farta e, principalmente, nos rituais de cura. Aquilo que chamamos de magia,[1] que nada mais é do que a utilização da energia ema-

---

[1] Todos utilizavam os benefícios das ervas, dos perfumes das flores e das cascas de algumas árvores. Era "mágico" saber o que misturar, como utilizar, que ervas aplicar para esta ou aquela enfermidade. Os seres que sabiam manipular este tipo de remédio eram considerados mágicos e também fazia parte da magia, a manutenção do ser através dos pensamentos sadios. Ninguém sabia que esta facilidade estava ligada à mediunidade do ser.

nada pela natureza, era comum e praticada por todos, mas alguns se destacavam e pareciam ter uma ligação diferente com o mundo invisível. Este era o caso de Aileen.

Timidamente Aileen tornava-se uma figura que não podia faltar nos processos e atendimentos aos doentes. Tratava-os de forma carinhosa e tinha muita facilidade para realizar as misturas e combinações de forma inovadora, criando emplastros, chás e xaropes que davam resultados quase imediatos. A sensação era que alguém ditava as receitas a ela e isso realmente acontecia. Aileen tinha mediunidade de cura e também era audiente e era assim, ouvindo alguém recitar o nome das ervas e suas proporções, que seus receituários eram precisos.

Como a garota não seguia as receitas de ninguém e também fazia novas misturas, algumas vezes Atma a repreendia, dizendo que antes dos remédios era necessário pedir aos deuses a autorização para curá-los. Aileen não concordava e dizia que o fato dela fazer o remédio certo, já era a autorização dos deuses... Da Grande Deusa, como dizíamos. Atma, por sua vez, seguia todos os passos, tudo como a receita e o sacerdócio a tinham ensinado e não conseguia os mesmos resultados. Atma acreditava que a filha ainda era muito inocente, e era exatamente está inocência que resultava na pureza de sentimentos que a dirigia.

A sacerdotisa temia que a filha perdesse essa inocência, após passar pela iniciação ao sacerdócio, que mexia profundamente com os sentimentos. Conhecer-se intimamente para controlar o emocional era o objetivo, mas muitas vezes os iniciados tornavam-se frios, e não controlados, como era o objetivo principal. Perdendo a compaixão, perdia-se a inocência necessária para o íntimo contato com os deuses, e consequentemente a eficácia dos remédios, o conforto ao doente e a cura não eram alcançados. O maior segredo da magia da cura é a compaixão; se o sacerdote não se sensibilizar sinceramente com o estado físico e emocional do atendido, dificilmente conseguirá curá-lo ou confortá-lo. Julgar se o problema é ou não tão grave como o necessitado diz ser, influencia diretamente os resultados da possível cura.

O sacerdócio era aberto e homens e mulheres; quando se formassem, seriam chamados de druidas.[2] Entre os rituais de iniciação ao sacerdócio e a formação completa de um druida, passavam-se aproximadamente vinte anos, pois o conhecimento era transmitido verbalmente.

O que diferenciava a mulher do homem druida eram suas responsabilidades diante da comunidade. O sacerdote tinha a função de transmitir ao povo os ensinamentos culturais, as tradições e os métodos de plantio, as modificações climáticas e as transformações do solo, além das orientações religiosas. Ele conhecia os princípios da teologia, da medicina e da astrologia, entre outras ciências, e era considerado como uma espécie de *guardião do conhecimento*. A sacerdotisa, por sua vez, também tinha as responsabilidades de ordem religiosa e o atendimento aos doentes; atuavam como parteiras, psicólogas, pediatras e eram as mulheres mais importantes da aldeia. Poucas pessoas, na comunidade, conheciam as ervas e suas aplicações tão bem quando os sacerdotes.

A religião não era limitada ao templo ou a algumas leis que deviam ser respeitadas. Cada ser possuía uma intensa religiosidade, que hoje não conhecemos e que faz muita falta à humanidade. Críamos que cada ser era responsável pela vida e pela manutenção do planeta como um todo, envolvendo todos os seres da natureza. Não tínhamos dúvidas que a atitude de um atingia o outro de forma direta ou indireta, e aquele que causava um desequilíbrio, em algum momento iria promover o reequilíbrio. É a lei de causa e efeito que conhecemos hoje.[3]

Segundo os ensinamentos dos sacerdotes, os problemas ou as situações negativas sempre carregam lições que devem ser absorvidas e ao contrário do que muitos acreditam hoje, os sacrifícios[4] de seres vivos, humanos ou animais, nunca

---

2 Atualmente reconhecemos os homens como druidas e as mulheres como sacerdotisas.
3 Allan Kardec nos diz que não existe efeito sem causa; ou que para toda causa, existe um efeito.
4 O sacrifício de seres vivos começou quando houve o contato com guerreiros de outras crenças, que acreditavam ganhar suas guerras por conta da "oferta" do sangue derramado. Era um povo sem crenças profundas e ao contato com povos cuja religiosidade era acentuada, alguns guerreiros, movidos inicialmente pela curiosidade ou medo e posteriormente pelo poder de manipulação, começaram a *criar* deuses mais ligados à realidade que viviam: a guerra; consequentemente esses deuses eram mais "humanos", e ligados à guerra, alimentavam-se de

existiram. As frutas e as plantas, com suas flores e cores exuberantes, eram as oferendas.[5] Não faria sentido um sacrifício sangrento, para um povo que acreditava que o caminho da felicidade era viver em harmonia com a Criação.

Também acreditávamos num único Criador que deveria ser amado e respeitado através de suas duas faces: o Grande Deus e a Grande Deusa, o masculino e o feminino representando o equilíbrio da criação.

A imortalidade da alma era uma realidade e a reencarnação também, portanto o visível e o invisível estavam sempre de mãos dadas e o sacerdócio estava ligado à mediunidade: somente seres portadores de dons especiais tinham condições de seguir o caminho do sacerdócio. Nossa concepção de dons especiais englobava a facilidade de curar, a simplicidade ao realizar as receitas, a eficácia dessas receitas e também as qualidades morais de quem se candidatava a participar da iniciação. Abdicar da vida familiar e se dedicar àquele que precisa, sem julgar e sem criticar, eram, para nós, qualidades especiais.

O druida da aldeia, Mirdle, era um grande estudioso dos mistérios da Terra e aparentemente ele sempre esteve presente nas vidas de todos nós, os aldeões, e por isso alguns brincavam que ele tinha mais de duzentos verões, mas sua idade não chegava a tanto, embora seus cabelos e barbas fossem completamente brancos.

Por ser o mais velho druida e conhecedor dos ensinamentos, ele era o encarregado pela Iniciação de todos que queriam seguir o caminho do sacerdócio. No caso de Aileen, Mirdle

---

sangue, portanto para ganhar uma batalha e principalmente uma guerra, o povo deveria alimentar os deuses com o "melhor" que possuíam: grandes animais, ou então pessoas queridas da aldeia em que viviam. Ao longo do tempo, os sacerdotes perceberam o poder que possuíam "os deuses" ficaram cada vez mais "exigentes". Além dos prisioneiros de guerra, tinham outros escolhidos ao sacrifício: moças virgens, crianças do sexo masculino, primogênitos etc., onde os escolhidos eram aqueles que *atrapalhavam*, de alguma forma, a vida dos chamados sacerdotes.
5 O simbolismo da oferenda era a bênção e o agradecimento. Como agradecimento à natureza pelo alimento fornecido, alguns frutos e flores eram separados e colocados numa vasilha e colocados num pequeno altar, que todos tinham em suas casas; ficavam ali por três dias. Após esses dias eles estariam abençoados pela Grande Deusa; os frutos eram ingeridos e as flores eram espalhadas pela casa ou utilizadas em chás. Novos frutos e flores eram colocados no mesmo lugar, mantendo sempre uma jarra de água limpa e fresca, trocada diariamente.

seria também seu mentor direto, pois Atma era sua mãe e não poderia fazer este papel. O velho druida cuidaria de Aileen, até que ela tivesse condições de assumir uma aldeia como sacerdotisa.

Na próxima colheita Aileen, com quinze verões, estaria pronta para os rituais de iniciação ao sacerdócio. Nesses rituais os dotes mediúnicos, chamados de dons, a capacidade da autoavaliação, a disciplina, o controle, o desprendimento e principalmente a pureza de sentimento, a compaixão, seriam avaliados.

A iniciação ao sacerdócio recebia no máximo cinco pretendentes para treinamento por vez e sempre era realizado no verão, no intervalo de tempo entre o festival da fertilidade e o festival do fogo.

O iniciado poderia desistir do seu caminho a qualquer momento e não seria julgado por isso, mas caso desistisse seria para sempre, não era aceito o arrependimento. Portanto tornar-se ou não um sacerdote era a decisão de uma vida. Entendíamos que abraçar a vida sacerdotal não era uma tarefa fácil e muitas vezes os iniciados só percebiam a carga e a responsabilidade que teriam que assumir, após trabalharem com os druidas. E chegavam à conclusão que não tinham condições emocionais para seguir o caminho.

Poucas pessoas conheciam ou participavam da rotina de um sacerdote.

Capítulo 2

Aileen estava muito feliz e preparava-se para a iniciação dali a alguns dias. Esperava com ansiedade o momento que, até então, seria o mais importante daquela existência. Após as festividades do Festival da Fertilidade, iniciaria uma parte importante de sua vida terrena. Nunca teve dúvidas sobre esse destino e estava prestes a realizar o sonho acalentado desde muito pequena... Aileen estava realmente feliz!

Os preparativos para a Festa da Fertilidade estavam adiantados e muitos visitantes já haviam chegado ao povoado. Formou-se um grande acampamento nos campos e colinas ao redor da vila principal e eram nestes festivais que as pessoas de diferentes aldeias, mas da mesma comunidade, se encontravam.

Todas as noites algumas pessoas se juntavam ao redor de uma fogueira para tocar e cantar as trovas. Nesses encontros e nas festividades em geral, algumas amizades consideradas como verdadeiros reencontros espirituais, iniciavam ou fortaleciam seus laços. Este tipo de relacionamento, chamado de amigos de alma, ou irmã de alma, era como compartilhar a própria alma com outro ser; não podiam existir segredos, a confiança era o ponto central e os objetivos eram compartilhados e dificilmente se separavam. Esta relação de amizade poderia ser entre dois homens, duas mulheres ou mesmo entre um homem e uma mulher, que nunca se casariam, mas cuidariam um do outro até o momento da partida ao mundo invisível de um deles. Não era difícil encontrar este tipo de amizade, pois os celtas, de maneira geral, já cresciam com objetivos comuns diante da comunidade.

Numa das noites, Aileen juntou-se ao meu grupo e foi quando nos olhamos pela primeira vez nessa vida. Meu coração quase saltou pela boca, de tão forte que batia. Minhas mãos e pernas tremiam e eu sentei, com medo de cair. O tempo parou, e eu tinha a sensação que meu coração acompanhava o tempo... Não consegui mais tocar o *bodhran*¹ naquela noite e passei o cargo ao meu irmão mais novo, Flynn, que ficou muito feliz com a nova tarefa.

Apenas trocamos olhares, mas não consegui dormir naquela noite e à lembrança do seu olhar, eu queimava por dentro. Que mistério era esse? Isso nunca havia acontecido comigo, não era a sua beleza que havia me impressionado, era mais que isso... Muito mais, mas eu não sabia explicar o que era.

Faltavam alguns dias para o festival e a cada anoitecer eu a procurava; ao mesmo tempo, eu temia por não saber quais seriam as minhas reações; para alguém tão controlado como eu, era horrível não ter o controle.

Eu era uma pessoa feliz e minha alegria vinha desta felicidade. Minha família vivia em outra aldeia, mas pertencia à mesma comunidade, governada pelo rei Arkell. Eu era metódico, possessivo, porém amoroso e carinhoso com aqueles que conseguiam ignorar parte das minhas implicâncias gratuitas. Muito ciumento com minhas coisas e responsabilidades, não admitia descontroles e inseguranças, e este comportamento dificultava minhas relações de amizade, como também com aqueles que dividiam comigo as tarefas do cultivo de ervas e legumes.

Eu era extremamente dedicado às responsabilidades que assumia e não admitia que outros não fossem assim. Não agir como eu, para mim, era negligência.

Portanto, aquela situação era nova, e até alguns segundos antes eu diria impossível de acontecer. Fiquei confuso e muito bravo comigo mesmo.

Nos dias que se passaram, tentei esquecer e teria conseguido, mas a encontrei novamente numa cabana vizinha à minha, quando foi atender uma garota doente. Trajando um vestido verde reto e longo, uma túnica branca por cima que ia até os joelhos e era aberta nas laterais até o início dos quadris, amarrada por um cordão de cetim também verde – considerada por nós como a cor da cura e do equilíbrio entre os mundos visível e invisível.

---
1 Um pequeno tambor.

Ela tinha nas mãos alguns galhos de cipreste[2] e alguns cristais de cor azul claro. Quando a vi daquele jeito imaginei tratar-se da "garota druida" que alguns aldeões comentavam, mas não tinha certeza. Ela tinha os olhos fixos na cabana para a qual se dirigia e não percebeu que eu estava próximo. Eu a segui.

A primeira coisa que fez ao entrar na cabana foi tirar as sandálias, mesmo com os protestos da mãe da garota. Aileen ajoelhou-se ao lado da enferma e a aninhou nos seus pequenos e frágeis braços que neste momento pareceram longos e fortes. Aproximou-a ao seu peito e ficou numa espécie de comunhão com a natureza e com os deuses... Tive a impressão de ver um pequeno feixe de luz adentrar no topo de sua cabeça. Esfreguei os olhos na tentativa de ter certeza do que via.

Entendi que eu via com muita clareza, e além do pequeno feixe que parecia entrar no alto de sua cabeça, outra luz, mais intensa, partia de seu coração e envolvia Liliana, a garota em seus braços, formando um círculo luminoso e isolando-as do restante das pessoas que ali estavam. Percebi figuras humanas em volta das duas. Dois homens, um muito jovem e outro com certa idade, pareciam amparar os ombros de Aileen e uma senhora, de semblante muito doce, envolvia Liliana com luz tênue de nuances esverdeada.

Foi assim que descobri que eu tinha a visão, porém eu não tinha nenhuma aptidão para o sacerdócio. Minha personalidade crítica não permitiria atender as pessoas sem julgamentos e isso era imprescindível ao perfil de um sacerdote. Eu poderia, no máximo, auxiliar algum *druida*, mas nunca seria um. Afastei os pensamentos surpresos e controversos diante da visão e voltei a prestar atenção nas duas meninas.

Um grupo grande de espíritos envolvia as duas, e um garoto agachado bem próximo a Liliana parecia tirar "coisas" grudadas no peito e nas costas da menina.

Conforme era feita a "limpeza" uma luz amarelada começou a emanar da doente, e a luz que as circulava ia se desfazendo, da mesma forma que os espíritos iam sumindo.

---

2 Popularmente conhecida como Cipreste Comum, Italiano ou do Mediterrâneo, é uma planta medicinal muito utilizada para tratamento de problemas circulatórios. Antisséptica, diurética, cicatrizante e sedativa.

Não sei dizer quanto tempo as duas ficaram ali imóveis. Aileen, com a menina nos braços, em profundo silêncio, permanecia em comunhão com o Todo. Quando terminou, recostou a garota nas cobertas que faziam as vezes de colchão, de forma muito delicada, e ficou por alguns minutos olhando para a garota como se precisasse ter certeza que ela estava bem. Foi neste momento que vi um senhor de barbas brancas e ralas se aproximar de Aileen e "cochichar" alguma coisa em seu ouvido, desaparecendo em seguida.

Aileen parecia ter voltado à realidade; olhou para a mãe da menina, sorriu e entregou-lhe a planta que trouxera, transmitindo algumas indicações. Levantou-se, passando as pequenas mãos pelos joelhos marcados pela terra e vendo-me na porta, abriu o mais lindo sorriso que já vi e passou por mim como uma brisa perfumada, impressionando-me ainda mais.

Fiquei paralisado por um pequeno momento e quando "acordei", corri para alcançá-la já no início da colina. Cheguei à sua frente e não sabia o que falar. Ela tinha um poder sobre mim que eu não sabia explicar; isso me descontrolava e eu ficava irritado, mas era uma sensação maravilhosa.

— Você vai falar comigo, ou vai ficar apenas me olhando? – disse ela, sorrindo.

— Desculpe! Eu queria saber o que aconteceu ali na cabana, nunca vi nada parecido – falei a primeira coisa que me veio à cabeça.

— Meu nome é Aileen, filha de Atma – ela sorria. – Não foi exatamente o que você perguntou, mas acho que deveríamos começar por aí, não acha? – continuava sorrindo e me olhando. Seus olhos de um azul muito intenso investigavam minhas atitudes e reações.

— Claro que sim, me desculpe novamente. Eu sou Aullus, filho de Irina. Viemos para o festival e eu vou participar das apresentações, mas... eu nunca vi nada parecido com aquilo lá da cabana... dá para explicar? – eu tentava manter uma conversa.

— Foi apenas um atendimento de cura. Minha mãe costuma fazer os atendimentos, mas a mãe de Liliana pediu e eu vim. Ela vai ficar boa! Eu é que vou arrumar uma boa briga

com a sacerdotisa! – Fez uma careta de descontentamento, ao mesmo tempo, divertida.
— Mas por quê? – eu precisava mantê-la perto.
— Eu inicio meu treinamento oficial para sacerdotisa após o festival. Mirdle me aguarda, então ainda não posso "curar", mas não podia negar o pedido daquela mãe tão desesperada – mal terminou a frase e olhou para mim de forma diferente, e de repente partiu correndo, sem me dar tempo de tentar segurá-la. Pensei ser uma reação à provável bronca da mãe. Não a vi mais, até o dia do festival.

Capítulo 3

Acordamos bem cedo. O sol começava a despontar entre as colinas mais longínquas, dourando a planície que se estendia por quilômetros. As competições e as apresentações seriam realizadas na parte de baixo do monte onde estava localizada a parte central do povoado. Subindo a colina, do lado norte estava o templo da aldeia.

Um templo sem paredes!

O templo da aldeia era o local onde realizávamos nossas práticas religiosas que englobavam os rituais pertinentes aos quatro festivais do ciclo, os cerimoniais de consagração dos iniciados e os funerais. As pessoas que viviam em nossa aldeia faziam seus rituais ali; muito embora as vivências tivessem perfil pessoal e íntimo, vários aldeões compartilhavam seus momentos de interiorização e autoconhecimento.

O templo era formado pelo altar, que era uma grande pedra de superfície plana, apoiada em duas outras pedras altas e verticais.

No altar ficavam as oferendas, ou seja, as flores e as frutas da estação e pequenas tigelas com parte dos alimentos que seriam servidos durante as festividades. Esses alimentos eram ali colocados para receber a bênção do invisível.

No centro, um grande caldeirão continha os materiais que representavam os elementos da natureza (terra e água), e os materiais ligados ao perfil da festa. No caso do Festival da Fertilidade, o caldeirão recebia água de um rio, representando o elemento água, alguns gravetos, representando o elemento terra, e uma grande variedade de grãos e sementes, representando a fertilidade. A bênção era pedida para termos solo fértil para germinar todas as sementes plantadas e, assim, existir a fartura de alimentos.

Em volta do altar, pequenas velas acesas formavam um

círculo isolando tudo que devia ser abençoado. A chama das velas representava a centelha divina que todos possuem e que deve sempre brilhar; colocadas daquela forma no altar, representavam a força divina existente na natureza.

Toda esta formação de pedra estava sob a sombra de um enorme carvalho, considerada uma árvore sagrada, e um salgueiro mais atrás.[1]

O local tinha uma energia muito forte e todos respeitavam o templo, considerado como um terreno sagrado. O templo não tinha muros de pedras ou barro, porque era de todos e também por acreditarmos que as paredes, de alguma forma, poderiam interferir na troca de energias entre os elementos da natureza.

Quando o sol nasceu completamente, já estavam todos reunidos esperando o início da festa. O rei Arkell começou seu discurso e Mirdle agradeceu a presença de todos. As apresentações começaram com a amostragem de artefatos de bronze e barro queimado, novas técnicas de tingimento, ferramentas para facilitar o trabalho na terra, e novas armas, para os guerreiros.

Nossa sociedade era bem simples: a base era a família, composta por vários graus de parentesco, que hoje são praticamente desconsiderados. Cada família tinha um chefe, que era a mulher mais velha. Todos tinham obrigações dentro da família, conhecida por nós como clã; quatro ou cinco clãs formavam uma aldeia e o conjunto de no máximo vinte aldeias, formava a comunidade.

Cada aldeia tinha um casal de *druidas* e um representante, que geralmente era um guerreiro. Embora o rei morasse na aldeia principal (aquela que dava origem à comunidade), ele estava presente e próximo de todos os aldeões — os reis tornaram-se inacessíveis e distantes dos problemas da comunidade muito tempo depois desta época. A aldeia original, ou principal, abrigava o casal de *druidas* mais velhos, o rei da comunidade e um grupo de guerreiros, que trabalhava em todas

---

[1] O carvalho era considerado como uma porta entre o visível e o invisível, portanto facilitava a passagem das energias nos rituais realizados no templo. O salgueiro, ou chorão, também uma árvore sagrada, era ligada ao elemento água e protegia os sonhos e também favorecia a inspiração.

A Sacerdotisa Celta

as aldeias auxiliando nos trabalhos mais pesados e na defesa da comunidade.

Entre uma e outra aldeia havia certa distância, de um a três quilômetros, dependendo dos acidentes do terreno, e todas juntas formavam um círculo ao redor da aldeia principal. A comunidade toda não podia ter mais que quarenta, ou quarenta e cinco quilômetros de diâmetro e não somar mais que cinco mil habitantes, que, num inverno rigoroso, seria muito difícil alimentar. Quando isto ocorria, a divisão era inevitável e um novo grupo formaria outra comunidade a vários quilômetros da aldeia original e seria completamente independente, semelhante apenas na religião e na organização social. Por isso sabíamos da existência de outras comunidades em áreas bem distantes daquelas em que vivíamos, mas nós pouco sabíamos sobre eles.

Por causa desta independência entre as comunidades, os celtas não são considerados o maior reino antigo já existente neste planeta. Mas os celtas tomaram todo o continente europeu, inclusive Irlanda e Reino Unido, onde ainda hoje existe forte ligação com a civilização celta.

Além dessa independência, existem historiadores que qualificam um povo como celta, baseado apenas no artesanato e na língua; outros os classificam de acordo com a religião, organização social e forma de viver, que é a que eu adotei para me considerar um celta.

O *druida* era o ser sábio e responsável pelo conhecimento e bem espiritual. O rei era o ser ativo, a inteligência que mantinha o bem estar material de todos os componentes da comunidade. A cultura, o plantio, a criação de animais e a produção de derivados eram divididas entre as aldeias. Eu, por exemplo, não morava na aldeia principal. Eu fazia parte do clã de Irina, minha mãe, e nossa aldeia se dedicava ao plantio das ervas medicinais e alguns tipos de legumes. Toda a produção era da comunidade e a troca dos alimentos e artefatos era prática comum. Desta maneira todos tinham um pouco de tudo.

O rei, os *druidas* e os guerreiros formavam o Conselho de Defesa e Proteção, mas todos tinham o dever de proteger a comunidade. Cada componente tinha a sua individualidade respeitada e, portanto, cada um tinha liberdade de agir, de pensar e escolher o caminho que desejava seguir e, logicamente, arcava com as consequências dessa escolha, fosse ela boa ou não. Talvez seja estranho compreender que embora tivéssemos um governo ou um líder, não éramos de forma alguma submissos a ele.

* * *

O festival continuou com as disputas entre os guerreiros, apresentação com animais e armas, amostra de utensílios, instrumentos musicais e muitas brincadeiras. Após a primeira etapa, seria servido o almoço, e à tarde as apresentações musicais tomavam conta das festividades até todos se reunirem novamente no templo da aldeia para os rituais finais. Em minha frente, sentada ao lado da mãe, estava Aileen, e tínhamos entre nós a pista de apresentação que era de uns 200 metros, mas eu sentia como se ela estivesse sentada ao meu lado.

Achei-a triste e percebi que o sorriso não iluminou o seu rosto uma única vez em toda a primeira parte do festival. Deduzi que a bronca da mãe fora grave.

Durante o almoço, tentei falar com ela sem sucesso e quando iniciou a segunda parte, sua cadeira estava vazia... "Deve estar preparando os rituais finais?", perguntei a mim mesmo em pensamento.

Era hora da minha apresentação e eu não podia sair dali. Iríamos apresentar uma trova que meu irmão, Angus, escrevera em homenagem aos heróis e mitos de nossas mais antigas lendas – as damas que ninguém nunca vira e que viviam em terras distantes e geladas, envoltas por brumas impenetráveis, que após minha visão, entendi que eram espíritos que nos ajudavam. Provavelmente alguém as viu e, como são luminosas, parecem realmente envolverem-se em brumas, nada "mágico" ou sobrenatural.

Durante minha apresentação, vi Aileen encostada nas traves que limitavam a passagem do público. Seu olhar continuava triste, e após o termino de minha apresentação entreguei meu instrumento ao meu irmão e saí apressado para não perdê-la, mas ela já não estava lá. Procurei-a com o olhar e a vi subindo a colina em direção ao templo. Gritei seu nome e corri para alcançá-la.

— Aileen... Aileen, espere!

— Aullus!? Por que está tão apressado? Aconteceu alguma coisa? Precisa de ajuda?

— Me deixe descansar... respondo uma por vez – disse eu sorrindo, pela satisfação de tê-la tão perto. E lá vinha o descontrole irritante e... delicioso.

— Quer me acompanhar? — convidou.

— Claro! – quase flutuei.

Subimos em silêncio. Aileen não tirou o olhar do chão e eu não tirei os meus olhos dela; tinha a impressão que se eu desviasse o olhar ela sumiria. Diante da tristeza e da angustia que senti vindo dela, fui direto ao assunto.

— Aileen, o que aconteceu? – toquei em seu ombro e percebi que ela estremeceu.

— Nada, não aconteceu nada – respondeu de forma doce, mas não me olhou, e percebi que seus olhos se encheram de lágrimas.

— Aileen, como "nada"? Você mudou... Sua tristeza... – e parei de falar, pois meus olhos também estavam me traindo.

Ela me abraçou forte, como se precisasse ter certeza de minha existência e choramos pela primeira vez juntos, sem saber exatamente o porquê das lágrimas. Ela tinha um choro doído, que vinha da alma. Eu acho que chorava por vê-la chorar, o que era inédito para alguém como eu.

Não sei dizer quanto tempo ficamos ali abraçados, chorando...

Não falamos nada, simplesmente aproveitamos a presença um do outro, uma oportunidade única de estarmos juntos sem ninguém ao lado, sem ninguém interferir... Era assim que sentíamos, mesmo sem saber por quê.

Eu nunca tive sentimentos tão controversos, confusos e intensos como naquele instante e naqueles dias.

Despertamos com o barulho da realidade.

Capítulo 4

As pessoas já subiam a colina em direção ao templo para os rituais finais e escutamos, ao longe, Atma chamando Aileen. Automaticamente ela colocou a mão em meu rosto, me pediu calma e disse:

— Desta vez eu voltarei. Não vou sumir! – e afastou-se em direção ao chamado da mãe.

Os rituais seguiram o ritmo normal e no início da noite, as festividades passaram para os salões internos da casa central da aldeia. Um grande salão ao lado do templo, onde serviriam frutas frescas e secas, alguns cereais, carnes e vinho feito com água e mel, o *hidromel*.[1]

Peguei algumas frutas secas, uma caneca do vinho e fiquei perto da porta que dava para o corredor central; ali eu tinha uma boa visão de quem entrava ou saia do salão. Algumas crianças corriam pelo jardim que havia ao longo de toda a construção e a alegria da brincadeira era contagiante, mas Aileen não abandonava meus pensamentos.

Demorou uma eternidade para mim, mas ela estava ao meu lado, sorrindo. Não era nem de longe o sorriso que me queimou por dentro, mas já era alguma coisa.

— Vamos até ali – apontou para um lado do jardim onde havia uma pedra que parecia um banco, com uma espécie de fonte em frente. Tínhamos um sistema de irrigação com sulcos no solo e pedras; este processo levava a água de um pequeno córrego próximo da aldeia, até as plantações e algumas partes da aldeia, facilitando a coleta. O barulho da água nos tranquilizava.

— Você vai me dizer o que está acontecendo, Aileen?

— Vou sim, mas antes quero fazer uma pergunta: o que

---

[1] Bebida alcoólica fermentada a base de duas porções de água e uma de mel, muito comum na Antiguidade.

você viu de verdade, quando eu fui à cabana de Liliana, a garota doente?

— Não sei dizer ao certo... Só consigo lembrar, de você, da sua figura imóvel e linda segurando a menina.

— Não é bem essa a minha pergunta – disse abaixando os olhos e um leve rubor tomou-lhe a face. – Quero saber se você viu alguma coisa que mais ninguém viu?

— Ah! Eu vi sim, e fiquei surpreso, pois foi algo completamente novo para mim. Nunca presenciei ninguém viçar[2] ao fazer os atendimentos de cura, mas vi você e a garota no meio de uma luz muito clara e essa luz ao mesmo tempo a iluminava e partia de você. Também nunca tinha visto o invisível como eu vi ao seu lado – não mencionei a maioria dos detalhes.

— Vou lhe contar uma coisa. Depois que nos falamos naquele dia eu fui até Mirdle. Ele me atendeu sorrindo, como se já soubesse o que eu estava fazendo ali. Contei a ele o que aconteceu comigo quando eu vi você, quando meus olhos encontraram os seus, o fogo que me consumiu e que quase cheguei a desfalecer... o seu perfume me era familiar... o seu rosto... Eu já conhecia você!

— Aileen, eu senti o mesmo e... isto não é bom?

— Espere. Depois que terminei, Mirdle me perguntou se você havia visto alguma coisa além de mim, da realidade a ser vista. Eu não sabia e perguntei a ele se você tivesse visto, o que significava. Ele me explicou que as almas ligadas pelo verdadeiro amor veem o que os outros não veem – Aileen respirava pausadamente e continuou.

— Segundo Mirdle, eu e você somos ligados há muito tempo e provavelmente nossa ligação não começou neste mundo, nós viemos de outros mundos celestes... ainda não entendo bem isto! Disse-me que já vivemos juntos neste mundo e ele me explicou que as almas que são ligadas pelo sentimento verdadeiro estão sempre juntas; trabalham com os mesmos objetivos, pelos mesmos ideais, mesmo que estejam separados pelo invisível.

Falou que geralmente caminham em pares. Eles se procuram sem saber por que o fazem. Sentem um ao outro, sem sa-

---
2 Aumentar. No caso aumentar a própria luz.

ber ao certo o que estão sentindo; alguma coisa inexplicável, como um imã, uma força maior, os atrai.

Muitas vezes, para não cometerem, novamente, erros graves aos olhos do Grande Deus ou da Grande Deusa – o Criador – nascem em terras distantes um do outro, ou um fica no invisível, enquanto o outro abraça as causas do visível... Você é "minha alma", Aullus! – ao terminar, Aileen me abraçou. Eu não tinha o que falar e somente a beijei. Um beijo carregado de emoção, de saudade e de paixão! Todo o meu corpo tremia e eu estava perdendo completamente o controle quando Aileen sutilmente me empurrou. Percebi que seus olhos estavam de novo marejados.

— Aileen, me perdoe... – eu achei que era pelo meu descontrole.

— Aullus, eu vou amanhã para o templo de Mirdle. Vou me iniciar no sacerdócio e começo o treinamento amanhã... ficarei quarenta e cinco dias isolada. O período seguinte será designado pelo meu fracasso ou pela minha superação desses dias. Você percebe o que significa, se eu não fracassar?

Eu continuava parado, olhando para ela sem saber o que dizer, meus sentimentos eram confusos e eu nunca havia experimentado nada igual. Apenas balancei a cabeça negativamente e ela começou a explicar.

— Não poderei ver você durante o meu treinamento. Não podemos dispersar energias com os problemas do mundo e você, minha alma, faz parte deste mundo e talvez seja meu maior problema. Como sacerdotisa, tenho que amar a todos, indistintamente e igualmente, e não poderia cuidar de uma família. Meus filhos, se os tiver, serão cuidados por alguma família da comunidade até completar sete ciclos como eu fui.

Não me dei por vencido!

— Eu venho morar nesta aldeia. Poderemos nos ver nos festivais, e se você precisar ir às outras aldeias, eu a acompanho. Não vou te perder... Não posso... Não agora! – disse, sentindo o desespero da minha alma.

— Você sabe que as sacerdotisas não viajam com acompanhantes, são viagens curtas, só para o atendimento de casos especiais... – Aileen sentia o meu descontrole.

— Aileen, você não acha que estamos perdendo tempo, aqui falando de coisas que podem nem acontecer? Vamos aproveitar estes momentos que ainda temos... Nesta noite.

Ela levantou e saiu correndo, sorrindo novamente, como se nossa conversa não tivesse existido. Corri atrás dela, brincando. Aos poucos, casais iam se formando e sumiam pelos corredores do grande salão. O sexo não estava confinado às uniões do casamento, porém, ao contrário do que muitos dizem, a promiscuidade não existia porque o que unia as pessoas era um sentimento maior e não simples atração física.

Com o passar dos anos, e atualmente vemos isso de forma bem clara, ficou a impressão de que nossos festivais eram festas que promoviam a libertinagem e a promiscuidade, o que está completamente errado. Agradecíamos e pedíamos a fertilidade do solo, da terra, não das pessoas.

O ato sexual, consequência unicamente do sentimento que unia um homem e uma mulher, era encarado como função orgânica absolutamente normal e comum; a gravidez, por sua vez, não era uma consequência desse ato sexual, mas uma bênção da Grande Deusa. Era necessário, sim, um homem e uma mulher para ter filhos, afinal toda a natureza e toda a vida eram embasadas no masculino e feminino. O Grande Deus e a Grande Deusa eram o mesmo ser que se completavam na "personalidade" e na energia do Criador. Porém nossa compreensão dizia: o sentimento[3] que une o casal e a bênção da Grande Deusa são os reais responsáveis por qualquer gravidez; exatamente por isso, as crianças eram presentes divinos.

Todas as informações eram compartilhadas e todos tinham suas responsabilidades; não existia o pecado e não havia preconceitos. Ninguém se deitava com alguém por obrigação, por interesse ou futilidades.

Diante das crenças atuais, talvez seja muito difícil compreender nosso comportamento, mas não tínhamos certas maldades que atualmente rondam tudo e todos, e choro por esta "inocência" perdida.

Aileen sorria e, aparentemente, os medos e os pensamentos que a incomodavam haviam desaparecido. Eu, intimamen-

---

[3] Nossa compreensão da vida como um todo não entendia como poderia existir o ato sexual sem um sentimento maior que o dirigisse.

te, pensava estar disposto a esperar e viver à sua sombra se necessário... Eu não podia perdê-la!

Mas muitas vezes permitimos que os sentimentos materiais nos ceguem e confundimos as coisas, e a posse acaba sobrepondo-se ao amor.

Novamente nos sentamos, cansados e felizes. Aileen recostou em meu ombro, e eu a senti inteiramente ao meu lado. Um arrepio correu pelas minhas costas e beijei seus cabelos, da cor do trigo, com cheiro de lavanda. Ela levantou e pegando minha mão, andamos em completo silêncio até os corredores internos do grande salão. Eu me entreguei à ansiedade e à surpresa.

Entramos logo na primeira porta do lado direito do corredor imediato ao salão. O quarto tinha um cheiro doce, proveniente de algumas ervas que queimavam num pote no fundo do ambiente. Flores enfeitavam uma banqueta que havia ao lado da cama.

A cama era uma estrutura quadrada de madeira, revestida com palha macia, e um tecido preso nos cantos impedia essa palha de escapar. O revestimento era trocado constantemente e ramos de alfazema e folhas de hortelã compunham uma mistura para dar ao enchimento da cama um odor mais suave e um sono mais tranquilo.

Um tecido muito fino pendia do teto e cobria toda a cama e uma jarra com água, num pequeno aparador, completava aquele local feito de pedra fria.

Aileen chegou até mim e tirou delicadamente o cinto de minha túnica, deixando-o cair no chão. Coloquei as minhas mãos em seus ombros e a puxei, sentindo o calor do seu corpo junto ao meu, que também queimava. Ela me empurrou delicadamente, me olhou fixamente nos olhos e disse quase sussurrando:

— Minha alma!

Ao som daquelas duas pequenas palavras eu perdi completamente, qualquer controle que por ventura ainda tinha. Era mais forte que eu! Eu sentia o calor do seu corpo no meu, próximo e quente, perfumado... Por mais que nossos corpos quisessem a entrega, o fantasma do sacerdócio, e as consequências dessa vida de dedicação, rondavam nossas mentes. Meu corpo ia por um caminho e minha mente por outro e isso era inaceitável para mim.

Aileen novamente sussurrou "minha alma" e isto bastou para nos entregarmos àquele sentimento que nos queimava por dentro e nos deixava enlouquecidos, sem rumo e sem pensar em nada. Ela era a minha extensão, assim como eu era a dela. Amamos-nos a noite toda e saí daquele quarto quando o sol já anunciava a sua chegada.

Quando saía, senti um aperto no peito ao ver Aileen e ter que deixá-la e foi neste momento que entendi e senti o que a preocupava, o que ela havia dito na noite anterior.

Este encontro não foi o melhor a acontecer, principalmente porque tínhamos responsabilidades a cumprir. Tínhamos muito a aprender ainda e principalmente saber separar os sentimentos puros e verdadeiros dos sentimentos materiais, que prendem e tolhem, podendo acabar com a missão de uma existência.

Ao aceitarmos esta encarnação, tanto eu quanto Aileen, conhecíamos os riscos, mas tentamos assim mesmo. Não sabíamos se seríamos suficientemente fortes para compreender e realizar tudo que era necessário à nossa evolução, mas tudo isso faz parte de nosso aprendizado e os enganos que cometemos no passado, devem ficar no passado. Devemos levar apenas o que aprendemos.

Os acontecimentos devem, ou podem, ser lembrados e comentados apenas com o intuito do crescimento. Não vale a pena abrir feridas que não podem ser fechadas, mas aquilo que já fechou, já cicatrizou, jamais abre. Naquele momento eu tinha uma ferida, que era não poder ter Aileen para mim, como em outras vidas. Eu não compreendia que pelo sentimento já éramos um do outro... Espiritualmente sempre seremos.

Eu a queria fisicamente e constantemente ao meu lado como uma mulher normal de nossa época, que constituía junto com o homem a sua família e cuidava da terra. Só que Aileen não era normal e eu teria que lidar com isso.

Capítulo 5

Aileen, mesmo sabendo que eu já não estava ao seu lado, mantinha os olhos fechados, como se abri-los fosse quebrar a magia do momento. Tateou todo o lado oposto da cama, como se procurasse por mim, mas sem sucesso. Virou-se e espreguiçou vagarosamente como fazem os animais, prestando atenção em cada parte de seu corpo, esticando e alongando, demoradamente.

Estava feliz! Muito feliz!

Não via a hora de estar novamente em meus braços, a "minha alma" como ela me chamava.

Lentamente ela reviveu os momentos que passamos juntos. Nossos beijos... a troca de carinhos... a respiração acelerada... o toque da pele... a união dos corpos numa dança ritmada... o ritmo de um sentimento muito maior do que ela poderia sonhar até então. No ápice da entrega, a divina troca de energias; a mais forte do plano material, a única que possui a força da criação, a energia que vem do Criador. Naquele instante nós éramos apenas UM, éramos únicos, éramos divinos, assim nos sentimos.

Ela não queria sair dali, mas a realidade a obrigava! Mirdle já devia estar a sua espera; devia estar no templo nas primeiras horas, pois o *druida* receberia a todos para as primeiras ordens da iniciação e sairia, para atender aos pedidos da aldeia. Mirdle era muito idoso, já não era tão ágil e muitas vezes levava o dia todo para atender poucas pessoas.

Relutante, Aileen afugentou da mente os problemas que talvez enfrentasse por causa de nosso amor. Resolveu não pensar nisso naquele momento e seguiu adiante; iria para o seu treinamento, falaria com sua mãe e, com certeza, após a iniciação teria a mente mais clara. Agora queria apenas aproveitar o calor que ainda sentia dos abraços trocados.

Aileen ficaria os quarenta e cinco dias no templo de Mirdle,[1] sem contato com sua família ou qualquer amigo externo. Entrava logo após o festival da fertilidade e sairia no início dos preparativos para o Festival do Fogo. O grupo de iniciantes era formado por um número par de jovens, sendo no mínimo quatro, no máximo dez. Metade deles seriam os iniciados ao sacerdócio e a outra metade os iniciantes do conhecimento.

Tínhamos três fases no aprendizado religioso: o primeiro aos sete anos, quando tínhamos o primeiro contato com a fé. Falava-se sobre a existência de um Criador, que possuía duas faces (masculina e feminina); que tinha alguns ajudantes (os deuses menores)[2] e que a natureza era a fonte da vida e por isso, devia ser respeitada e cuidada. O segundo, com quatorze anos, era o primeiro contato com os rituais dos elementos, mas quem demonstrava interesse, ou apresentava algum dom, realizava a iniciação ao conhecimento, e os ensinamentos eram mais profundos e detalhados. Os jovens realizavam a primeira iniciação, eram direcionados à vida sacerdotal, como ajudantes dos *druidas*. Todos os aldeões realizavam as duas etapas mais simples e geralmente aqueles que participavam da iniciação ao conhecimento realizavam a terceira, que era a iniciação ao sacerdócio, mas apenas os que desejavam seguir o caminho como um *druida* chegavam a este aprendizado.

No primeiro dia do iniciado todos seriam recebidos por Mirdle, conheceriam os companheiros, os locais das vivências e suas acomodações. A alimentação, naquele período, seria numa das casas da aldeia, escolhida pelos *druidas*, e teria que ser neutra, ou seja, não podia ter nenhum parente de sangue no grupo iniciado. Durante as refeições, apenas os jovens, Mirdle e um morador da casa previamente escolhido estariam presentes. Nesses dias os jovens não podiam falar com ninguém fora do grupo.

---

1 Os druidas possuíam templos particulares, se é que podemos chamá-los assim, pois eram abertos a todos do clã. Porém havia a necessidade de um templo, um espaço limitado às iniciações, ao estudo e aprendizado iniciático. Eram construções fechadas, diferente do templo da aldeia que era no tempo, em meio à natureza.

2 O sol, a lua, as chuvas eram considerados como "deuses menores" porque eram imprescindíveis para a manutenção da vida.

No segundo dia, os jovens ficariam juntos para se conhecerem ao máximo, pois no início da noite, eles formariam duplas para um auxiliar o outro em suas vivências e aprendizado; sempre seriam observados e orientados por Mirdle, mas nas vivências um jovem auxiliaria o companheiro, ou a companheira.

Os pares recebiam as orientações de Mirdle sobre a vivência a ser iniciada e cada um teria três dias para realizar a sua vivência pessoal completando o ciclo: preparação, realização, absorção. No final de cada vivência o jovem fazia uma avaliação dos próprios sentimentos adquiridos ou modificados.

É importante falar que a iniciação ao sacerdócio era ligada diretamente aos sentimentos do ser. Apenas aqueles que eram escolhidos pelo Grande Deus e pela Grande Deusa conseguiriam despertar os sentimentos necessários a um *druida*.

Sabíamos, assim como muitos sabem hoje, que todos os seres possuem a essência divina e cabe a cada um o exercício do despertar dessa centelha. Os sentimentos nobres do ser estão ali contidos, apenas esperando um chamado, e para nós a iniciação era o chamado.

No terceiro dia as duplas formadas conheciam os lugares de suas vivências, que eram realizadas sempre junto à natureza. Algumas grutas e entradas no meio das rochas ou montanhas, algumas cabanas que foram construídas com esse fim ou uma simples clareira no meio de algumas árvores, eram perfeitas. Para cada grupo, novos lugares! No primeiro dia, durante as boas-vindas, Mirdle realizava uma pré-avaliação dos jovens e por intuição indicava os locais mais adequados aos iniciantes. Muito raramente acontecia que duplas do mesmo grupo fossem encaminhadas a locais diferentes. Por isso a constante observação de Mirdle era essencial.

O grupo tinha seis participantes: os rapazes – Ryann, Ewan e Hazel; e as moças – Aileen, Brigid e Dierdre. A empatia entre Aileen e Dierdre foi imediata. Elas nunca haviam se encontraram pela aldeia, já que Aileen estava sempre envolvida com os afazeres de Atma, mas o sentimento era de reencontrar uma irmã perdida. Brigid e Hazel, e Ewan e Ryann formaram as outras duplas.

Dierdre, Ewan e Brigid eram os iniciantes do conhecimento. Eram um pouco mais novos e ainda não tinham as aptidões necessárias para serem *druidas*, portanto eles seriam os assistentes de Aileen, Hazel e Ryann, que eram os iniciantes ao sacerdócio; estes por sua vez, os auxiliariam no início do conhecimento que permearia o restante de suas vidas. Naquela noite, após uma refeição leve com frutas secas e sucos, Mirdle chamou todos do grupo para as primeiras orientações. Após declarações de alegria por todos estarem juntos no caminho, Mirdle iniciou, com muita seriedade, suas orientações:

> Nos próximos dias, vocês estarão envolvidos com o Criador, o grande Deus e a Grande Deusa, e também com os deuses, e é necessário que estejam em harmonia.
>
> Vocês já sabem que passarão por sete vivências, e cada um de vocês terá três dias para realizar e completar o ciclo de cada experiência. Amanhã bem cedo começaremos a primeira vivência – a introspecção.
>
> Esta vivência é uma das mais importantes, pois seu objetivo é descobrir a essência da alma que habita nosso corpo, ou seja, descobrir o que é necessário, e que faz parte de nossa essência, e o que agregamos à nossa alma como consequência de situações mal resolvidas e principalmente por julgamentos errôneos. Por isso é necessário nos isolarmos em nós mesmos. A força do isolamento é necessária para podermos acabar com os vazios da alma que, algumas vezes, insistem em aparecer.
>
> Nossos maiores medos aparecem quando ficamos diante do desconhecido e do imprevisto. Conhecendo-nos profundamente, é mais fácil nos harmonizarmos com a natureza e com nossa essência – que vem do Criador. Esta harmonia é imprescindível para detectarmos os nós que aprisionam nossa alma, criando o caos interno ou externo e, assim, atraindo cada vez mais problemas reincidentes.
>
> Então se alimentem bem na primeira refeição, pois será a única do período. Nos próximos dias o iniciado e seu assistente se alimentarão apenas uma única vez no dia, ocupando-se com a viagem mais importante

de sua vida: a viagem interior. Os iniciados pensarão em si mesmos, nos medos que possuem, nos rancores, nas mágoas, nos descontroles; mas também pensarão nas alegrias que possuem, na bondade, no perdão, nas virtudes que já conquistaram e se em algum momento as perderam, pensem no por que perderam, ou no por que estão esquecidas ou apagadas.
Tentem saber as suas atitudes, antes de realizá-las. Pensem em como vocês agem, como reagem. Se vocês são impulsivos, se são influenciados, se fazem o que querem, ou se fazem o que os outros querem.
Como se sentem consigo mesmos... Conheçam-se!
No final do terceiro dia, o iniciado deverá passar ao seu assistente todas as suas realizações e conclusões íntimas. Sairá de sua procura e no início do quarto dia, passará ao seu assistente todo o conhecimento desta vivência.
O assistente deverá também, ao longo dos dias restantes, manter-se em meditação para aprender a se conhecer.
No final da tarde do sexto dia todos se reunirão aqui para a troca de conhecimento. O conhecimento de um deverá pertencer a todos.
Qualquer problema que o assistente perceber, seja relacionado com a saúde ou com o descontrole do assistido, ele deverá pedir a minha presença para cura ou orientação. Somente nesses casos deverei ser chamado.
Lembrem-se, o corpo é o nosso templo!
Que os deuses os protejam!

    Quem conhecia Mirdle percebia em seu olhar certa preocupação com Aileen, que era para ele muito especial. Ele estava ciente dos últimos acontecimentos, assim como Atma, mas não falou nada e convenceu a mãe a fazer o mesmo. Há situações em que o melhor a se fazer é deixar o tempo agir e nada mais.

Capítulo 6

Durante os três primeiros dias da iniciação de Aileen, que já estava isolada e incomunicável, Atma chamou à sua presença várias pessoas e entre elas, chamou a mim, com a única intenção de falar comigo, me sondar, e seu objetivo foi alcançado.

Ao ver-me frente a frente com a mãe de Aileen fiquei confuso, pois não havia um motivo concreto para eu estar ali; o único motivo era sua filha, disso eu tinha certeza. Mas eu havia prometido à Aileen que não falaria nada a ninguém sobre nosso envolvimento e descobertas, portanto Atma não saberia nada por mim; porém ela não fez pergunta nenhuma, apenas ressaltou algumas responsabilidades e elogiou a trova que apresentamos no dia do festival.

A conversa foi confusa e algumas vezes ela parou e, como se estivesse desligada da realidade, simplesmente me olhava. Senti um frio na espinha, um sentimento que eu não sabia explicar direito me invadiu e eu fiquei muito incomodado. Tive certeza de que ela sabia de tudo quando, ao sair pela porta lateral da sala, quase tropecei em Mirdle. Deduzi que ele havia escutado a conversa, se é que poderíamos chamar aquilo de conversa.

Fui para a aldeia, falar com alguns parentes de minha mãe que moravam na aldeia central, pois era minha intenção morar com um deles. Imaginei que não seria difícil, pois a maioria que ali morava dedicava-se à agricultura e eu conhecia muito bem os princípios do cultivo. Eu poderia auxiliar ou mesmo ensinar algumas técnicas de plantio que eu aprendia com as experiências que gostava de fazer.

Meu tio Denzel, irmão de minha mãe, ficou muito feliz em me receber em sua casa e eu mais ainda. Não pude deixar de pensar em Aileen; eu queria compartilhar com ela essas novidades e alegrias.

Mirdle também me chamou ao seu templo e alimentei esperanças de encontrar Aileen por ali, já que estaríamos no mesmo lugar, mas não a vi. Encontrei o mestre sentado, com um pequeno cristal de pedra de luz[1] nas mãos. Assim que entrei, ele me abriu um sorriso muito doce e um olhar compreensivo, porém suas palavras foram diretas.

— Aullus, meu menino, eu posso perguntar o que você espera para sua vida? Quais são os seus objetivos? – disse alisando a pedra, como se estivesse acarinhando-a.

— Não sei o que dizer, Mirdle. Imagino que eu, assim como qualquer jovem na minha idade, pensa em criar uma família; aliás, como todos nesta aldeia – minha resposta fora mais uma tentativa de sondar o que ele realmente queria.

— Meu menino, você é muito inteligente e eu o conheço muito bem. Você já passou pela iniciação do conhecimento, portanto, meu caro, não tente me enganar, ou pior, enganar a si mesmo.

Fez uma breve pausa e continuou:

— Sei que passou a noite do festival com Aileen. Sei o que esse encontro significou para cada um, muito embora vocês não tenham verbalizado a mim as suas emoções. E também sei que para vocês ficarem juntos, terão que abrir mão da vida familiar comum, como a que vivemos nas aldeias – sem rodeios, Mirdle colocou em palavras o que afligia a mim e a Aileen, desde o início.

Fechei os olhos e abaixei a cabeça. Não poderia encarar Mirdle sem denunciar meus verdadeiros sentimentos e pensamentos.

— Aullus, meu menino, você ainda tem no íntimo sentimentos que podem trazer muito sofrimento a vocês dois: o apego, a posse, o ciúme, são alguns deles. Aileen, por sua vez, ainda tem no íntimo a fraqueza de personalidade. Ela não saberá dizer "não" a você, meu menino; e uma vida inteira de aprendizado poderá se perder. Aileen tem o dom da cura, você presenciou o seu poder de entrega. Cabe a você ajudá-la e não tirá-la do caminho.

---
1 Fluorita; ajuda na concentração, na intuição e acalma.

Eu continuava de cabeça baixa, e vários sentimentos atrapalhavam meus pensamentos; não conseguia entender se Mirdle queria que eu a deixasse — o que com certeza eu não faria — ou se queria que eu a ajudasse. Reuni um pouco do controle que me restava e perguntei:

— Perdoe-me, Mirdle, mas não entendi onde quer chegar; como eu tenho que ajudá-la!?

— De qualquer maneira, meu menino. Nem que isso signifique deixá-la. Mas não sejamos pessimistas. Neste momento eu quero presentear você. Vamos! Pegue este cristal que o ajudará a entender, a compreender os valores espirituais que exercitamos; é a função desta pedra. Traga-a sempre junto ao corpo.

Aileen precisa de você ao seu lado, para aprender a ter força própria, a confiar em si mesma e em seu dom. Aprender a diferenciar os vários amores que compartilhamos ao longo de nossa jornada. Aprender, inclusive, a ser amada.

Você, meu menino, ao lado dela também aprenderá que o apego dói; que o ciúme não é garantia de que a pessoa será só sua e que é através da liberdade que reconheceremos a "nossa alma". Se você conseguir se controlar e modificar, nem que seja só um pouquinho, você poderá ajudar muito o trabalho da sacerdotisa Aileen. Você tem a visão, ela não.

Eu continuava de cabeça baixa e sentia os olhos de Mirdle em mim. Ele fez uma breve pausa para analisar minhas reações, e continuou:

— O amor verdadeiro é livre. Não há espaço para sentimentos contraditórios como o ciúme e o apego. Aullus, você aprendeu que só devemos estar junto de alguém se realmente o amamos pelo amor verdadeiro, aceitando virtudes e limitações. Vocês são almas afins, enxergam no outro o que ninguém mais enxerga; compartilham objetivos, sentimentos e emoções. Vocês livres e juntos podem permanecer ao lado dos deuses, mas se um tentar subjugar a vontade do outro com sentimentos errôneos, podem causar muita dor aos dois. Pense nisso, meu menino. Temos alguns dias pela frente ainda.

Eu não abri a boca. Não conseguia dizer absolutamente nada e senti quando algumas lágrimas rolaram pelo meu rosto, não sei se pela dor de pensar em perder Aileen, ou pela descoberta da responsabilidade que tinha. Nessa conversa, eu delineei minha trajetória, meus objetivos, minhas forças e fraquezas. Sabia que eu tinha que mudar, mas ainda não sabia como, e nem se teria forças. Eu tinha certeza que a minha maneira de ser e de ver as coisas eram as corretas. Falavam tanto dos meus ciúmes, mas eu não tinha, e nem teria, problemas com as pessoas que procurariam Aileen para atendimento. Eu era correto, controlado, organizado com minhas responsabilidades e não tinha culpa se as outras pessoas não eram assim. Elas deviam aprender a ser como eu!

Acreditei que Mirdle queria confundir meus sentimentos e que, provavelmente, os objetivos dele e de Atma eram me afastar de Aileen, mandando-me embora da aldeia, antes mesmo dela completar o iniciado. Mas mesmo sendo muito orgulhoso, discordando e desconfiando de tudo, fazia parte de nossa cultura sempre escutar o que os *druidas* falavam, afinal eles eram os senhores do conhecimento e tinham muita "intimidade" com os deuses, diferente da nossa, os aldeões, que tínhamos outras responsabilidades e preocupações. Meus pensamentos diziam: "Ele está enganado... Está errado!", mas não podia fazer nada além de ouvi-lo, não naquele momento. Senti muita falta de Aileen.

Peguei o cristal das mãos de Mirdle e, sem dizer nada, sai pedindo aos deuses que não encontrasse ninguém, nem ali no templo, nem pelo caminho. Eu também precisaria estar só comigo, refletir, encontrar o meu espírito para saber o que eu desejava e o que eu iria fazer. Ao entrar na casa de meu tio, fui direto para o canto que foi designado a mim, peguei algumas roupas e fui para o rio. Eu precisava me "limpar". Tinha que manter o controle, era o que eu sentia.

Quando estava chegando ao rio, do outro lado da margem vi um grupo se distanciando e tremi ao perceber Aileen no meio deles. Escondi-me entre a vegetação, que era um pouco mais alta do lado em que eu estava. Não era o momento certo para vê-la, nem de longe. Reparei que o grupo era composto por três moças e três rapazes e que entre eles estava alguém com quem eu não simpatizava: Ryann.

Prestei atenção ao grupo e minha imaginação, já distorcida, começou a gerar imagens que aos poucos aguçavam a minha raiva; não consegui ver seis jovens pretendentes ao iniciado, mas vi três casais, que estariam juntos por longo período. Eu já havia passado pela iniciação do conhecimento e sabia que não era assim, mas minha mente me traía e eu permitia essa traição, me entregando aos pensamentos deturpados.

Sem perceber eu caminhava na estrada da qual Mirdle me pedira para fugir. O ciúme já se instalara em meu coração, principalmente ao perceber que Ryann pertencia ao grupo. Eu sabia os dons que ele possuía e imaginei que seria um companheiro perfeito para Aileen. Esqueci completamente o que Mirdle havia dito: que eu aprenderia com ela, mas que ela também iria aprender comigo.

Talvez uma explicação seja necessária, para entendermos melhor os problemas aos quais, deliberadamente, eu estava me expondo.

Nesses momentos de dedução, conclusões precipitadas e ilógicas, nossa mente dá vazão às imagens pertinentes a uma realidade que não existe e somos embalados por pensamentos e sentimentos negativos. Modificamos assim nosso envolvimento fluídico, ou seja, a nossa Aura.[2] Automaticamente passamos a atrair seres de mesma vibração, como se fôssemos um ímã.

Neste processo, ficamos expostos a dois tipos de influência. Na primeira, passamos a "trocar" energias com seres que se "alimentam" dos nossos descontroles. Falamos muito sobre vícios químicos que geram fluidos que dominam o ser viciado, mas os sentimentos também geram fluidos pertinentes às emoções negativas vividas e acabamos atraindo para junto

---

2 Aura é o campo de energia eletromagnética resultante da vibração dos átomos, e envolve todo o corpo material, inclusive dos objetos. A aura possui cores, tamanhos e formas, e nos humanos ela constantemente se modifica e se transforma de acordo com as atitudes e sentimentos. A aura pode ter tons de azul, violeta, amarelo, laranja, verde, vermelho, dourado, e branco. Ou tonalidades mais escuras e densas como o verde musgo, vermelho intenso, cinzas e opacas, e algumas são completamente enegrecidas, denunciando comportamentos e pensamentos de baixo nível energético, ou baixa vibração. Comportamento e pensamentos de alta vibração resultam na aura ampla e de luminosidade forte.

de nós seres idênticos emocionalmente. Na segunda, nossas emoções e nosso descontrole facilitam que seres ligados a nós por desarmonias causadas em algum momento de nossa existência, aproveitem a situação para nos atingir.

Completamente transparentes para o plano espiritual, nós mesmos fornecemos todas as ferramentas necessárias, que são nossas fraquezas, para uma constante influência, e é desta forma que se processa a obsessão: por afinidade de comportamento ou por inimigos espirituais. Invariavelmente a obsessão se dá pelos dois processos juntos.

Precisamos entender que somos seres completos e únicos e cada um possui forças e dons que completam o outro.

Acertamos, eu e Aileen, ainda na espiritualidade, que como companheiros naquela vida ela receberia de mim a força, segurança e determinação que sua personalidade insegura e volúvel ainda não tinha. Além disso, o meu dom da visão ajudaria em sua vida no sacerdócio. Eu receberia dela o interesse pelo estudo das forças da natureza, dos tratamentos de cura, com as ervas ou, simplesmente, com a força do espírito. Minha vida junto à dela, convivendo com o sacerdócio, traria à minha alma a vivência da humildade e da caridade, que eu simplesmente não possuía.

Encarnado, minhas tendências egoístas e ciumentas se sobrepunham à necessidade do aprendizado e eu só conseguia pensar que eu não tinha nenhum dom, ou melhor, eu não tinha o dom que Ryann possuía, que eu nem sabia direito qual era, mas queria ter.

O ciúme, a inveja e o orgulho tomavam conta de mim e eu não criava nenhum obstáculo. A partir desta visão e conclusão falsa e precipitada, uma revolta muda contra os deuses e, porque não, contra o Criador, começou a germinar em meu íntimo. "Por que os deuses deram a Ryann os dons que deviam ser meus?": essa era a minha triste questão.

Capítulo 7

No templo de Mirdle, o grupo receberia as orientações para a realização da primeira vivência – a introspecção.

Aileen levantou-se antes do sol aparecer e ficou um bom tempo pensando nos últimos acontecimentos e teve a impressão de que analisava a vida de outra pessoa. Eram tantos acontecimentos em tão pouco tempo, tantas coisas novas e tantos problemas, que não parecia ser a vida dela, sempre tão calma e tranquila quanto ao que ela desejava.

Qual seria a reação de Atma quando ela revelasse sua vontade em ter família? Não era comum uma sacerdotisa ter família. Geralmente elas tinham um ou dois filhos, no máximo, que eram criados pela comunidade; o vínculo nunca era quebrado, mas a convivência entre mãe e filho somente ocorreria após os sete anos. Não havia tempo para dedicação aos filhos na primeira infância, que dirá para uma família inteira. Mas cada vez que Aileen se perdia nestes pensamentos, alguns espíritos iluminados se aproximavam e ela permitia o seu envolvimento em luz e da mesma forma que os pensamentos tinham se iniciado, eles sumiam como por encanto e novamente era envolvida pelo sentimento da responsabilidade com o sacerdócio, muito embora a tristeza, teimosa, se mantivesse em seu coração.

Aos primeiros raios do sol, levantou-se e saiu para dar uma volta ao ar livre, antes da primeira refeição. Quem sabe o ar da manhã pudesse acalmar seu coração, e tirar da mente pensamentos tão tristes. Desde o dia anterior sentia um aperto no peito e não sabia exatamente qual a razão. Quando saiu viu Mirdle sentado numa pedra logo a sua frente; resolveu ir até ele.

— Bom dia, Mirdle! Sei que eu não deveria procurá-lo, mas não me sinto bem. Alguma coisa me perturba, mas não tenho certeza do que seja. – disse meio vagamente, já que não podia abrir o coração e dizer a verdade, que ela desejava sair dali.

— Minha menina, eu sei muito bem o que aperta seu coração jovem. Mas, neste momento, você sabe melhor do que qualquer um deste grupo, das responsabilidades que tem. Tudo ao seu tempo, minha menina... Tudo ao seu tempo! Aileen desconfiou que Mirdle soubesse muito bem o que dizia e que já sabia de tudo, mas na dúvida achou melhor calar-se e fingir que estaria bem. Sorriu e seguiu para sua refeição; não sentia fome, mas seria a única do dia. Sabia que o jejum não seria problema, mas tinha medo de passar mal e arruinar a sua vivência. Novamente fingiu não perceber o olhar de Mirdle.

Na casa de refeições, encontrou Dierdre ansiosa à sua espera. Comeram e conversaram um pouco sobre o período que passariam juntas; para Dierdre, tudo era novidade e ela estava muito feliz.

Todos realizavam a iniciação do conhecimento, que era quando aprendiam sobre os costumes, o porquê e a necessidade de existirem os deuses,[1] os elementais, e também sobre o significado e as necessidades dos rituais. Fazer as orações por puro automatismo não tinha valor para os deuses ou para a Grande Deusa, diziam os *druidas*. Todos tinham que compreender, e somente pela compreensão, realizar as orações; palavras repetidas no vazio não tinham valor, pois não tinham sentimento.

Em uma hora os jovens deveriam estar prontos no templo de Mirdle para o início, e todos foram pontuais.

Já no templo, Aileen e Dierdre seguiram para uma pequena área delimitada, logo à frente do altar; Ryann e Ewan ficaram logo atrás das duas e Hazel e Brigid, nos fundos do templo. A primeira e a última vivência eram as únicas que as três duplas fariam ao mesmo tempo e no mesmo lugar. Dierdre fixou os olhos em Aileen e muito séria, disse algumas palavras.

— Aileen, perdoe minha intromissão, mas eu sei que você traz um grande peso em seu coração. Não me disse nada, mas sinto que existe esse peso. Não me importo em não saber,

---

[1] Podemos comparar a hierarquia da nossa fé com as atuais crenças onde Deus, para nós era o Criador em suas duas faces: O Grande Deus e a Grande Deusa, as duas metades, ou duas partes, de um mesmo Ser Superior e perfeito. Os deuses eram o equivalente aos santos ou os espíritos de Luz, que algumas crenças adotam. Não são seres perfeitos como o Criador (Deus), mas são bons, e iluminados o suficiente para, pela fé, auxiliar tantos seguidores.

mas me importo se você permitir que essa dor tome conta de você, do seu ser. Neste momento, irmã, você deve esquecer o externo e tentar procurar em você aquilo que a perturba ou desequilibra. Procure os entraves de sua alma e tente desimpedir o movimento das energias. Qualquer desvio de pensamento ou sentimento poderá ser a porta de entrada de forças que somente trarão sofrimento.

Ao terminar Dierdre abraçou Aileen que, um pouco sem graça, mal retribuiu o abraço. Nada falou, apenas pensou que aquele seria o dever dela como a mais velha, não de Dierdre, ainda inexperiente. Respirou fundo e o aroma das ervas que queimavam em todo o salão inundou seu mundo interior e Aileen deixou-se levar pelas estradas que seus pensamentos criavam.

Nos dias seguintes, a rotina foi praticamente igual, alimentavam-se e iam para o templo. Dierdre sempre dando forças à Aileen e esta, sem abrir a boca, lutava com a saudade que lhe machucava o coração e o dever sacerdotal.

Durante aqueles dias Aileen mergulhou em seu íntimo e reviveu vários momentos de sua vida como filha de Atma. A infância feliz, a descoberta da facilidade em realizar as curas, os conflitos com a mãe. E neste ponto ela sempre parava e ficava remoendo algumas situações vividas, porém o objetivo não era relembrar fatos, mas saber por que determinados eventos despertavam sentimentos contraditórios, negativos e pesados, criando pontos de bloqueio energético[2] e de ligação com irmãos ignorantes.

Para ela, a mãe era uma pessoa quase desconhecida. Não conversavam muito e a maioria das frases que a mãe dizia eram ordens para prestar atenção nisto ou naquilo. Ela não tinha liberdade com sua mãe. Nem sabia como fazer um carinho nela, e nós éramos um povo carinhoso, respeitador e atencioso com tudo e todos.

Achava sua mãe muito dura, algumas vezes até insensível,

---

2 Aqui chamamos de "bloqueio energético" os sentimentos negativos e guardados, que afetam nossa saúde física, mental e espiritual. Para abraçar o sacerdócio e exercer a cura, o ser deveria estar limpo de sentimentos ruins como a mágoa, o rancor, o ódio etc.. Se não fosse possível eliminar completamente estes sentimentos era necessário, no mínimo, saber como controlá-los. Não podemos ajudar qualquer pessoa se temos o espírito, ou a alma, contaminada por fluidos tão pesados. A ciência hoje já sabe disto e muitos médicos aderiram ao estudo das doenças psicossomáticas.

e em todos os dias Aileen parava neste ponto, porque ficava divagando nas ações da mãe, mas o objetivo era outro, era analisar a si mesmo e não julgar as ações do outro. Somente no terceiro dia, o último de sua vivência, ela lembrou que após um dia cansativo de atendimentos bem difíceis, com duas pessoas à beira da passagem para o invisível, Atma chegou a casa e chorou muito. Foi um dos escassos momentos em que Aileen aproximou-se da mãe e a abraçou. Atma a apertou contra si.

— Minha querida, nunca se envolva emocionalmente com aqueles que atende, pois cada atendido que perdemos para o invisível é um pedaço nosso que se vai. Sei que é muito difícil pedir para controlar isso, mas a vida de uma sacerdotisa não é fácil. Temos que doar nosso melhor sentimento, ter clareza de pensamento para decidir o que fazer e que ervas misturar... Algumas vezes eu gostaria de poder ser só sua mãe, nada mais!

Beijou-a e apertou-a, como se quisesse colocar Aileen dentro do próprio peito.

Alguns segundos depois, Atma estava como se nada tivesse acontecido: dura e fria como sempre, era a conclusão de Aileen; era assim que a filha a julgava.

Lembrar as palavras da mãe e do carinho recebido despertou em Aileen a análise necessária. Só então começou sua viagem no tempo e reviveu várias passagens da mãe e ao observar certas situações, tinha a impressão de estar vendo um filme e, tornando-se apenas uma espectadora, começou a analisar nos mínimos detalhes as reações da mãe e, principalmente, as próprias reações, sendo imparcial e não julgando. Conseguimos esta visão ao anular os sentimentos que vieram à tona, que foram despertos, no momento em que o fato aconteceu, pois o objetivo é rever nossas reações como se estivéssemos analisando outra pessoa. Só assim podemos perceber nossos erros ou acertos; e Aileen teve um choque quando percebeu que várias críticas que fizera à mãe não eram justas. Atma tinha grande responsabilidade com o povo daquela aldeia. Atendia a todos em qualquer hora, foi a primeira observação.

Lembrou que logo quando foi morar com a mãe, o maior problema foi ela se acostumar aos horários esquisitos. Atma a levava sempre para os atendimentos e dizia que era bom se acostumar, pois era parte do trabalho e responsabilidade de uma sacerdotisa. Não havia nada que a segurasse. "A necessidade de um doente é sempre mais importante que a nossa!": essa era sua forma de viver. Esquecia-se de si mesma. Sabemos que viver assim também não é correto, mas era assim que Atma sabia viver. Em algumas vidas futuras ela viveria no outro polo: as suas necessidades seriam as mais importantes, mas o objetivo do espírito é chegar ao equilíbrio, e é isso que seu espírito ainda busca.

Aileen sempre entendera a atitude da mãe como vaidade, achava que ela queria apenas receber os agradecimentos. Mas agora percebia que não era verdade. Atma era pura de coração. A aparente arrogância era a forma que achara de lidar com a dor alheia, ou dela própria, quem sabe? Lidava diretamente com as doenças e consequentes mortes, e no primeiro instante à partida de alguém querido para o invisível, as famílias ficavam desoladas e, algumas, desamparadas. Como sacerdotisa da aldeia, ela, e somente ela, era responsável pelo recomeço e a retomada da rotina daqueles que ficaram.

Lembrou-se de uma passagem quando foram atender uma mulher em trabalho de parto. Era de madrugada. As duas ficaram com ela durante quatro dias. A criança não nascia e a mãe, esgotada, dava sinais de que não iria aguentar muito tempo. Depois de muito esforço, Atma trouxe ao mundo visível um pequeno ser com graves deformações físicas. Ao ver a criança, embrulhou-a rapidamente com algumas peles que estavam próximas, para que ninguém mais visse as deformidades, e entregou o pequeno ser a Aileen. Ele não teria muitos dias de vida, se chegasse a passar do primeiro. Sua primeira preocupação foi com a família, que não devia acreditar que a deficiência era um castigo da Grande Deusa, já que os bebês vinham Dela.

Naquele momento era a mãe que agia, não a sacerdotisa. Ela pensou na dor da perda daquela família e nas possíveis consequências que teriam, achando que haviam sido castigados. Eles não iriam compreender que os deuses sempre auxiliam e nunca castigam. Poderia ser o fim daquela família. Psicologicamente, sentir-se renegado ou castigado pela Grande

Deusa ou pelo Grande Deus, era terrível.

Quando acontece de um ser nascer com limitações ou quando a gravidez é interrompida, isso são recados dos deuses: o que é necessário compreender? A primeira coisa é que nunca são castigos.

Emocionalmente Atma sabia que aquela mãe não teria condições de aprender, ou mesmo perceber, os recados da Grande Deusa. Para Atma era muito claro o recado: aquela mãe não tinha assumido a responsabilidade da procriação, não possuía sentimentos de gratidão e acreditava que aquele pequeno ser apenas a deformaria e daria trabalho, nada mais. E mesmo a Grande Deusa abençoando seu amor pelo companheiro com uma criança, o seu íntimo renegava aquele criança divina e seus pensamentos de negação foram tão intensos, que seu próprio corpo criou as deformações no pequenino.

Este era nosso entendimento.

Mas Atma sabia que não era o momento de jogar essas verdades para aquela família fragilizada. Aos poucos a sacerdotisa ensinaria àquela jovem que somos extensões do Criador e as mulheres são sagradas por darem continuidade à vida e devem ser gratas por isso, não vaidosas. Devem ser gratas também por receber a bênção de gerar um ser.

O julgamento e a condenação não fazem parte do comportamento de uma sacerdotisa. A análise deve ser feita com a intenção, única e exclusiva, de auxílio e de aprendizado, e era o que Atma fazia.

O pequeno durou alguns dias e Atma não se afastou dele, nem de sua mãe. Não permitiu que ninguém o trocasse ou o desenrolasse das peles que o cobriam, e a palavra da sacerdotisa era uma ordem. Durante este tempo preparou todos da casa para enfrentarem a perda, que foi sutil e doce, dentro dos limites que a partida pode ser.

Os funerais eram realizados junto ao templo da aldeia, com os rituais direcionados ao elemento fogo, que transforma, e aos deuses da natureza, pois receberiam o corpo novamente em seu seio. Atma não só administrou os rituais, que era o costume, como também preparou pessoalmente o corpo, encomendando-o ao Criador, banhando-o com as ervas e os óleos pertinentes aos funerais. O funeral durava três dias. No primeiro dia o corpo era preparado, banhado e besuntado com óleos de ervas e envolvido em tecidos finos, ficando apenas a face do moribundo à vista de todos. No segundo dia o corpo exposto no altar do templo da aldeia era oferecido à natureza através dos rituais de nossa fé e no terceiro dia, era realizado o ritual do elemento fogo, transformador; a chama sagrada era apagada e era acesa a pira, terminando o funeral.

Os egípcios mumificavam seus governantes porque acreditavam que a ligação entre corpo e alma não poderia ser quebrada para o espírito sobreviver no invisível. No nosso caso, acreditávamos que o Grande Deus providenciaria sempre na própria natureza um novo corpo, no momento necessário – era uma forma rudimentar da compreensão da existência da reencarnação, quando a alma é sempre a mesma, mas os corpos modificam-se.

Atma, naquela preparação, ao enrolar o corpo nos tecidos finos, ficou preocupada em não denunciar as limitações corpóreas da criança. O corpo, colocado no altar, a vista de todos, obviamente denunciaria as deformações da criança. Ela então pediu a Aileen que fizesse uma guirlanda de flores do tamanho do corpo do bebê, e às suas assistentes que colocassem no altar mais flores do que o normal. Ninguém questionava as decisões da sacerdotisa. Aileen, que havia visto o corpo da criança, entendeu a preocupação da mãe e fez o possível para que as flores escondessem o corpinho frágil. Aileen ficou incumbida de retirar o corpo do altar e colocá-lo no lugar indicado à cremação, o caminho mais indicado e fácil de retorno à natureza. Hoje sabemos que, por questões de higiene e espaço, também é o melhor caminho.

Ninguém percebeu, e algum tempo depois, Atma fazia novo parto daquela família que, desta vez, recebia a bênção com gratidão no coração e muito felizes. Aileen, na época, brigou muito com sua mãe, dizendo que a família tinha o direito de saber e que enganá-los não era correto. Mesmo Atma explicando seus motivos, a menina não quis saber e ficou por muito tempo sem falar direito com a mãe.

Aileen lembrou outras passagens, e no seu íntimo entendia e, consequentemente, desprendia sentimentos baixos instalados por julgamentos precipitados, conclusões erradas e egoístas. Sentia que estava desatando os "nós", que amarravam sua alma, impedindo seu crescimento como pessoa e, principalmente, como espírito. Impediam também que o relacionamento dela com sua mãe fosse verdadeiro; entre elas não existia a troca, existiam apenas as críticas da filha e o silêncio da mãe, que era julgado como arrogância e indiferença.

Esses sentimentos amarrados, mal explicados ou mal resolvidos, onde julgamentos e conclusões infundadas predominam, atrapalham o desenvolvimento de todos. Foi difícil para Aileen, ao longo de sua primeira vivência, tirar da cabeça a minha presença e encarar as próprias limitações. Sempre se achou melhor que a mãe, mas descobriu a cegueira que a envolvia nas condenações que fazia por pura implicância. Admitir que ela própria era a grande vaidosa e que errara como qualquer outro ser, que ela não era tão generosa como pensava, que era alguém absolutamente comum e normal, com erros e acertos como todos na caminhada evolutiva, foi muito doloroso e constrangedor.

Atma tinha a sabedoria da sacerdotisa e Aileen não admitia isso. No fundo a filha sempre sentiu a falta da mãe e de uma família. Por mais que estas atitudes fossem comuns nas aldeias celtas, ser filha da sacerdotisa não era fácil, pois tinha que lidar desde cedo com a ausência da mãe e dividir a atenção e o carinho com o restante da comunidade. Aileen percebeu que todas as suas atitudes grosseiras e ríspidas, os julgamentos e implicâncias, eram apenas a forma que tinha de punir a mãe pela atenção não recebida. Mas Atma amava a filha e somente agora Aileen percebia isso.

Se foi difícil Aileen constatar suas fraquezas, relatar suas conclusões e constatações para Dierdre foi mais doloroso ainda. A realidade das palavras fazia de seus erros coisas concretas que deviam ser superadas. Ao falar, seus sentimentos equivocados pareciam piores e sentia-se incapaz e indigna em passar à amiga o conhecimento inicial; afinal, como instruir alguém quando você mesma comete os erros que condena?

Mas admitir erros e tomá-los como lições era o objetivo da vivência!

Era uma responsabilidade dos *druidas* ensinar aos seus como desatar os nós que nos prendem às diversas pessoas que nos rodeiam. Seja em busca de aprovação, de aceitação, ou ainda, em busca de esconder o Eu verdadeiro. A essência divina em estágio brutalizado aprende com os erros e acertos e aos poucos se lapida para ascender à luz – a lucidez que todos possuem como espíritos eternos.

Temos vergonha de errar! Temos vergonha de assumir os próprios erros, porém eles fazem parte do aprendizado de qualquer ser.

Vergonha maior é não tentar crescer. A inércia é a cruel inimiga do espírito em evolução; não agir por medo de errar é pior do que agir tentando acertar e cometer enganos. Mais terrível ainda é culpar os que estão à sua volta pelos equívocos que cometeu. A responsabilidade é um sentimento difícil de ser incorporado. Aprender com os próprios enganos é uma arte.

No final do sexto dia, reunidos com Mirdle, cada um foi relatando suas experiências. Um por um, ao verbalizar suas dificuldades, sentiam-se mais leves, como se tirassem verdadeiros fardos das costas. Ao terminarem foram todos dispensados e mais à noite Mirdle os encontraria para as orientações da próxima vivência.

Pela afinidade do grupo, Mirdle resolveu que eles fariam ao mesmo tempo as vivências seguintes. Embora essa não fosse uma atitude habitual, o *druida* acreditou que era o melhor caminho a seguir com aquele grupo coeso.

Esta era a primeira mudança de outras que iriam ocorrer a partir daquele grupo que se reencontrava e possuíam grande afinidade, muito mais do que Mirdle imaginava ou sentia.

Ryann, Brigid e Hazel na última encarnação eram irmãos e nômades. Criaram-se praticamente sozinhos, sem pais ou parentes. Mudavam-se constantemente em busca de alimentos e passaram boa parte daquela existência vivendo da bondade alheia. Até pela época histórica do planeta, esta era uma condição comum dos espíritos que aqui encarnavam. Mais duros física e emocionalmente, eram espíritos a que somente a privação de certas facilidades traria a lição necessária. Assumiram o compromisso de voltar ao corpo físico para trazer, ou devolver, de alguma forma, toda a caridade que tinham recebido. Seriam eles os abnegados diante dos necessitados. Tinham já condições de ensinar o pouco que aprenderam.

Dierdre, Aileen e Ewan formavam uma família e faziam parte de uma civilização do antigo Egito que domina os processos de tecelagem. Eles moravam em aglomerados populacionais existentes no vale do rio Nilo e viviam como comerciantes, em certo tipo de comércio primitivo. Dierdre e Ewan eram os pais de Aileen, uma doce criança que, muito insegura, deixou-se levar pelas maravilhas que os nômades do deserto descreviam. Fugiu com um grupo ainda menina e seus pais somente a viram de novo por acaso, dormindo ao relento, muito doente e próximo à sua morte física.

Mas o convívio de todos do grupo era de outra situação mais recente à que viviam como celtas: no antigo Império Egípcio, na época do Faraó Djoser.

Iaret e Jarha (Dierdre e Ryann) tinham como filhos Inarus e Tjia (Hazel e Brigid). Jarha (Ryann) era escriba e gozava de posição social importante. Tinham uma boa vida.

Mesah (Mirdle) era pai de Kiya (Aileen), ele um construtor muito conceituado e respeitado. Era um homem severo, correto e muito carinhoso com a filha. Dono de uma propriedade razoável, vivia junto da filha, da irmã, Reddjedet (Atma) e dos sobrinhos Mokhtar (Aullus) e Khahor (Ewan). Mokhtar (Aullus), o mais velho, aprendera o ofício de escriba com Jarha (Ryann) que ele muito admirava.

Mokhtar (Aullus) era apaixonado por Kiya (Aileen), mas seu tio Mesah (Mirdle) não admitia o relacionamento entre os dois, porque eles tinham sido criados como irmãos. Sua mãe, Reddejedet (Atma), tinha uma vida questionável e não dava a mínima atenção aos filhos. Se Mesah (Mirdle) não assumisse a criação de todos, muito provavelmente eles teriam acabado na classe dos trabalhadores, uma classe superior apenas à classe dos escravos.

Kiya (Aileen) fugia para se encontrar com Mokhtar (Aullus) e numa dessas vezes encontrou Jarha (Ryann), pois o

Faraó havia chamado Mokhtar (Aullus) para o trabalho como escriba. Kiya (Aileen) se encantou com a simplicidade e a elegância de Jarha (Ryann) e acabou provocando encontros "ao acaso" para poder vê-lo. Iaret (Dierdre), que já estava doente, partiu para o plano invisível, deixando Jarha (Ryann) viúvo e muito apaixonado por Kiya (Aileen).

Por sua vez Mokhtar (Aullus), destacava-se como escriba e, cheio de coragem, informou ao tio que se casaria com Kiya (Aileen). Depois de muito sofrimento, broncas e brigas entre a família, Mesah (Mirdle), permitiu o enlace da filha com o sobrinho, porém Kiya (Aileen) informa ao pai e ao futuro noivo que está grávida de Jarha (Ryann). Embora esta informação fosse mentira, Mesah (Mirdle) e Mokhtar (Aullus) foram falar com Jarha (Ryann) que desmentiu a suposta gravidez, mas confessou seu amor por Kiya (Aileen).

Ao perceber que o tio preferia Jarha (Ryann) como marido de sua filha, Mokhar (Aullus) associou-se ao irmão Khahor (Ewan) e assassinou Jarha (Ryann), acreditando que assim o caminho ficaria livre para os braços de Kiya (Aileen), porém ela não o perdoou e foi viver com a tia Reddjedet (Atma), que nesta altura vivia numa propriedade mais afastada.

Como celtas, uma sociedade agrícola e sem ostentações era o meio ideal para este grupo harmonizar seus desequilíbrios e suas angústias. A iniciação que todos, Ryann, Dierdre, Aileen, Hazel, Brigid e Ewan passavam lhes ensinava a caridade, que era um sentimento muito frágil em seus corações. A religiosidade ensinaria a tranquilidade e a disciplina que nenhum deles experimentara em outra existência. Atma e Mirdle, como sacerdotes, educavam aqueles espíritos meio perdidos. Aileen precisava aprender a confiar em si mesma e não seguir as opiniões alheias e não se deixar levar por futilidades. Aullus deveria aprender a confiar e a dominar o ciúme e Ryann precisava aprender a perdoar, pois durante muito tempo, como espírito, vagara saem busca de vingança.

A afinidade do grupo vinha da convivência de todas estas vidas e de outras que não citamos. Eles se gostavam e batalhavam pelo mesmo objetivo: harmonizar os desequilíbrios que um dia causaram.

Capítulo 8

O grupo conversava animado quando Mirdle entrou no salão e sentou-se no lugar de costume. Sem outra conversa, iniciou as novas orientações:

> Meus jovens, nós já tomamos consciência de nossos entraves, dos obstáculos que nos tolhem a alma e nem percebemos, e é necessário trabalhar para retirar esses entraves, que acabam atrasando nossa evolução.
> O que fazer com eles? Deixá-los à espera, guardados, até o momento de não podermos mais fugir e então, e somente neste caso, tirá-los do caminho?... Não, meus jovens, se esse fosse o caso, não haveria razão para executar uma viagem interior.
> "Cavar buracos" em nossa personalidade, descobrir nossas dificuldades e limitações para não fazer nada? ... Seria um sofrimento desnecessário e infrutífero.
> Cada pessoa é um ser único, portanto, cada um tem uma maneira de enxergar o mundo a sua volta. Cada ser tem a própria maneira, o próprio caminho, para perceber e lidar com os problemas mais íntimos. Todavia, mesmo sem ser solicitado, cada um sabe de antemão e com total segurança, como lidar com os problemas alheios e invariavelmente escutamos: "se eu fosse você, faria isto ou aquilo"...
> Se eu perguntar a Ryann o que ele fará para resolver os problemas de Aileen, ele terá a solução pronta; da mesma maneira que Aileen terá solução para os problemas de Brigid.
> Mas o que será que estou querendo dizer com tudo isto? Quero mostrar, meus jovens, que sempre temos a receita para resolver o problema de outra pessoa, mas nunca sabemos como resolver os próprios problemas e entraves, daí pensarmos que a dificuldade do outro é sempre menor, mais fácil de ser resolvida e menos do-

lorida. Sabem por quê? Porque conseguimos enxergar o problema alheio sem o envolvimento emocional, que modifica absolutamente tudo.

Cada ser passa por situações que lhe serão grandiosas lições, muito embora nunca acreditemos nisso. As dificuldades que temos em resolver os próprios problemas estão diretamente ligadas às nossas experiências, no visível e no invisível. Por isso que algumas dificuldades vividas por outras pessoas podem nos parecer, num primeiro momento, muito simples, ou então, muito complicadas, pois sabemos lidar apenas com os fatos pertinentes e coerentes com nossa capacidade de aprendizado. A nossa alma sempre sabe o que poderá absorver! Resta-nos usar as ferramentas que iluminarão nossos pensamentos e, consequentemente, as atitudes.

Nunca libertaremos aquele que não quer ser libertado. Também nunca libertaremos aqueles que nem acreditam estarem presos. Devemos sempre respeitar os limites, próprios ou de um assistido. Isto se chama respeito!

Alguém já me perguntou: por que temos tantos deuses? É simples: porque o Criador não pode fazer tudo sozinho! É o que respondo. Mas a verdade, meus meninos, é que cada setor da criação tem os seus representantes. O Criador, que para nós é a união da Grande Deusa e do Grande Deus,[1] utiliza as energias dos quatro princípios existentes neste mundo, terra, fogo, água e ar, que são os elementos formadores de tudo que existe, e assim gera a vida. Na criação tudo está harmonizado, um completa o outro, um auxilia o outro. Tudo que existe neste mundo, tudo aquilo que percebemos através de nossos sentidos materiais ou não, possui a energia elementar do Criador. É através da Sua vontade que existimos.

Devemos aprender, e sempre usar, nossa vontade para desatar os nós que nos amarram às situações ou pessoas que trazem sofrimentos e angústias e, assim como o Criador, utilizar as energias elementares e seus deuses para harmonizar nossos sentimentos.

Como Druidas, temos responsabilidades de auxílio; mas somente temos condições de auxiliar alguém

---

1 Como já foi citado, os Celtas acreditavam num Criador único, composto pelas forças do feminino e do masculino; como as energias Yin e Yang.

quando estamos bem.
Por acaso vocês conseguem realizar qualquer trabalho com ferramentas quebradas ou faltando partes? Como usar uma machadinha sem cabo, ou uma flecha sem o arco? Como poderemos escutar alguém se nossos ouvidos estão surdos pelo "barulho" que nossos próprios problemas causam? Como doar amor e compreensão, quando em nossos corações, habita a mágoa e a decepção?

Minhas crianças, devemos sempre usar as energias criadoras para desafogar nossos corações, e este é o objetivo destas vivências relacionadas aos quatro elementos. Nesta primeira vivência dos elementos, trabalharemos com o elemento terra e os seus representantes, pois é nela que devemos depositar os nossos problemas, entraves e obstáculos.

O elemento terra é feminino; úmido, fértil, gera e mantém a vida. Podemos associar a energia deste elemento ao inverno. As cores ligadas a este elemento são o verde, representando as plantas, e o negro que representa a noite. No tratamento dos doentes com problemas urinários, e com dores fortes na parte de baixo das costas,[2] trabalhamos com a energia elemental da terra.

Para os problemas emocionais, a energia elemental da terra nos traz a força, a segurança, a firmeza. O medo – que é a sensação de falta de poder – aparece ao estarmos em desequilíbrio com esta energia.

E já que vocês sabem dos seus medos, dos julgamentos errôneos, dos erros que cometeram e não conseguem resolver, ou acreditam-se incapazes de resolver, pois não possuem forças suficientes para tanto, a força do elemento terra é necessária. Vamos viver a entrega aos seres que cuidam da energia do elemental terra: os gnomos e os duendes.

Amanhã, após a primeira refeição, vocês encontrarão aqui os cristais, as ervas e as frutas com as quais realizarão os rituais, e a entrega ao elemento terra dos seus problemas. Antes dos rituais, vocês devem se limpar e se carregar das energias do elemento terra.

Nunca esqueçam: nosso corpo é o nosso templo!
Que os deuses os ajudem!

---
2 Rins.

Aileen, Dierdre e Ryann ficaram ainda por ali, conversando um pouco. O rapaz era bem divertido e ajudava as meninas a manter o ânimo, embora a saudade da família fosse imensa. Aileen, em particular, gostava muito da companhia de Ryann, pois eram os momentos em que não pensava em mim e em nossos momentos juntos.

Eu, Aullus, do lado de fora, esquecido completamente das palavras de Mirdle, imaginava Aileen nos braços de Ryann, vivendo noites de paixão. Estava tão cego pelo ciúme que me esqueci do real motivo dela estar longe de mim, do objetivo de todos do grupo e da minha experiência quando estive na Iniciação do Conhecimento.

Depois daquele dia que os vi na margem do rio, todas as tardes eu voltava até lá, na esperança de ver alguém ou alguma coisa. Eu já conhecia os procedimentos da iniciação e sabia que algum dia eu os encontraria. Eu conhecia Ryann. Ele, como Aileen, também já tinha a vida direcionada ao sacerdócio e também já participava de rituais e atendimentos com o *Druida* da aldeia onde ele morava com sua família.

No meu julgamento, quando Mirdle falou sobre a ajuda que Aileen precisaria, e eram somente essas palavras que eu lembrava, eu imaginava Ryann ao seu lado, amparando-a nos atendimentos e nos trabalhos da comunidade. Definitivamente o ciúme tomava conta do meu ser e eu não fazia nada para mudar estes pensamentos, ao contrário, os alimentava cada vez mais. Eu não tinha nenhuma consciência da injustiça que cometia.

Abrindo parênteses para uma explicação de ordem espiritual: ao pensar e imaginar coisas completamente absurdas, eu abria portas para receber o assédio de uma parte da espiritualidade que está intimamente ligada aos fluidos emanados pelos sentimentos relacionados com a desconfiança, os ciúmes, a raiva, a posse etc.. A cada pensamento, ou a cada imagem construída, mais raiva eu sentia e mais elementos nocivos eram "jogados" em meu envoltório fluídico. Em determinado momento, mesmo sem perceber, eu permitia que os espíritos atraídos pelo meu descontrole, ajudassem na construção de novas imagens e pensamentos que me deixavam cada vez mais descontrolado. O resultado? Eu passei a alimentar fluidicamente os espíritos que "vivem" deste tipo de emoção; espíritos afins, que num segundo momento, passariam a ter fácil acesso à minha mente, sugerindo sempre novas situações e novos pensamentos; teriam então novamente o meu descontrole. Esse tipo de situação pode durar longos períodos, mas é bom saber que eu não era a vítima, mas o causador, o facilitador dos acontecimentos. A partir do instante em que eu mesmo escolhi esquecer o que Mirdle disse, e dar "asas à imaginação" para enveredar pela estrada dos ciúmes sem fundamento.

Dentro do templo, alheia aos meus sentimentos Aileen preparava-se para continuar suas vivências.

Capítulo 9

Conquistar a força do elemento terra, este era o objetivo da vivência.

Logo pela manhã, todos faziam a refeição e compartilhavam as expectativas, ao iniciarem os próprios rituais. Nesta vivência o assistente ajudaria com a escolha do material, aprenderia como procurar o local ideal para a realização das cerimônias e entenderia, através de teorias e exemplos, os significados e onde ter a mente nesses momentos.

Estávamos no início do verão e os dias, pela manhã, ainda eram bem frios. As chuvas, presentes em boa parte do ano, transformavam-se em neve no inverno e no verão ganhávamos uma pequena trégua durante o dia, chovendo apenas no final de algumas tardes. Mas essa umidade constante mantinha o solo propenso a procriar. Tínhamos um solo bem rico, não podíamos reclamar.

Terminada a refeição, as duplas seguiram caminhos diferentes, mas todas foram para o meio da floresta que existia entre as aldeias e envolvia completamente a comunidade. Cada dupla deveria procurar a área mais adequada para realizar os rituais desta e das outras vivências. Normalmente procurava-se uma clareira.

Aileen e Dierdre acharam uma área, bem próxima ao córrego que passava no meio da floresta, com grandes e belas árvores que rodeavam o local como se o estivessem guardando. Depois, dentro da clareira, cada uma determinou mentalmente uma área, de forma circular, para realizarem suas cerimônias. Estavam construindo o Círculo Sagrado.

Com alguns galhos, improvisaram uma vassoura e começaram a limpeza do local. Varriam praticamente sem tocar o chão e acenderam um pequeno pote com ervas – folhas e flores de jasmim branco, capim de cheiro, louro, madressilva, artemísia, verbena e patchouli – para eliminar energias nocivas e trazer calma e docilidade. Resmungavam uma canção e tinham na mente a cor violeta, que transmuta... Para nós, era a cor do Criador.

O elemento terra tem como elementais os gnomos, que trabalham com os cristais e metais, e cuidam dos minérios; e os duendes, que são bem-humorados, brincalhões e adoram as árvores. Os duendes e os gnomos eram sempre invocados nos rituais deste elemento. Após a limpeza, era necessário "tomar posse" da área escolhida e "plantar" as próprias energias.

Aileen entrou em seu círculo, descalça; primeiro deu voltas pelo círculo e depois colocou algumas folhas secas no meio, pois a terra estava um pouco úmida, e se sentou. Iniciou uma pequena introspecção e em projeção imaginou-se criando raízes no local. Como se prolongamentos de suas pernas, pés e quadril, estivessem fincando-se na terra. Este exercício era a primeira forma de se fortalecer para equilibrar o elemento em si mesmo. As "nossas raízes" absorviam do solo a força do elemento e sutilmente criavam a harmonia interna.

O círculo sagrado não estava completo e elas nem o completariam no primeiro dia. Após Aileen terminar, observou e orientou Dierdre a realizar o dela.

No final do dia, cada dupla voltou ao templo, alimentou-se e foram para seus lugares de descanso; somente poderiam comentar suas experiências no final do sexto dia, e em grupo. No sono, através do desprendimento do corpo, as forças da natureza completariam o ciclo da força realizada durante o estado de consciência.

No segundo dia, começaram antes do sol nascer a segunda e complementar forma de se fortalecer no elemento terra. Desta vez, iriam até as árvores, andariam entre elas, sempre descalças; é muito importante o contato do corpo com a terra nestes rituais. Escolheriam uma árvore em especial e trabalhariam com os duendes. Poderiam fazer pedidos, sempre relacionados com as necessidades e nunca acompanhados da palavra "eu". Assim, os pedidos seriam: *Tenho necessidade de forças* e não *Eu quero força*.

Aileen sentou-se ao pé de uma macieira. Árvore ligada à

cura e à saúde, e também ao amor; e nesse momento, a minha figura invadiu seus pensamentos, e seu coração e suas forças pareciam escorrer. "Queria estar com ele, sentir seu cheiro, sentir seu toque..." pensava. A noite que passamos juntos era viva em sua mente e em sua alma, era como se eu estivesse ao seu lado, inexplicavelmente para ela, era como se eu estivesse fisicamente ao seu lado. Neste momento ela percebeu algo que há bem pouco tempo nem sonharia pensar: "Se Aullus pedisse a mim para eu abandonar o sacerdócio, eu abandonaria, sem pestanejar".

Foi um choque e ela desabou num choro sofrido: estava fracassando – o sacerdote realiza o bem a todos e sua vida é muito atribulada para manter uma família... Ela estava escolhendo a família. Dierdre percebeu o sofrimento da amiga, irmã de alma, e imediatamente abraçou-a, sem falar nada, apenas apertando-a contra seu peito, como se quisesse passar para Aileen as forças que a amiga perdia. Depois de algum tempo, Aileen já controlada, agradecia e se emocionava ao escutar da companheira: "Não vamos fracassar!".

Já anoitecia quando chegaram ao templo. Aileen não apareceu na casa de alimentação e Mirdle, preocupado, saiu antes de Dierdre terminar sua refeição. Queria falar com Aileen sozinho.

— O que aconteceu, minha menina? – o Mestre tinha muito carinho na voz.

— Estou bem, Mirdle, só estou sem fome – respondeu Aileen, automaticamente. Sua mente estava longe, bem longe do templo.

— O que é estranho, você não acha? – Mirdle insistia, mas mantinha a entonação carinhosa.

— Não! Não acho – ainda ausente.

— Não acredito que Aullus aprove sua desistência no meio do caminho.

Agora presente e assustada, ela não sabia o que responder.

— Minha menina, você acreditou que eu não sabia de nada?

Aileen, de olhos arregalados olhava para Mirdle sem acreditar no que estava ouvindo. Sentia medo.

— Eu soube desde aquele dia em que você veio falar comigo sobre o encontro inesperado que teve na cabana de Liliana. Ele viu o processo da cura, pelo invisível, e sabemos que a visão não é muito comum. A afinidade que vocês possuem facilitou o processo. São almas afins, já sabe disso – Mirdle aproximou-se e afagava seus cabelos, mas continuou a falar:

— Vocês são almas que desejam a presença um do outro constantemente e não se importam muito com o preço que podem pagar para ficarem juntos.

Não se culpam, e nem culpam o outro, pelos erros que cometem, pois sabem que a maior vitória será e virá quando o equilíbrio for conquistado.

Podem nascer como irmãos, filhos e mães ou família que serão sempre grandes companheiros; porém um homem e uma mulher, quando encarnam juntos nestas condições de amor, mesmo que não seja o "combinado" invariavelmente serão amantes, sendo quase impossível fugir desse enlace.

O problema é que na grande maioria das vezes causam problemas evolutivos muito sérios a ambos, e ao partirem para o invisível, ficam separados por muito tempo, até terem certo controle próprio para prosseguirem no caminho da evolução.

Mas quando já nascem com o propósito de se tornarem amantes, podem obter grandes benefícios na área da cura, da saúde ou do amor ao próximo; todavia os perigos de se perderem nos caminhos errôneos da personalidade ainda são grandes, pois se numa existência devem aprender a manter a responsabilidade com os compromissos assumidos, na outra, juntos, devem aprender a confiar um no outro e praticar o desapego. Mas o ciúme é um sentimento perverso.

Aileen choramingava baixinho e Mirdle avaliava suas reações. Fazê-la compreender a responsabilidade que tinha e mostrar que Aullus poderia fazer parte de sua jornada, talvez fosse a única forma para ela não sair do templo antes de terminar a iniciação. Depois de pequeno intervalo, o Mestre continuou a falar:

— A força criadora que essas almas geram quando estão juntas é muito forte e para não criar problemas graves, muitas vezes nascem separados pela força do invisível. Quando um está no plano visível e o outro no invisível, eles tem condições de crescer.

De pouquinho em pouquinho, eles vão se fortalecendo e a cada encarnação juntos conseguem caminhar um passo, controlando as emoções erradas ou desfocadas. O apego e o ciúme, gerados pelo egoísmo e pela vaidade, são os grandes entraves de nosso crescimento.

— Mirdle, você acredita que ele terá paciência? – finalmente Aileen conseguiu falar entre os soluços que a sufocavam.

— Não sei, minha menina... Não sei. Ninguém sabe. Nem ele mesmo! Mas minha pergunta é: será que você seguirá até o fim? Ou será que, curvando-se ao apego, deixará tudo para trás, selando o erro de uma existência?

Aileen nada respondeu, mas sabia que não deixaria Dierdre para trás. Ela era responsável pela jovem e não conseguiria viver em paz, sabendo que o seu treinamento, sua Iniciação ao Conhecimento, iria por terra, por causa de alguns dias. Ela iria até o fim, sabia disso, mas já não tinha certeza se seguiria a estrada no sacerdócio.

No terceiro dia, o ritual seria completo, pois seria a entrega dos sentimentos encontrados na primeira vivência ao elemento terra. Como Mirdle orientou no início, antes da realização completa da vivência, seria necessário realizar a limpeza. Poderia aproveitar a chuva que caía forte o suficiente para eliminar as energias negativas que sempre impregnam nosso corpo por conta de pensamentos e emoções descontroladas.

Mas, segundo nossas crenças, a natureza tinha o poder de equilibrar todos os nossos sentimentos; as folhas e flores passariam sua força (fluidos) para a água fervente, que em contato com nosso corpo, teriam o poder de retirar os maus fluidos que nele existissem. Assim, a nossa força interior, teria maiores condições de se manter equilibrada para receber dos elementos as forças necessárias para o equilíbrio emocional.

Num caldeirão era fervida um pouco da água do rio e colocadas somente folhas das ervas. No caso deles, para adquirir equilíbrio e a eliminação de energias negativas, foram colocados: alecrim, eucalipto, jasmim, louro, flor de laranjeira, limão e sálvia. Após esfriar o suficiente para contato, tomava-se um banho com aquela mistura. O perfume das ervas impregnava nossas roupas e só isso já mantinha nosso pensamento focado nos objetivos do ritual.

As duplas ficaram prontas; já não chovia e todos foram para os lugares escolhidos nos dias anteriores. Andaram entre as árvores, e o sol batendo nas copas exalava um perfume delicioso, deixando um frescor no ar que os envolvia.

Aileen foi até o final desta vez, colocando uma maçã ao pé da árvore em que estivera sentada no dia anterior, fazendo os pedidos de força. Essa fruta é oferecida ao duende que é responsável pelas árvores e pela vegetação da floresta.

Realizaram a primeira e segunda partes do círculo sagrado e iniciaram a terceira parte, que consistia em afirmar mentalmente quais os objetivos, ou quais os motivos, para realização do ritual do elemento.

No caso deles, era o depósito dos problemas da alma encontrados na primeira vivência. E agora sim, era o momento de fechar o círculo, para que dentro dele o iniciante pudesse ficar em completa sintonia com a natureza e com seus objetivos; o círculo fechado significava que as energias necessárias para o sucesso do ritual ficariam ali concentradas e não espalhadas.

Dierdre observava tudo, com muita curiosidade e atenção. Nos próximos três dias a vivência seria dela e Aileen não poderia dizer ou ensinar mais nada, ela deveria realizar tudo sozinha. Independente de ela querer seguir a vida do sacerdócio mais tarde, os rituais eram as nossas orações e eram praticados por todos, a qualquer momento. Era a cultura e crença do povo, uma disciplina religiosa que nos mantinha unidos e auxiliava a nos manter concentrados em nossos objetivos.

Aileen estendeu a mão direita e sua assistente lhe deu um pequeno pote com uma mistura contendo sal, alguns grãos e pequenas flores; com pensamentos harmoniosos e voltados ao objetivo do ritual, e sussurrando uma canção, Aileen fechou o círculo, jogando a mistura no chão em sentido horário. Sentou-se no meio do círculo e após ter certeza de que estava em completa harmonia com a natureza e com as energias do círculo, Aileen começou a mexer na terra, como se quisesse fazer um pequeno buraco.

Com movimentos como se estivesse "lavando" as mãos na terra, ela ia deixando escorrer entre os dedos a terra no pequeno buraco que havia feito. Em cada movimento ela fixava o pensamento em um "nó", no entrave encontrado em sua alma: vaidade, julgamentos, egoísmo, apego etc.. Aileen ficou ali muito tempo, depositando na terra todas as suas angustias, mágoas e decepções. Quando terminou, agradeceu aos deuses e às energias presentes, que ajudaram em sua jornada.

Após o sincero agradecimento, levantou-se e desfez o círculo, caminhando em cima da linha feita com a mistura de flores, sal e grãos em sentido anti-horário, com pensamentos harmoniosos e de agradecimento. Ela estava feliz! Sentia-se mais leve.

Dierdre realizou sua vivência nos três dias seguintes e a companheira apenas observou. Foi tudo perfeito, e elas ficaram felizes pela conquista das duas; se uma falhasse, o fracasso era da dupla. No sexto dia todos se reuniram e trocaram experiências sob o olhar atento de Mirdle, que não interferiu. Era um grupo com jovens bem diferentes, mas com grande afinidade espiritual, e mais fortes, começavam a conquistar metas que nem haviam cogitado: a unicidade de objetivos.

Capítulo 10

Do lado de fora do templo, eu continuava em minhas divagações mentais, imaginando sempre a *minha* Aileen nos braços de Ryann. A cada pensamento ou imagem gerada em minha mente, um sentimento maior de raiva e ódio ia tomando conta do meu íntimo. Essa minha entrega aos sentimentos baixos começou a me atrapalhar nos compromissos que assumira quando viera morar na aldeia, com meu tio. Uma tarde, chegando do rio, onde eu continuava indo todos os dias, ele me esperava do lado de fora da casa.

— Aullus, quando você me pediu para ficar por aqui, eu não imaginava que você teria tantos problemas para se adaptar ao nosso ritmo. Eu quase não o vejo e os seus compromissos, as responsabilidades que assumiu, estão apenas se acumulando, nada foi feito até agora – um misto de decepção e nervosismo embalava sua voz.

— Eu sei, meu tio, e peço perdão – eu estava envergonhado. Eu tinha uma disciplina exemplar com meus compromissos e escutar este tipo de cobrança era, até certo tempo atrás, impossível de acontecer. O choque de ser cobrado à responsabilidade interrompeu o fluxo de pensamentos inférteis.

— Não estou querendo que me peça perdão, estou querendo que você cresça; que aprenda a cumprir as responsabilidades que assume. Eu deixei várias tarefas em suas mãos, inclusive ensinar o Círio, seu primo mais novo, a preparar a terra para o plantio das ervas que usamos; hoje descobri que as sementes estão quase germinando sozinhas, algumas mudas estão quase mortas, sem terra, sem água, sem nenhum cuidado... – meu tio tinha responsabilidades com a entrega das ervas para outros clãs, sua preocupação era real.

— Eu sei, meu tio, mas eu não estava me sentindo bem esses dias, e não queria trazer preocupações para a família –

menti. Era a primeira vez que fazia isso também, mentir para encobrir, ou justificar, minha falta de responsabilidade. Meu tio quase não me conhecia e para ele o meu comportamento displicente era normal. Se ele soubesse quem eu era e como agia, ele saberia que algo muito ruim estava acontecendo, mas...

— Se está doente, vá até a Sacerdotisa, pergunte o que pode fazer para se curar, mas não repita estas atitudes infantis; se continuar, é melhor que volte para a aldeia de sua mãe – ele foi seco, mas estava certo.

Ao perceber sua alteração e a real possibilidade de voltar para a aldeia de minha mãe, me obriguei a refletir sobre como eu estava agindo ultimamente. A mentira que contei pesava em minha consciência e enfiando as mãos nos bolsos de minha túnica, achei a pedra que Mirdle havia me dado e suas palavras criaram vida em minha mente. Eu tinha esquecido de quase tudo que ele havia falado naquele encontro.

Naquela noite eu dormi muito mal, com sonhos agitados e confusos. Antes do amanhecer eu já estava de pé e arrumado para sair; estava apenas esperando Círio se aprontar. Chovia e para mim, o dia estava tão triste quanto eu. A chuva fina em ritmo constante era comum, mas a temperatura era bem mais agradável.

Na comunidade era quase tudo dividido, e cada família era responsável pelo plantio de um grupo de alimentos ou ervas, e outras pela criação de animais. As famílias responsáveis pela produção das ervas tinham um espaço comum entre alguns arbustos altos nos espaços entre as aldeias. Os galhos dos arbustos e de algumas árvores filtravam a chuva e os raios do sol, formando uma estufa natural para aquelas ervas ou alimentos que não podem receber a luz solar direta. Nossa família, o clã de Irina, era responsável por uma parte das ervas e, também, por alguns legumes e árvores frutíferas.

Já estava ficando ansioso quando Círio saiu, sorriu para mim e correu em direção dos arbustos. Eu o segui mais com os olhos do que com as pernas, não tinha ânimo para correr. Ficamos a manhã toda preparando a terra para poder recuperar o tempo que perdemos. Círio estava tão animado que não reclamou por irmos direto, sem descanso. Na hora do almoço, eu deixei Círio e fui para o rio. Eu não tinha fome e queria pensar um pouco. Precisava ficar sozinho. Começou a chover novamente, uma chuva forte e fria, e comecei a procurar um local para me abrigar.

Um pouco antes de se ver o rio, havia uma abertura num pequeno monte de pedras; daria para me esconder da chuva. O único inconveniente era ter que ficar agachado, mas era fundo o suficiente para acolher umas três pessoas. Minha enorme surpresa foi ver Mirdle ali sentado, como se estivesse me esperando. Apertei em meu bolso a pedra de luz, que desde o dia anterior estava comigo.

— Aullus, meu menino, que bom te encontrar... – seu sorriso era reconfortante.

— Mirdle, o que faz aqui? Tentando me encontrar? – falei, tentando mostrar um humor que não tinha e sondar se o velho sacerdote andava me seguindo, embora eu soubesse que ele era muito esperto para cair neste tipo de artimanha.

— Não, meu menino, eu não estava tentando te encontrar, até porque você não deveria estar andando por aqui, não é mesmo? – falou Mirdle me observando e me mandando um sutil recado.

— Realmente eu não deveria estar por aqui, mas sinceramente, eu não consigo me afastar deste rio – falei com pesar.

— Eu não entendo, Aullus, sua obstinação em sofrer!

Olhei para ele incrédulo; afinal, quem gosta de sofrer? Eu não! Tinha certeza disto. Eram os fatos e as pessoas que não colaboravam e que insistiam em me fazer sofrer... A culpa desse sofrimento não era minha!

— Não são as pessoas ou os fatos que o fazem sofrer, meu menino. É só você que pode fazer isso. E sinto dizer, Aullus, mas é *você* que gosta de sofrer! – ele disse, respondendo a meus pensamentos.

— Mirdle, eu não gosto de sofrer; e sem rodeios, porque você já sabe de toda a história, eu estou sofrendo sim, porque estou longe dela, e você sabe disso, e não estou gostando nada da experiência. – desabafei até o ponto em que me sentia seguro.

— Meu menino, digo que você tem obstinação em sofrer,

A Sacerdotisa Celta

porque estou vendo com meus olhos os caminhos que você está escolhendo. Você não escutou nada do que eu lhe disse na última vez que nos encontramos. Apenas teve a educação de me ouvir, e no dia seguinte, não lembrava absolutamente nada. Pior ainda, divagava imaginando coisas que nunca existiram. Esqueceu-se completamente dos objetivos de Aileen? Mirdle parecia ter o dom de enxergar nossa alma, até nossos pensamentos ele sabia, e diante do meu silêncio, continuou:

— Seus pensamentos geram desarmonia. Essa desarmonia chega até Aileen e ela sente, embora você nem pense nisso. Você a está enfraquecendo. Eu lhe avisei que ela necessita de sua ajuda para ficar forte e não deixar o caminho que escolheu.

Lógico que Aileen é, e sempre será, a única responsável pelas escolhas que faz e sofrerá as consequências sobre elas, sejam boas ou más; mas você também é! E você, sem pensar em nada, além do seu egoísmo, desenvolve pensamentos que causam desarmonia para os dois. – Embora as palavras fossem diretas e sem floreios, não havia em nenhuma delas qualquer outro sentimento além da preocupação que Mirdle sentia.

Abaixei a cabeça e senti o peso de meu egoísmo e do meu ciúme infundado, nas palavras do Mestre. Aileen estava no caminho do sacerdócio, eu não podia esquecer. "Mas e Ryann ao lado dela?", pensei, e no mesmo instante me arrependi Mirdle já sabia o que eu havia pensado e não deixou sem resposta.

— Ryann é um irmão no sacerdócio. Você, meu menino, já passou pela Iniciação do Conhecimento, então porque tantas dúvidas? Você já presenciou algum casal lá dentro? Mesmo aqueles que são casais aqui fora, ao entrar para o templo na iniciação ao sacerdócio, eles não podem nem formar duplas, quanto mais viverem como casal... Temos que manter a concentração em nosso mundo íntimo.

Meu menino, creia no que eu falo: Ryann é um irmão de Aileen no sacerdócio e seu irmão de coração. Ele gosta muito dela, e já sabe que ela o encontrou. Ele os viu na noite do

festival, sabe que se deitaram e ele respeita as vontades dela.
— Mirdle, eu não sei o que dizer... – minha vergonha só aumentava.
— Não sinta vergonha, nem culpa, que de nada adiantam esses sentimentos; eles só atrapalham. Apenas trate de ordenar esses pensamentos e pare de colocar a sua felicidade nas costas de Aileen.

Conquiste a felicidade primeiro sozinho; seja feliz por você e com você; depois mostre e ensine Aileen a ser forte e a conquistar a felicidade dela, por ela e com ela, não espere que ninguém o faça feliz, apenas seja feliz. Após essas conquistas vocês terão condições de viver realmente em paz.

Confesso que não entendi muito bem as palavras de Mirdle; afinal, passamos a vida tentando encontrar alguém que nos faça feliz, ou que nos traga a felicidade. Eu, que havia encontrado esse alguém que me faria feliz, deveria encontrar, primeiro sozinho, a minha felicidade; depois ensinar esse alguém que me faria feliz, a encontrar a própria felicidade sozinha. Somente após a conquista dessa felicidade individual, poderíamos ser felizes juntos? Para mim era conversa de louco!

— Meu menino, a unidade do companheirismo está na individualidade dos seres. Cada um deve ser completo e somente seres completos e felizes podem viver juntos e bem. Nossos companheiros não podem carregar esse fardo, meu menino, e nem nós. O invisível nos ensina isso, perceba a vida que nos envolve... A natureza esta cheia de exemplos. Ninguém consegue saber o que traz a felicidade a uma alma a não ser ela mesma. O que você acha que é suficiente, pode não ser! A mesma coisa para aquilo que você acredita ser insuficiente. Nesses momentos começam a decepção e em alguns casos, a cobrança.

— Preste atenção, meu filho! Se pegarmos uma metade de duas maçãs, as duas partes possuem as mesmas qualidades: casca, polpa e sementes. — Juntando as duas metades, teremos uma fruta; se tirarmos a casca de uma das partes, ela não será mais uma maça inteira, falta alguma coisa. São as duas partes inteiras que fazem uma maça completa, não pode faltar nada. São duas almas que fazem um casal... Não pode faltar nem um pedacinho deles para eles se completarem. Se um deles não for feliz sozinho, ele não estará inteiro. Faltará a casca da maçã.

Percebi que a chuva havia passado e convidei Mirdle a sair. Levantamos e eu, ainda com o cristal nas mãos, tentava entender as palavras dele. Quando segurei em seu braço para me despedir, ele me deu um abraço forte, como se estivesse abraçando alguém que não via há muito tempo, e eu me emocionei.

— Mirdle, eu não entendi direito suas colocações, mas vou pensar, prometo – não quis me estender.

— Mais uma vez, meu menino, não deixe esta pedra longe de você, ela vai lhe lembrar das minhas palavras, e faça seus rituais, que há muito não faz. As orações transformam! Afaste o coração dessas incertezas; ame Aileen, mas não a queira presa num pote como um troféu...

Abraçando-me novamente, Mirdle sumiu no meio dos arbustos e das pequenas árvores frutíferas que formavam um pequeno bosque antes de chegarmos ao rio. Enquanto ele partia em seu passo lento, eu vi Círio voltando da refeição. Parecia que eu havia conversado horas com Mirdle, mas não passou de alguns minutos. Minutos que mudariam minhas atitudes temporariamente.

Voltei para o trabalho na terra com Círio e trabalhamos toda a tarde, deixando para o dia seguinte apenas o plantio das sementes. O trabalho e as palavras de Mirdle sossegaram minha mente, e passei os dias seguintes muito bem; reassumi minhas responsabilidades com Círio e colocamos todo o plantio das ervas e os cuidados com as árvores frutíferas e os legumes em ordem. Minha vida parecia tomar o ritmo normal que eu sempre conheci e isso me confortava, embora a saudade de Aileen fosse constante.

Mantinha a *pedra de luz* sempre à mão e isso muito me ajudou, porque cada vez que eu a via, eu lembrava as palavras de Mirdle. A cada pensamento ou imagem que tentava destruir minha harmonia, eu sobrepunha pensamentos e imagens ligadas aos meus afazeres. Percebi que ao tentar negar os sentimentos e pensamentos, eles pareciam ficar mais fortes. Ignorá-los com figuras ou conversas ligadas aos assuntos da família ou do trabalho, parecia diminuir a força da angústia ou do ciúme.

Assim eu passei grande parte dos meus dias longe de Aileen. Quando comecei a sobrepor os pensamentos e imagens que minha mente criava, com a ajuda dos irmãos do invisível, minha ansiedade e mesmo meus ciúmes diminuíram muito. Modificar a linha de pensamento com coisas de nossa realidade ativa é o melhor caminho para sair do círculo vicioso dos pensamentos negativos. Se eu conseguisse manter esta linha, muito provavelmente eu soltaria os laços com o invisível perturbador ao qual já estava profundamente ligado.

Aquela pedra realmente me ajudou, pois conseguia através dela lembrar constantemente das instruções que o Mestre havia me passado. Somos ainda muito infantis nas questões da firmeza de pensamentos e gostemos ou não, ainda necessitamos dos estímulos materiais para manter a disciplina.

Eu e Aileen, espiritualmente ligados pelas diversas encarnações e pelo sentimento profundo que nos unia, mesmo sem saber tínhamos forte influência um sobre o outro, mesmo estando distantes. Como já falei, os fluidos nos envolvem e transmitem todos os tipos de informação; mesmo não tendo explicações sobre como isso ocorre ou sem provas materiais, acontece em todos os instantes de nossa vida.

Da mesma forma que as ondas formadas num lago, ao receber em seu meio um objeto, ou as ondulações invisíveis que um peixe causa ao nadar, atingem a margem oposta ao movimento, os nossos pensamentos atingem aqueles que estão em nosso lago mental, ou seja, sintonizados na mesma frequência.

Aileen são sabia o que eu pensava e muito menos a angústia que eu vivia, mas sentia. Não achava que suas dúvidas e sua tristeza tivessem qualquer ligação comigo e nem eu imaginava que minhas viagens ciumentas e egoístas atingiam-na tão fortemente. Obviamente, para sermos influenciados desta forma, estávamos em completa sintonia e dávamos a chance tão esperada a irmãos do invisível, que atuavam sem que houvesse nenhuma resistência de nossa parte.

Capítulo 11

Captar a força do elemento fogo, que transforma, era o objetivo da próxima vivência, que estávamos prestes a iniciar. O grupo se preparava para a terceira vivência: o elemento fogo. E Mirdle acreditava que essa vivência provocaria naqueles jovens grandes transformações.

O fogo é força que atua diretamente na expressão pessoal e na paixão (boa ou má), e geralmente era a vivência que mais causava mudanças, podendo transformar objetivos e também a maneira do ser acreditar em si mesmo. A observação seria mais próxima, já que o desbloqueio de sentimentos represados pode causar danos e constrangimentos se não forem bem direcionados ou controlados. Por isso, nesta vivência, as orientações seriam transmitidas logo após a primeira refeição do primeiro dia da vivência, não no dia anterior, como era o costume.

Os jovens já estavam no templo esperando as orientações, e conversavam animadamente; todos estavam alegres e falantes. Antes de entrar, Mirdle observou o grupo e percebeu que não havia mais três duplas, mas sim dois grupos; afinal, os espíritos afins se procuram e se protegem, os outros gostem ou não.

Ryann, Dierdre e Aileen se amavam, eram almas afins e isso era muito claro; Hazel, Brigid e Ewan eram espíritos que se respeitavam e se ajudavam. Essa harmonia criava um ambiente muito bom e muito mais fácil de trabalhar.

— Bom dia, meus meninos! – disse Mirdle sorrindo e colocando a destra na fronte de cada um, como se estivesse beijando suavemente cada um deles.

Mostrou onde estava o material e após uma pequena pausa, iniciou as orientações. O processo seria o mesmo: nos três primeiros dias os iniciantes ao sacerdócio realizariam os rituais e explicariam todos os significados aos seus assistentes; nos três últimos dias os assistentes realizariam os rituais sem perguntas, pois esses rituais, em sua forma básica, eram os praticados por todos da comunidade.

Quando havia a separação de um grupo por superpopulação, a distância e a necessidade modificavam alguns costumes e rituais, e até mesmo certos conceitos, mas a essência, ou a fé e a disciplina, sempre se mantinham.

Mirdle sentou-se e ficou observando suas crianças se acalmarem.

Após todos em silêncio, o Mestre começou a falar:

> Meus jovens, daremos início à terceira vivência: o elemento fogo.
>
> A força deste elemento é masculina e personifica a energia do Sol. Ligada às mudanças, às transformações, ao desejo (daquilo que se quer; que deseja muito para si) e à paixão. Mas não a paixão entre um homem e uma mulher, mas ao sentimento maior que nos move em direção aos objetivos das nossas vidas no mundo visível.
>
> Simboliza a centelha divina da criação, e nos liga ao invisível através da intuição.
>
> Todos os seres, pela Criação, recebem essa chama divina (centelha divina), que nos liga com o Criador e nos dignifica como Suas criaturas.
>
> Sua cor é o branco, pois está relacionado à luz, e podemos associar sua energia ao verão. Os rituais do elemento fogo devem sempre ser iniciados nos primeiros raios solares, pois a salamandra, o elemental do fogo, deve ser chamada nesse horário por causa do nascer do sol e sempre com uma chama próxima a nós, representando a chama sagrada.
>
> Exatamente por isso, em todos os templos temos constantemente a chama acesa, nas velas ou em potes com óleo, pois nossa chama nunca deve estar apagada ou afastada de nós.
>
> As forças do Elemento Fogo nos trazem a coragem para enfrentar os novos empreendimentos ou novos caminhos; nos mantém o desejo de seguir adiante, por mais difícil que pareça a caminhada e nos mantêm apaixonados pelos objetivos abraçados.

As ervas que vocês devem utilizar na limpeza são a noz moscada, a arruda, a angélica, o cravo, o louro, a canela e o manjericão, que pode ser substituído pelo alecrim. O manjericão acentua a vitalidade e a disposição e a angélica, a clarividência. Todas elas estão ligadas ao elemento fogo e têm o poder de transformar as energias pesadas e negativas, em energias positivas.

A falta ou desequilíbrio do elemento fogo nos deixa fracos, sem a paixão que nos impulsiona, e sem a expressividade dos nossos desejos podemos ter distúrbios de digestão e sentimos o gosto amargo da emoção ligada ao fogo: a raiva.

Todas as forças emocionais são boas, desde que saibamos utilizar e direcionar essas forças. A raiva, a força que gera a raiva, não é negativa já que é a força que nos transforma. Mas se essa força for represada, ocorrerá, fatalmente, uma explosão emocional, causando feridas em todos e, principalmente, em nós mesmos.

Trabalhamos com o elemento fogo nos problemas relacionados à digestão – vômitos, dores laterais e geralmente um constante amargor na boca; algumas pessoas podem apresentar a pele com um leve tom amarelado ou mesmo esverdeado. Ele está ligado à maior parte interna que temos no organismo (fígado), que é extremamente sensível às emoções fortes e destemperadas.

Trabalhar com o elemento fogo traz resultados quase imediatos, principalmente nos distúrbios relacionados à sexualidade, à cura e à purificação, pois a força do fogo é transformadora.

O controle e o direcionamento das emoções do fogo auxilia a evolução do ser, e uma das formas de controlar essas forças é aprender a nos expressar de forma correta, podendo inclusive usar meios indiretos, não exatamente a palavra. As trovas, as danças, o trabalho na cura e os trabalhos com as mãos são formas diferentes e indiretas de expressão e auxiliam no controle e direcionamento das emoções.

Da mesma forma que a vivência do elemento terra, vocês realizarão o ritual de limpeza, de força, e realizarão o círculo sagrado maior que o utilizado na vivência anterior, pois ele deverá abrigar a chama do elemento

Os dois elementos: terra, representado pela madeira, e fogo, representado pela chama sagrada, devem estar em harmonia no mesmo círculo.

O ritual de força será realizado em nosso templo, na chama que representa a centelha divina da comunidade. Sempre descalços, vocês devem observar a chama do templo e imaginar, pensar em sua própria chama interna. Em sua mente, o elemento lhes mostrará o quanto sua centelha está fraca. Vocês, então, deverão reequilibrar essa chama que deve ser forte, constante e luminosa, deixando a luz ultrapassar os limites do corpo que usamos. Ainda descalços, vocês caminharão até o local onde farão o círculo sagrado; no caminho, vocês equilibram as forças do elemento terra e realizem o restante dos rituais.

Deixem os sentimentos fluírem e não represem as emoções, por mais fortes e indesejáveis que elas possam parecer. Temos que purificar e transformar sempre.

Mais uma vez, nunca se esqueçam: o corpo é o nosso templo!

Que os deuses lhes tragam a luz!

Antes de iniciar qualquer vivência, todos deveriam pensar nos problemas ou sentimentos que gostariam de transformar. A magia, a utilização dos fluidos emanados pelo fogo, tem função única de auxiliar. Ela, a magia, é completamente neutra, quem a pratica é que a torna boa ou não.

Não existe, nem nunca existiu, magia negra ou do mal e magia branca ou do bem. Tudo que existente tem em si a força dos elementos, os fluidos, que pode ser usada para dimensionar um sentimento ou transformar uma situação. Obviamente, as pessoas que ainda estão na ignorância utilizam certos objetos e materiais que só de olhar podem nos causar pavor e nojo. Mas é necessário entender que isso ocorre pela falta de conhecimento que possuem, pois usam essa força para demonstrar poder e causar medo, acreditando que estes sentimentos tragam também o respeito; ledo engano!

O que nesta história chamamos de magia é a utilização dos fluidos emanados pelos vegetais (das árvores, das flores, frutos etc.) e também pelos seres inorgânicos (ar, fogo, água, terra) para equilibrar nossos próprios fluidos.

Naquela época achávamos que somente através dos rituais absorveríamos os fluidos; hoje sabemos que o equilíbrio fluídico pode ser adquirido através da respiração, da alimentação, do sono e pela ingestão de água, e é indicado quando doamos fluidos nos passes, por exemplo, ou quando nos envolvemos nos processos de cura e de vibração pelos doentes e necessitados.

Em casos de desequilíbrio causado por um problema emocional, no caso a angústia, o remorso, a raiva, depressão etc., além de "perdermos" fluidos por conta do desgaste que estes sentimentos trazem, também nos tornamos "fornecedores fluídicos" aos espíritos afins que nos envolvem.

Fluidos, ou como chamamos aqui, "magia", direcionados a outras pessoas, como forma de manipulação da vontade, por exemplo, somente atingem seu objetivo se (e somente **"se"**) a pessoa mantiver no seu íntimo a predisposição à força emanada, ou dimensionada. Temos que ter em mente que aquilo que nos atinge só tem este poder quando encontra eco em nosso íntimo. Não acolheremos um fluido contaminado pela vingança, ou mágoa, se não tivermos estes sentimentos vivos em nosso coração.

Naquela tarde, após o almoço, todos se recolheram para realizar a preparação da vivência que deveria iniciar logo pela manhã do dia seguinte. Chovia bastante, e Aileen e Dierdre já estavam sentadas numa pequena sala que antecedia o salão do templo de Mirdle.

Uma cesta com algumas frutas frescas exalava pela sala um doce perfume; um prato ao lado mantinha uma chama acesa, representando o momento que eles viviam.

Ryann e Ewan chegaram logo depois e juntaram-se às moças. Assim que Hazel e Brigid entraram, Ewan foi sentar ao lado deles, deixando o grupo.

— Estou gostando muito das reações que estou tendo nas vivências. Sinto-me mais seguro e acho que estou conseguindo firmar realmente a minha vontade em ser um sacerdote. E você, Aileen, como está se saindo? – perguntou Ryann.

— Também estou bem animada, Ryann – disse Aileen, disfarçando a insegurança que sentia e a falta de ânimo.

Ryann percebeu, mas se calou; não queria causar nenhum constrangimento à amiga.

— Aileen ainda tem muitas dúvidas, Ryann, mas acho que logo ela terá todas as certezas que necessita para ser uma ótima sacerdotisa – Dierdre falou, tentando salvar a amiga, mas não adiantou muito.

— Aileen, eu sei de seus problemas em se manter nos objetivos que traçou antes de conhecer Aullus, mas acho que uma coisa não tem nada a ver com a outra; quando Aullus a viu pela primeira vez, você já estava comprometida com você mesma. Não posso imaginar uma relação de amor feliz quando uma das partes deixa para trás uma parte importante da própria vida.

Ryann falou sem olhar diretamente para Aileen, que, numa expressão incrédula, o olhava querendo saber como que ele sabia de suas inseguranças. Mirdle não teria falado... Ou teria?

— Não desconfie de Mirdle, Aileen, ele não faria isso com ninguém; eu vi vocês, juntos, na noite do festival, e também percebi que você está muito diferente da época da iniciação do Conhecimento; não há alegria, ao contrário, vejo muita tristeza em seus gestos e em seu olhar, daí foi fácil deduzir – continuou Ryann, como se tivesse lido os pensamentos de Aileen sobre Mirdle.

— Não entendo mais nada aqui. Vocês podem me explicar? – reclamou Dierdre.

— Nossa irmã, Aileen, deixou sua alma do lado de fora deste templo, e sofre porque gostaria de estar com ele. O que não teria nenhum problema e nem é uma novidade, pois muitos já passaram por isso, mas nossa irmã começou a questionar os motivos que a trouxeram até aqui e passa-lhe constantemente nos pensamentos largar tudo e cair nos braços de seu amor, deixando para traz a vida que já havia escolhido: tratar e auxiliar seu povo – Ryann disse, como se estivesse ditando palavras que alguém sussurrava em seu ouvido.

Tratava-se de uma comunicação mediúnica, muito embora naquele tempo não entendêssemos muito bem como, por que e com quem ocorria. O fenômeno da mediunidade existe desde os primórdios da humanidade.

Percebíamos, sim, que alguns tinham dons especiais, era assim que entendíamos, e através desses dons traziam para nós mensagens do invisível, assim como Ryann fazia nesse momento. Aileen possuía esses dons relacionados à cura e à intuição.

Aileen, silenciosa, olhava para Ryann; sentia-se exposta, mas não ficou com raiva, ficou até feliz em ter com quem desabafar.

— Mas Aileen, por que razão você deixaria tudo? Você pode ter Aullus e ser sacerdotisa de nosso povo, não pode? – perguntou Dierdre, num tom meio inocente, olhando para Ryann.

— Pode sim, Dierdre, mas ela duvida. Acredita que o tempo que dispensará aos atendimentos será reclamado por Aullus, que ele não entenderá as suas responsabilidades como sacerdotisa da aldeia. Para piorar, crê que não suportará viver sem ele e imagina que o melhor seria ela desistir de seus anseios e objetivos.

É uma grande fraqueza de sua personalidade, assim como a fraqueza de Aullus é a posse e o ciúme. Ele deveria também estar se preparando, já que seu dom, a visão, auxilia muito a cura, os atendimentos. Os dois juntos e equilibrados poderiam realizar coisas maravilhosas para si mesmos e, consequentemente, para todos da comunidade.

Aileen percebeu que Ryann continuava falando, como se não fosse ele mesmo, e resolveu explorar a situação.

— Diga-me, Ryann – disse Aileen com alguma incerteza ao dizer seu nome – como posso saber se estou cometendo erros? Se devo seguir por este ou aquele caminho?

— Não pode, Aileen, aliás, nunca ninguém saberá ou terá alguém para dizer o caminho a seguir. Estamos aqui, no plano visível, para aprender e infelizmente, ou felizmente, aprendemos com erros e acertos, não há outro modo. Cada ser humano tem experiências únicas e com linguagem pertinente para seu entendimento.

Realizamos más escolhas, mas não podemos dizer que erramos, pois acreditamos estar fazendo o certo.

Após breve pausa e silêncio completo das duas amigas, Ryann continuou:

— Aileen, se você acredita que o **melhor para você** é deixar seus objetivos esquecidos ou modificá-los, então realize a escolha e é muito provável que você viva muito bem. Mas se você acredita que largar tudo será **melhor para Aullus**, por ele não entender suas responsabilidades futuramente, você também poderá realizar a escolha de deixar tudo para traz, mas deve lembrar que seus objetivos continuarão vivos no seu íntimo, apenas estarão bloqueados porque você assim desejou. Deixou-os esquecidos por causa de outra pessoa, por causa de não querer viver uma situação que você nem sabe se será real um dia. Neste caso é muito provável que você viva com muitos problemas, alguns inclusive de saúde e, em certos momentos, mesmo inconscientemente, você irá culpar Aullus pelos caminhos que você não trilhou, que simplesmente abandonou. Você cobrará o sacrifício que fará ao trancar dentro do seu ser as forças da cura e do sacerdócio que abraçou de livre vontade quando ainda era uma doce criança.

Ryann fez uma pequena pausa, como se esperasse Aileen absorver as informações que dizia.

— Não pense que essa infelicidade é um castigo da Grande Deusa, ou do Criador; é apenas o resultado da energia parada, estagnada pelo *nó* gerado em sua alma, que sua vontade, ou a ilusão, criou e instalou.

Já temos muitos *nós*, Aileen, criados por situações cuja origem, não se pode localizar no tempo. Você e cada ser vivente no visível devem pensar e ter certeza do que querem. Quando realizamos o que nosso coração pede e o que nosso espírito procura, não se cria *nós*, por consequência, nem energia estagnada – quando terminou, Ryann estava exausto e Dierdre foi buscar água fresca.

Aileen não falou uma palavra, mas decidiu o que iria transformar no ritual do Elemento Fogo. Dierdre, embora não tivesse compreendido boa parte do que Ryann falara, nada perguntou. Revolveram ir para a cama, pois o dia seguinte começaria bem cedo, antes do nascer do sol.

Aileen demorou a conciliar o sono e pensou muito sobre

as palavras de Ryann. Ele estava certo, o seu coração sabia disto. Ela não podia simplesmente ignorar o desejo de toda sua vida que era o sacerdócio. Muitas pessoas a procuravam mesmo antes dela tornar-se uma iniciada. Lembrou-se de uma vez em que um senhor foi até sua casa e começou a contar como sua filha estava. Atma já se preparava para ir até a casa do homem, quando ele, de forma muito humilde e completamente sem graça, disse que a mãe da menina queria que Aileen fosse. Diante do olhar de Atma, o senhor reformulou a frase e disse que a mãe da menina pedira que Aileen fosse junto. Aileen sorriu ao lembrar a reação da mãe, mas também lembrou o que sentiu ao socorrer a menina e deixá-la bem. Estas lembranças e as palavras de Ryann fizeram Aileen sossegar o coração e ter certeza que seria infeliz deixando o sacerdócio.

Capítulo 12

Ainda no escuro da madrugada, todos se levantaram e realizaram a limpeza energética. Quando terminaram, cada um pegou sua pequena chama e seguiram para o bosque, próximo ao riacho, para solicitar ao elemental do fogo, a salamandra, seu auxílio nos rituais. Ao terminar de realizar o círculo sagrado, Aileen se virou para o nascer do sol e iniciou suas orações. Sentada no meio do círculo com sua chama na destra, e um pequeno pedaço de madeira na outra mão, pensava e se entregava à vontade de transformar os sentimentos que lhe sufocavam a alma. Na madeira, ao longo do ritual, eram feitas marcas representando os sentimentos que se desejava transformar ou purificar.

Durante algumas horas, Aileen permaneceu no centro de seu círculo sagrado, analisando os sentimentos que deveria ou que gostaria de mudar. Obviamente reforçou a vontade de modificar seus sentimentos relacionados à mãe e também os sentimentos que traziam a insegurança sobre seu futuro. Ela havia entendido a mensagem de Ryann, ou quem quer que tenha conversado com ela na noite anterior.

Não poderia permitir que suas dúvidas, ou sua imaginação, fortalecessem o desejo de abandonar tudo. Queria ser forte o suficiente para realizar seus objetivos pessoais sem se preocupar com o futuro; deveria aprender a viver uma etapa de cada vez e lidar com os problemas somente quando eles aparecessem. E nada melhor que o elemento fogo para transmutar e nos dar coragem para seguir no caminho escolhido.

Após terminar instruiu Dierdre, que se emocionou algumas vezes, pensando no que queria transmutar. Fizeram uma pequena abertura no círculo, apenas para saírem dele – não podiam pular a linha demarcada. Os círculos ficariam abertos até o dia seguinte, quando terminassem a vivência. Dentro deles os objetos que seriam usados: a madeira marcada, os objetos para fazer uma pequena fogueira e um pequeno pote com a chama divina acesa protegida por uma espécie de redoma, com pequenos furos do lado. Esta redoma protegeria a chama e a manteria acesa. A limpeza inicial do solo, onde firmariam o círculo, e a umidade causada pelas constantes chuvas, protegiam a floresta de possíveis incêndios.

Na manhã seguinte, no mesmo horário, elas continuaram os rituais que completariam a vivência. Sentada no meio do círculo e com uma pequena fogueira à frente, pensando nos sentimentos e situações que seriam transmutadas ou purificadas, queimaram a madeira marcada. A força do fogo, a energia emanada desse elemento, queima o que não é necessário, ou aquilo que atrapalha nossa caminhada de aprendizado.

Depois de queimar completamente a madeira marcada, chegou o momento de fechar o círculo e agradecer aos deuses pela meta alcançada. Nos três dias seguintes, os assistentes fariam os seus rituais como de costume e no final do sexto dia todos se reuniriam na planície atrás do templo de Mirdle. Essa planície era florida o ano todo, pois havia flores que se abriam em todas as estações. Somente nos anos de frio intenso, quando tínhamos longos períodos de neve, elas hibernavam, mas voltavam com todo o esplendor de suas cores e perfumes, assim que a neve sumia.

Estavam todos felizes em completar mais uma etapa e já anoitecia quando Mirdle chegou ao local. Com o mesmo gesto, a ponta dos dedos na fronte de cada um dos iniciantes, os cumprimentou. Pediu a Ewan e Hazel que arrumassem as madeiras e gravetos para acenderem a grande fogueira.

O campo ficava bem atrás da grande pedra que era a parede do fundo do templo. Encostada a ela havia uma grande mesa, feita com finos troncos amarrados com um tipo de cipó. Em cima dela, do lado direito, maçãs, peras e algumas frutas secas, pães e bolos; do lado esquerdo um pote com ervas, pertinentes ao elemento fogo, queimava; e algumas jarras com água fresca, sucos e hidromel. Para qualquer trabalho de ordem espiritual, nos momentos em que pretendemos nos ligar ao Alto, nunca pode faltar uma jarra de água limpa e fresca.

No centro da mesa, o caldeirão com vários gravetos dentro, novamente as ervas do elemento fogo e, ao redor do caldeirão, as sete velas representando a centelha divina: uma chama central, mais alta que as outras seis, representando a centelha divina de nosso Mestre Mirdle; as três chamas do lado direito representavam as chamas dos iniciados ao sacerdócio, eram pouca coisa mais altas que as outras três que representavam as chamas dos iniciados do Conhecimento. Isto não significava que um era mais iluminado do que outro, era apenas uma simbologia hierárquica.

Um pequeno grupo de trovadores sentava ao lado da mesa e começou a tocar a um sinal de Mirdle. Todos do grupo começaram a brincar e dançar. Quando a noite chegou completamente, acenderam a grande fogueira e sentaram-se em volta dela e iniciou-se a última parte da vivência do elemento fogo, com cada um compartilhando seus sentimentos e conclusões.

Aileen não entrou em detalhes, mas comentou que as observações de Ryann na noite anterior tinham sido importantes para suas conclusões e decisões. Ela esperava algum comentário de Mirdle, mas ele se manteve em silêncio, como se não soubesse o que acontecera. Conforme os jovens falavam de suas descobertas e de seus motivos para transformar este ou aquele sentimento, novamente marcavam um graveto que tinham nas mãos. Aileen resolveu falar novamente, após todos terminarem.

— Eu sempre pensei em transmutar os meus sentimentos com relação a minha mãe; após a primeira vivência achei que meus maiores problemas eram com ela, pois achava que eu era perfeita em tudo, menos no meu relacionamento com ela. Mas como aconteceu na primeira vivência, me surpreendi novamente.

Os comentários de Ryann sobre meus sentimentos por Aullus estarem atrapalhando meus objetivos, me magoaram e entristeceram, principalmente porque eu não sei como aconteceu, mas todos sabem de uma coisa que tentei manter em segredo: o meu amor por Aullus. Senti-me invadida com as declarações de Ryann, embora fossem corretas.

Foi uma decisão minha e de Aullus comentar sobre nosso amor quando eu saísse daqui. Acreditei que nós, eu e ele, teríamos melhores condições de avaliar e decidir o que fazer. Seguir ou não o caminho do sacerdócio, foi algo que surgiu em meus pensamentos após eu entrar no templo e iniciar as vivências, Aullus nunca me pediu isso... Ao contrário, quando falamos sobre minha vida futura ele mostrou como ele poderia ser dedicado.

A iniciação talvez tenha tornado mais real a minha provável vida futura como sacerdotisa, e eu sofri tanto com a ausência de uma família que não queria fazer o mesmo com Aullus, muito embora ele tenha declarado seu amor por mim, sabendo de todos os problemas que envolvem uma sacerdotisa.

Aileen respirou fundo, como se buscasse forças para continuar. Dierdre segurou sua mão, apoiando sua atitude, e ela continuou:

— As palavras de Ryann foram duras, mas percebi a responsabilidade que tenho em não fazer uma escolha e depois colocar a culpa nas costas de quem não terá condições de carregar essa culpa, mesmo que esse alguém seja eu mesma.

Não vou poder olhar nos olhos daqueles que necessitam do atendimento, e eu sem poder fazer nada para amenizar as dores de quem me procura. Sei que somente aquele que se aprofunda no estudo, que se torna um *druida*, uma sacerdotisa, pode realizar o atendimento e a possível cura; a Grande Deusa tem seus escolhidos.

Pensei muito e joguei ao elemento fogo a minha insegurança, a minha fraqueza em achar que Aullus não irá aguentar a vida sem família... Eu estava decidindo por ele sem saber exatamente o que ele pensa ou sente.

Após colocar sobre mim apenas a responsabilidade sobre os meus atos e sobre meus anseios, as coisas começaram a ser mais leves. Aullus decidirá o que compete a ele e depois nós dois decidiremos sobre família, vida sacerdotal e o que virá depois.

Assim, percebi que eu posso ter os dois e que não tenho o direito de decidir nada por Aullus. Em minhas análises percebi que não é certo colocar um sentimento acima, inclusive, de mim mesma, abdicando de tudo que desejo. Este tipo de sentimento não vem dos deuses, vem de nosso egoísmo e de nossos equívocos.

Mais uma pausa, e agora era Ryann que se aproximava para ajudar a amiga. Aileen continuou a relatar seus pensamentos e conclusões:

— Ao me imaginar desistindo de tudo que sempre desejei, tentei imaginar que pessoa eu seria ou em qual pessoa eu me tornaria. Será que Aullus ainda amaria essa nova pessoa? Ele foi o primeiro a falar que me acompanharia e me ajudaria em minhas responsabilidades com o sacerdócio, e eu pensando em jogar tudo fora.

Pedi ao elemento fogo que transformasse minha fraqueza em coragem; minha indecisão em força para manter-me no caminho certo e meus sentimentos egoístas em formas puras e sinceras de amor.

Quando Aileen terminou, entre rostos surpresos e emocionados, ela encontrou os olhos de Ryann que a abraçou, ficando assim por alguns minutos. Todos prestaram atenção ao testemunho de Aileen, e se perguntaram se teriam a mesma coragem. Assumir publicamente certas deficiências íntimas como egoísmo, fraqueza, posse, vaidade etc., é muito difícil, para qualquer um de nós.

Aileen chorou, tentando tirar do coração o resto do aperto que sentia desde o dia em que iniciara suas vivências. Hazel juntou-se a eles, depois Ewan, e por fim, timidamente, Brigid. Todos enlaçados, abraçados, dando apoio um ao outro, como Mirdle havia solicitado no início das vivências. "Realmente este era um grupo especial", pensou o *druida*.

A música começou e todos pegaram a chama da grande fogueira para acender a chama do caldeirão. Aí para o grupo a festa começou: de braços esticados e abertos, em volta da fogueira, mentalmente jogavam no fogo todos os sentimentos e situações que queriam transmutar. Dançaram e brincaram até a fogueira reduzir-se e poder ser "abraçada" pelos jovens que, de mãos unidas, cantavam e dançavam em volta dela. Era como se eles estivessem antecipando o Festival do Verão.

Antes de saírem para o descanso, Ryann chegou perto de Aileen, pegou e beijou as palmas de suas mãos e com muita

emoção disse:
— Aileen, nunca confunda meus sentimentos. Você é a irmã que a Grande Deusa escolheu para caminhar ao meu lado, no sacerdócio. Você sabe que eu, você, Dierdre e Aullus, manteremos a paz, a saúde e a prosperidade em nossas aldeias, mas precisamos estar em harmonia. Só precisamos fazer nosso amigo, sua alma, entender isso. A visão dele pode nos ajudar muito.

Ela estava em paz e agradeceu aos amigos todo o apoio que recebera. Nunca imaginou que exporia seus sentimentos daquela forma, mas sentia-se feliz e muito leve.

O grupo ficou brincando e cantando junto do fogo até bem tarde; no dia seguinte não precisavam levantar tão cedo e aproveitaram para ficarem mais tempo juntos.

Aileen aproveitou o fogo e renovou seus sentimentos sobre o sacerdócio.

Já era bem tarde quando todos foram para suas camas. Mirdle sentia-se particularmente feliz naquele dia. Aileen estava aprendendo.

Capítulo 13

Eu me aquietei depois daquela tarde chuvosa quando encontrei Mirdle.

Voltei a realizar orações diárias e até meu tio se surpreendeu por eu ter colocado o plantio das ervas em dia e já estava recolocando alguns legumes, então resolvi que na semana seguinte eu iria visitar minha mãe em sua aldeia.

Por vivermos em comunidade, a organização era primordial, e mantermos um número limite de integrantes nas aldeias também era importante e ajudava na agricultura. Alguns solos eram mais propícios para determinado alimento ou para a criação de animais e foi assim que muitas aldeias começaram a se dedicar apenas a um tipo de atividade; assim a comunidade tinha praticamente de tudo. Algumas aldeias se dedicavam ao plantio de ervas, frutas e legumes, outras criavam os animais que nos forneciam leite, basicamente ovelhas, um tipo de caprino e porcos, e também faziam queijo; ainda existiam as aldeias que se dedicavam ao plantio das plantas têxteis como o algodão e o cânhamo.

Nestas aldeias muitas moças dedicavam-se à fiação e outras tantas eram responsáveis pela confecção das roupas que usávamos. No tingimento, que era realizado antes da confecção da peça, utilizávamos plantas que com suas cascas – no caso dos troncos de algumas árvores – folhas e flores, ou mesmo as sementes, nos davam as mais variadas tonalidades. Era muito comum algumas aldeias preferirem uma ou outra cor, e ao longo dos anos muitos clãs passaram a ser conhecidos apenas por suas cores, porém os guerreiros invariavelmente usavam vermelho – conseguido pela casca da nogueira – e os reis usavam um marrom avermelhado – conseguido pela casca de um tipo de castanheiro e pelas cerejeiras. Os *druidas*, os sacerdotes e sacerdotisas geralmente usavam o verde, que é a cor da cura, sempre com uma peça branca por cima, um cinto mais largo ou uma túnica.

Havia aldeias onde a concentração de guerreiros era maior do que outras; na nossa, por exemplo, que era a aldeia central ou original, havia muitos guerreiros. Embora fosse uma aldeia voltada para o plantio das ervas, para as festas que embasavam nossa cultura e crença, e a formação dos sábios, era ali que morava a família do rei Arkell e era ele que enviava os guerreiros para as outras aldeias da comunidade.

Com o tempo e a influência de outros povos, nossos hábitos começaram a se perder, e embora ainda tivéssemos cuidados com o número de integrantes nas aldeias, a hierarquia modificou-se e o rei passou a ser a pessoa mais importante da aldeia – e também mais distante de seu povo. Em segundo vinham os guerreiros e em terceiro na hierarquia vinha o *druida*, apenas o sacerdote, pois as sacerdotisas resumiram-se a conselheiras, conhecedoras das misturas das ervas e parteiras.

O povo dividiu-se em três classes: os que tinham o conhecimento da escrita eram mais importantes que os artesãos, e estes, mais importantes que aqueles que se dedicavam à agricultura, que era a classe mais baixa.

Perdeu-se quase que completamente o real significado da necessidade do equilíbrio e a sabedoria de que um não é mais importante que outro apenas por seus conhecimentos, ou posses materiais.

Exatamente por essas modificações e influências é que atualmente muitos pensam que os *druidas* eram somente os homens. As mulheres, além de não serem chamadas de *druidas* mesmo sendo sacerdotisas, eram seres de menos importância e de conhecimento mínimo. Um erro acentuado pela história da humanidade, pois nós, os celtas, nunca acreditamos que um ser fosse mais importante que outro, pelo contrário, sempre acreditamos na importância dos dois lados, masculino e feminino, para manter-se o equilíbrio. Assim como o Criador possuía as faces da Grande Deusa e do Grande Deus, os *druidas* eram os sacerdotes e as sacerdotisas.

O termo *druida* designava uma classe, uma condição de

conhecimento e responsabilidade, da mesma forma que hoje usamos o termo "piloto" para homens e mulheres.

Além dessas modificações houve também as transformações com as famílias que possuíam um maior número de integrante: começaram a monopolizar o plantio ou a criação de animais e na hora da troca com outros clãs, queriam vantagens que antes não se pensava ou imaginava pedir, pois todos pensavam como comunidade.

Por causa dessas vantagens apareceram os nobres, e os aldeões que ainda viviam sob os costumes mais antigos foram tão reduzidos que acabaram sendo a última classe na hierarquia: o povo pobre que sofre com os desmandos de suas autoridades; e muitos, para poderem se alimentar, engrossavam os grupos de guerreiros... Foi o fim de uma cultura.

* * *

Em minha viagem, eu pensava nos últimos dias e não sabia ao certo se deveria abrir o coração para minha mãe e meus irmãos. Eles já sabiam do meu envolvimento com Aileen, mas não sabiam o que eu realmente sentia e queria.

Compartilhar a vida com uma sacerdotisa era muito difícil: elas tinham uma vida inconstante e cheia de atribulações. Uma sacerdotisa não tinha como se dedicar a uma única família, mesmo que fosse a dela; era praticamente impossível. As solicitações de atendimento de dia ou à noite, a necessidade de permanecer na casa do doente por alguns dias, as pequenas viagens em povoados vizinhos, que não pertenciam à comunidade, mas conheciam os *druidas* como médicos e pediam ajuda. A estas responsabilidades somavam-se os afazeres religiosos e as conversas que transmitiam o conhecimento cultural e religioso. Eram os sacerdotes que mantinham viva nossa cultura, passando para todas as gerações as informações adquiridas ao longo da própria existência.

Afastei os pensamentos. Afinal, eu decidiria no momento em que chegasse à casa de minha mãe. A reação deles seria o meu termômetro; por hora eu estava feliz e com meu coração tranquilo. Havia tirado da mente imagens que só me faziam sofrer e me deixavam em total descontrole. Ficar pensando em possibilidades, ou em situações que não temos como saber se são verdadeiras ou não, só traz dor e atrapalha.

Após meu último encontro com Mirdle realizei alguns rituais de força e coragem e não permiti mais que minha mente comandasse minhas atitudes. A cada vez que me pegava pensando na possibilidade de Aileen estar nos braços de Ryann eu me aprofundava no trabalho e nos novos projetos de meu tio e assim mandava, a grande maioria das vezes sem perceber, os pensamentos embora. Nos primeiros dias, confesso que pensei que não fosse conseguir, mas com paciência percebi que estava melhorando e finalmente já me mantinha concentrado em meus afazeres e responsabilidades. Círio aprendia rápido e me atolava de perguntas; era divertido. Eu e ele criamos laços bem fortes de amizade e companheirismo.

No dia anterior à minha partida para a aldeia de minha mãe fui chamado por Atma, mas desta vez não houve desculpas, o chamado era claro: ela queria conversar sobre Aileen. Tremi e cheguei a pensar em não ir ao seu encontro; afinal, o que eu poderia, ou deveria, dizer? Porém faltar a um chamado do sacerdote era uma afronta, já que não tínhamos segredos e quando havia uma situação qualquer, mal explicada, era o chamado do sacerdote que consertava tudo.

No dia e hora marcados lá fui eu e, embora o clima estivesse bem fresco, eu suava como se estivéssemos em pleno verão. O medo e a ansiedade mudam completamente o funcionamento de nosso organismo. Quando cheguei à casa de Atma, fui recebido por um rapaz que deveria ser poucos anos mais velho que eu. Ele sumiu por uma porta lateral, de onde eu não tirei os olhos imaginando que ela entraria por ali, e dei um pulo quando ouvi a voz de Atma atrás de mim.

— Olá, Aullus, fico feliz que tenha aceitado meu convite – senti o gelo de sua voz.

— Olá, sacerdotisa! Eu não tinha motivos para negar o seu convite, mas fiquei surpreso, já que nos falamos quando eu resolvi morar aqui com meus tios. Espero não ter causado nenhum problema com minha mudança! – tentei disfarçar, dando à voz o meu tom mais natural.

— Não, meu rapaz, eu penso que até o momento ainda não causou nenhum problema; aliás, só ajudou, pois soube pelo seu tio e por outros que seus métodos de transplante de mudas e plantio de ervas são mais modernos e mais prático dos que aqueles que estavam usando. Fico feliz com sua dedicação e inovação.

— Eu é que fico feliz em saber que deixei a sacerdotisa feliz! – tentei me esquivar de outros assuntos. – Quero agradecer pelo elogio. Estou de partida para a aldeia de minha mãe e tenho certeza que ela também ficará muito feliz – eu me sentia como uma criança que não sabe ao certo o que diz, mas meu objetivo era sair de lá o mais rápido possível... Quem sabe uma conversa meio sem sentido não me ajudaria?

— Não o chamei aqui para falar de plantio e muito menos para elogiá-lo, Aullus. Se há uma coisa que sei perfeitamente de você é sobre sua inteligência e capacidade. Quero falar com você sobre Aileen e duvido que você tenha vindo até mim sem saber disso! – direta e certa, sem nenhum rodeio, como uma sacerdotisa sempre é... Eu devia esperar por isso.

Recompus minhas emoções e tentei ser o mais seguro e direto nas colocações que faria.

— Sabia sim, minha sacerdotisa, mas como eu e Aileen acertamos em falar com todos quando estivéssemos juntos e no momento que achássemos melhor, com todo respeito, eu prefiro falar sobre isso apenas no final de suas vivências no templo de Mirdle, quando ela estará aqui, junto de nós.

Como Atma não se manifestou, eu continuei:

— Não acho justo eu quebrar uma promessa e, além disso, também não acho justo falarmos dela pelas costas – eu coloquei as mãos para traz, uma segurando a outra; era a única forma de esconder o quanto eu tremia e o nervosismo.

— Admiro sua lealdade, mas não estaremos aqui falando pelas costas. Eu estou querendo saber o que realmente aconteceu entre vocês, e o que você pretende fazer após as vivências: – ela era muito dura e beirava a falta de educação.

— Não posso responder por Aileen, mas posso dizer o que eu sinto e pretendo. Eu acredito que Aileen seja a "minha alma", eu a vejo como ninguém a vê. Eu vejo sua luz e como ela trabalha com a luz. Nosso encontro foi abençoado pelos deuses, tenho certeza. O que eu pretendo fazer depende muito mais do que Aileen quer para si, do que qualquer outra coisa. Se ela se transformar na sacerdotisa de nossa aldeia, eu a seguirei quando puder, e quando não puder o meu coração irá junto – fui sincero, mas em meu íntimo, não tinha tanta certeza de poder realizar o que eu acabava de dizer.

— Percebo que você já a trata como um ser que constituirá família. Ela poderá ter filhos, com certeza, que serão criados, até os sete anos, na Casa de Criação, como todas as crianças das sacerdotisas. Não temos tempo para permanecer ao lado de uma criança depois dos seis meses e antes dos sete anos. Sei que os homens, quando ficam junto de suas mulheres, acabam por ter sentimentos profundos e sinceros com as crianças recebidas, mas você sabe que os filhos são das mães e não podem ser criadas pelos pais apenas...

Ela tentava me mostrar que, por mais que eu desejasse, eu não formaria uma família com Aileen. Naquele instante eu percebi que ela queria que eu abdicasse de alguma coisa. Seria do amor de Aileen ou de formar uma família? Por que eu tinha que abrir mão de alguma coisa? Por que eu não podia ter as duas? Será que Aileen já havia pensado nisso? Será que já havia escolhido?

A sacerdotisa entendeu meus silenciosos pensamentos, estampados em meu rosto.

— Aullus, eu não posso responder por Aileen, você mesmo já o disse, mas sei o que ela sempre desejou para a vida dela. Muitas de nossas brigas eram por conta de seus rompantes em atender as pessoas que deviam ser atendidas por mim ou por Mirdle, embora nós dois soubéssemos que Aileen atenderia essas pessoas de forma mais eficaz. A Deusa deu a ela o sentido da cura e da compaixão. Aliviar aqueles que a procuravam era o seu maior desejo e algumas vezes, eu e Mirdle fingíamos não perceber esse desejo, para não ter que brigar com ela.

Após uma pequena pausa e diante do meu silencio profundo, ela continuou.

— Houve casos que eu e Mirdle fomos chamados, e ao

presenciar o problema resolvemos que deveríamos chamar mais sacerdotes para auxiliar, pois era um caso muito grave. Quando saímos quase fomos atropelados por ela, que sem esperar qualquer aprovação ou reprovação de nossa parte, se enfiou ao lado do doente e lá ficou por um tempo que não consigo lembrar ao certo, mas foi um longo tempo. Quando terminou estava banhada em suor, mas tinha um sorriso lindo no rosto! Sem falar nada, foi até o rio para tirar a energia do doente que se embrenha no meio do corpo de seu curador. Eu e Mirdle não falamos nada, apenas saímos sob os agradecimentos de toda a família por permitir que Aileen olhasse por eles. O doente já demonstrava melhora.

Continuei em silêncio, mas intimamente entendia o que Atma queria. Eu tinha que perceber o mal que faria a Aileen, se a obrigasse a escolher entre a família e o sacerdócio.

— Estou lhe dizendo tudo isso, Aullus, porque não desejo que aconteça a minha filha o que aconteceu comigo. Não quero que ela tenha que escolher entre "sua alma" e sua vida e viver triste e "seca" por causa de sua escolha. Sentindo a culpa que não lhe pertence, ou o remorso que não a deixará crescer. Não tenho amores por você, mas o admiro por sua conduta e caráter; e talvez, escute bem, *talvez* se você se mantiver assim, respeitoso, imparcial e aprender a amar o objetivo dela, compartilhando os mesmos ideais, vocês possam se tornar uma família, pequena, mas uma família – Atma fez um gesto dando fim à conversa. Eu disfarçadamente ignorei e disse o que sentia.

— Minha sacerdotisa, também não desejo provar nada para ninguém, mas sou consciente dos meus desejos e das minhas responsabilidades; sei dos limites que existem, das incertezas e das inseguranças que habitam minha mente, mas tentarei fazer o melhor para nós. Eu irei esperar por ela e depois de conversarmos, decidiremos o que fazer.

— Que os deuses o acompanhem na sua viagem! Dê um abraço em Irina, sei que ela se preocupa com sua escolha. Só para você saber, eu falei com ela sobre minhas preocupações de mãe.

Apenas acenei com a cabeça e sai, sem olhar. Minha mãe

já sabia sobre Aileen! Uma coisa a menos para pensar. Voltei para casa, arrumei minhas coisas e parti.

As viagens eram feitas a pé, pois as aldeias da comunidade tinham no máximo quinze quilômetros de distância, isso considerando o intervalo entre aquela situada mais ao norte da aldeia original e a instalada na ponta oposta, ao sul. Além disso, o transporte com animais ainda não existia entre nosso povo. A aldeia de Irina ficava a uns seis ou sete quilômetros e, como eu queria ficar um pouco sozinho, resolvi sair à tarde. Queria passar a noite no meio do caminho. Sai de casa e da aldeia sem falar com mais ninguém, apenas Círio me acompanhou até a saída da aldeia.

Eu estava cansado de escutar opiniões e cobranças a respeito do meu amor ou do meu futuro. Todos falavam como se já soubessem de tudo e se achavam no direito de concluir ou alertar para as dificuldades que eu teria. Eu não queria mais ouvir. Lembrei as orientações de Mirdle, o único que nos apoiava e não pedia decisões impulsivas.

Fechei a mente para tudo que me desagradava e segui viagem, apenas prestando atenção na paisagem e no céu estrelado que a noite começava a oferecer. Dormi aquela noite tendo as estrelas como cobertor, como eu desejava, e embora as noites fossem mais frias, me fez muito bem. A natureza sempre provê.

Sonhei que estava com Aileen nos braços, mas ao mesmo tempo eu sentia uma imensa felicidade por estar com ela e me via em situações difíceis, confusas e dolorosas. Quando eu tentava saber o que estava acontecendo Aileen sumia, se evaporava de meus braços e por mais que eu a chamasse ela aparecia muito longe do meu alcance. No momento que parei de gritar seu nome, ela chegou muito perto de mim, me beijou e falou com palavras que não saíam de sua boca, mas partiam de sua mente diretamente para a minha:

> Não se preocupe! Este afastamento é necessário para nós. Temos que aprender a dominar nossos sentimentos na carne e não permitir que eles dominem nossa vida. Somos seres imortais e temos muito tempo para aprender... Mas temos que aprender, nós não podemos

ignorar a necessidade evolutiva, senão mais uma vez, seremos expulsos desta Casa. Meu amor sempre será seu... Não esqueça! Esteja onde estiver.

Acordei angustiado, mas entendi que Aileen mandava um recado para mim, dizendo que nosso afastamento naquele instante era melhor para aprendermos a dominar nossos sentimentos. Pensei no meu ciúme e acreditei que era sobre isso.

No final, fiquei muito bem por acreditar que havia compreendido o recado de Aileen no sonho e, mais leve, dormi o resto da noite tranquilamente.

Capítulo 14

Aileen acordou no dia seguinte realmente renovada; estava em paz e muito feliz. Pela primeira vez sentia-se capaz de realizar seus desejos: aprender e poder trabalhar com seu dom e formar uma família com Aullus, por mais difícil que isso pudesse ser. Sabia de todos os costumes com os filhos das sacerdotisas, mas com ela seria diferente. O amor que possuía por Aullus mudaria os costumes; assim pensava e precisava acreditar nisso para ir até o fim da iniciação.

Seguiu para o salão das refeições e encontrou seus companheiros, tão felizes quanto ela. Alimentaram-se e foram para o templo, onde Mirdle já os esperava com as instruções da quarta vivência: os rituais do elemento água.

Mais uma vez Mirdle sentou-se e iniciou o ensinamento do elemento:

> Meus jovens, a quarta vivência é com o elemento água, que é considerado sagrado, pois é um dos elementos responsáveis pela manutenção da vida que conhecemos. É um elemento feminino e sua cor é o vermelho.
> A estação do ano correspondente ao elemento água é o inverno, a estação da plenitude: o amadurecimento dos frutos e de tudo que foi plantado. Liga-se à região do pôr do sol e à noite.
> Devemos utilizar as forças desse elemento nos tratamentos de cura dos males do coração. As emoções são fluidas e estão em constante movimento, assim como o elemento água. O desequilíbrio deste elemento causa o desânimo, a falta de alegria e de energia (sem vitalidade), falta vontade para viver. Geralmente nos sentimos assim quando usamos a energia de forma errada, realizando coisas de que não gostamos, ou então, participando de situações que apenas nos desgastam. Os elementais ligados ao elemento água são as ondi-

nas e as sereias. As ondinas ligam-se aos rios, cachoeiras, cascatas – à água doce, e as sereias estão ligadas às águas salgadas.

A vivência deste elemento é, novamente, a meditação com o objetivo de saber onde estamos gastando nossa energia de forma errônea, ou simplesmente por que ela se esvai, sem percebermos. Quais situações nos trazem sentimentos contraditórios?

Quais sentimentos não fazem parte de nossa personalidade, mas aparecem de forma constante em nossas atitudes? Por que estamos nos perdendo de nós mesmos?

São perguntas que devemos fazer ao nosso espírito. Perguntas que serão respondidas prontamente e caberá a cada um aceitar, para acabar com o fluxo e refluxo desequilibrados de nossos sentimentos.

Hoje, nesta primeira parte da vivência, devem analisar os sentimentos que hoje vocês possuem, relacionados a tudo e a todos. Observem que os trabalhos com os elementos, qualquer elemento, estão sempre no presente. Não se imaginem em situações que não estejam vivendo: os fatos que ocorreram no passado, que fiquem no passado. Se alguma mágoa ou tristeza surgiu desses fatos, o sentimento é presente, pois ainda está vivo em nosso coração. Lembrem-se, quando cultivamos e alimentamos esses sentimentos, automaticamente nos "amarramos" aos seus causadores, que muitas vezes nem sabem de nossas dores e tristezas.

O futuro ainda não veio e não sabemos como nossos dias serão ou quais situações que poderemos enfrentar. Qualquer suposição entra no campo do esgotamento energético: na ansiedade, na decepção ou na mágoa. Apenas as situações reais e concretas devem ser trabalhadas, as suposições estão fora de nossa capacidade de avaliação.

Se, persiste algum sentimento que não tenha se esvaído nas vivências passadas, com certeza, a correnteza das águas o levará.

Hoje vocês meditem e amanhã, como sempre, encontrarão os ingredientes para a limpeza e neste, as ervas serão iguais para todos vocês: a beladona, o eucalipto, a violeta, a camomila, a gardênia, a mirra e o murta.

Logo depois vocês irão para a clareira onde trabalharam o elemento terra, e no círculo sagrado colocarão a chama da essência divina (elemento fogo), que permanecerá no círculo sagrado, voltando para nosso templo apenas no término da vivência.

No terceiro e último dia da vivência de cada um, vocês devem ir ao rio e, no local onde se forma uma pequena lagoa, com a permissão e ajuda das ondinas, entrem e banhem-se. Devem levar consigo uma pequena tigela para trabalharem com as forças das águas salgadas e a ajuda das Sereias colocando nessa tigela o sal e água do rio – consagrando assim a união dos elementais e de suas forças.

Banhem-se nas águas e fixem em suas mentes a imagem da água equilibrando todos os sentimentos que possuem e trazendo a coragem para manterem-se no equilíbrio alcançado e mais uma vez, meus jovens, que os deuses permitam que a descoberta de cada um seja serena.

Nosso corpo é o nosso templo e deve sempre manter-se em equilíbrio!

Os jovens passaram o resto da manhã juntos. Logo após o almoço, cada dupla foi para um local de descanso escolhido previamente para os trabalhos de meditação. Aileen se entregaria aos sentimentos e à meditação e Dierdre a acompanharia, porém um pouco mais alerta, pois nestes primeiros dias ela deveria vigiar e observar Aileen.

Elas haviam escolhido uma gruta próxima ao rio. Ficariam abrigadas das eventuais chuvas. Vestiam túnicas de algodão e sandálias feitas de couro e por cima usavam um pequeno xale grosso vermelho, para fixar o elemento água.

Aileen, assim que entrou na gruta, percebeu que no fundo havia uma mina de água. A água vertia timidamente do teto da gruta e umedecia toda a pedra que fazia o fundo da gruta. As meninas ficaram felizes. Aileen estendeu o xale no chão e sentou e antes de deixar a mente vagar entre seus sentimentos turbulentos, pousou as palmas das mãos sobre a água que descia pela rocha. Ficou assim alguns minutos e, sem enxugar as mãos, colocou-as sobre o colo com as palmas para cima, finalmente se entregando a meditação.

Aileen não precisava procurar os sentimentos turbulentos e muito menos onde sua energia se esvaía trazendo o desânimo e a ansiedade que vivia nos últimos dias. Ela já sabia, muito antes de iniciar a vivência do elemento água, que deveria alcançar o equilíbrio de seus sentimentos relacionados com a escolha que ela mesma se impunha realizar. De um lado Aullus e a família que poderia ter, do outro o sacerdócio e a realização dos desejos que sempre acalentou.

Mas como manter-se equilibrada diante dos caminhos que assomavam? Um deles era o caminho conhecido por toda sua existência, que ela mesma, em algum momento, disse ser "seu" caminho. O outro caminho lhe trazia os sentimentos relacionados à família, um trajeto que ela nunca pensou que poderia seguir.

Um caminho traria a felicidade que sentia quando podia curar e ajudar alguém. O outro traria a felicidade de ter Aullus. Mas seus pensamentos eram contraditórios, pois ela sabia que pela Lei da Deusa, ela poderia ter os dois, porém ela não sentia assim. Seu sofrimento estava em ter a certeza que com os dois ela não seria inteira em nenhum. Não atuaria como sacerdotisa com a entrega necessária, e não seria a companheira de Aullus, estando junto dele em todos os momentos como desejava estar.

Já anoitecia quando Aileen decidiu que trabalharia seus sentimentos com o elemento água e que, mesmo sem alcançar o equilíbrio desejado, manteria seus objetivos de chegar ao fim da iniciação. Voltaram ao templo e nada falaram. Começavam já a última parte da vivência do elemento.

O dia seguinte amanheceu muito bonito, com o brilho do sol, que mesmo fraco, trazia novas cores às árvores e flores acostumadas à constante chuva das últimas semanas. Tinham um frescor e um perfume diferentes. Os jovens agradeceram a presença do sol, pois deveriam entrar no rio naquele dia para encerrar a primeira parte da vivência; no dia seguinte iniciava a vivência dos assistentes.

Aileen e Diedre, após a limpeza, se dirigiram até a clareira e renovaram o Círculo Sagrado. Como Mirdle havia orientado desde o primeiro dia, o Círculo Sagrado manteve-se aberto com a chama divina no centro. Acreditávamos que a nossa alma tinha ligação direta com os rituais que realizávamos, então enquanto o Círculo Sagrado ficava aberto sob a luz da lua, um grande círculo de proteção era feito em volta de toda a clareira englobando os círculos de todos. Era assim que tínhamos a certeza de que mesmo à noite a natureza trabalhava em nós e na manhã seguinte nos sentíamos diferentes e muitas vezes, bem melhor.

Pedindo a proteção dos elementais da terra e do fogo, para poder trabalhar com os elementais da água, este círculo de proteção era realizado com uma mistura de sal, uma erva ligada ao elemento terra, outra erva ligada ao elemento fogo, algumas flores do campo, bem miúdas, e um pouco de areia ou terra para afirmar os objetivos de proteção.

Na parte aberta desse círculo deixávamos uma maçã (elemento terra), um pequeno maço de arruda (elemento fogo), e dois cristais: um negro, para estabilizar as energias do círculo e um azulado com alguns veios brancos, que nos ajudaria a conquistar as metas impostas, além de auxiliar no direcionamento do equilíbrio de nossas emoções.

Após toda a preparação, Aileen e Dierdre foram para o rio.

A formação de um pequeno lago, como Mirdle havia dito, era mais abaixo e tinham que caminhar um pouco mais até encontrar, mas o local além de bem escondido era bem discreto, pois os jovens iriam trocar as roupas molhadas ao saírem das águas.

Não era nosso costume trocar de roupas na frente de outras pessoas, mesmo que estas pessoas fossem de nossa família. Não era exatamente um problema relacionado com timidez ou vergonha, mas era um ato que para nós significava, simbolicamente falando, que se possuía uma intimidade única com aquele que nos visse. Por isso era tão importante, a afinidade entre as duas pessoas de cada dupla: ao longo da iniciação ficaríamos completamente expostos de forma física e emocional. Também por isso nos chamávamos de irmãos de alma, sem segredos, sem problemas, sempre um cuidando do outro.

Esta parte também era um treinamento, pois duplas formadas por pessoas de sexo oposto deveriam enxergar no outro o sacerdote em nascimento e não o ser carnal. O assistente, tanto quanto o iniciado, deveriam olhar o parceiro de ideal com os olhos da alma, não da carne. Treinamento também para os futuros atendimentos, pois os sacerdotes não escolhiam o sexo de quem iriam atender.

Após Aileen realizar os rituais dentro da água e trocar a roupa molhada, as duas moças voltaram à clareira. Aileen terminaria a vivência trabalhando com todos os elementais que estavam presentes no Círculo Sagrado. As forças dos elementos terra, fogo e água se harmonizavam e traziam a Aileen algum conforto. Neste momento ela compreendeu que poderia sim, ter seus caminhos íntimos entrelaçados. Era apenas uma questão de saber dividir, harmonizar e como tudo, equilibrar.

Quando o grupo se encontrou no templo para devolverem as chamas, foi uma nova alegria. Todos se sentiam diferentes e seguros do caminho que abraçavam. Mirdle percebeu que Aileen também havia se modificado. Não tanto quanto ele gostaria, mas o suficiente para não desistir. Ela havia vencido a primeira etapa.

"Será que manteria sua decisão ao sair do templo e, já como iniciada, encontrar Aullus? Qual seria a reação de Aullus ao encontrar uma pessoa tão diferente daquela que ele deixara no leito, na manhã seguinte ao festival da fertilidade?", estas perguntas não abandonaram Mirdle até o final da iniciação.

Capítulo 15

Quando cheguei à aldeia de Irina fui recebido por todos com muita alegria e surpresa, pois meu irmão mais velho, Angus, havia acertado o seu Pacto de União com Líria, uma jovem muito doce da mesma aldeia. Os primeiros sinais da gravidez de Líria já apareciam e todos comemoravam a bênção da Grande Deusa. Tive a sensação que estava fora de casa tempo demais e havia perdido certos laços com aquele grupo, que era o meu clã.

"Será que um dia eu viveria essa bênção? Ou será que a Grande Deusa se vingaria, por eu roubar sua futura representante?". Era quase impossível que esses pensamentos não povoassem minha cabeça, diante do que eu estava vivendo. Mesmo eu sabendo que a Grande Deusa, como ser superior, não era vingativa, sentimento unicamente dos seres visíveis; Mirdle sempre nos esclareceu sobre isto.

Minha mãe, Irina, percebeu que eu estava meio deslocado e me levou até o pequeno canteiro de ervas ao lado de casa. O cheiro da hortelã, do anis, pareceu me acalmar e me sentia em casa outra vez.

— Meu filho, eu não sei se você quer conversar sobre isso agora que acabou de chegar, mas creio que você já sabe que a sacerdotisa esteve aqui e falou comigo sobre você e Aileen.

— Sei sim, minha mãe. A sacerdotisa me chamou à sua presença um pouco antes de minha viagem — pensei um pouco e esclareci: — Eu gostaria sim, de falar algumas coisas sobre mim e Aileen com todos vocês, mas depende muito do que vocês querem saber e até onde eu poderei falar. Antes de Aileen entrar no Templo, combinamos que falaríamos com todos, mas quando estivéssemos juntos. Talvez após a iniciação Aileen tenha condições de saber exatamente o que deseja fazer.

Irina apenas me olhava, e diante do seu silêncio eu continuei a falar.

— Não sei exatamente o que Atma falou para vocês, que história contou, mas... – em vão, olhei para Irina disfarçadamente para adivinhar o que ela sabia. Percebendo minha sondagem ela me interrompeu.

— Meu filho... Desta vez eu não a deixei falar e senti que fui um pouco brusco. Algo que nunca tinha acontecido.

— Eu pretendo contar a vocês tudo que aconteceu, inclusive as conversas que, mesmo contrariado, tive com Mirdle e com Atma. Mas pretendo fazer isso quando estiverem todos juntos, não quero ficar repetindo ou respondendo perguntas a toda hora. Por favor, mãe, eu peço que me compreenda e respeite. – Tentei amenizar meu tom de voz e afastar a imagem insegura que tinha passado inicialmente.

— Com certeza, meu filho... Com certeza! – Irina não escondeu a tristeza da voz.

Minha mãe voltou sozinha para casa e não deixou o resto da família perceber seu desapontamento.

A família de Irina era considerada pequena. Angus e eu éramos os mais velhos. Irina tinha 15 anos quando Angus nasceu, e 17, quando eu nasci. Aos 20, ela realizou o Pacto de União com Fergus e teve mais quatro filhos: três moças e um menino, Flynn, de 5 anos, quando ela quase partiu para o invisível, pois já era considerava velha para trazer alguém para o mundo visível; ela tinha 30 anos. Eu e Angus não éramos filhos biológicos de Fergus, mas isso não era nem lembrado, e pela lei éramos todos irmãos, não havia "meio irmão", pois fazíamos parte da mesma família, que era *O Clã de Irina*. Realmente nos amávamos e éramos muito unidos; somente eu saía das asas protetoras daquela família.

Estávamos todos no salão que havia nos fundos da casa onde, geralmente, realizávamos a separação das ervas, na colheita. O cheiro de anis parecia impregnado nas pedras que formavam as paredes laterais. Este cheiro até hoje, mesmo estando encarnado, me traz muita saudade.

Sem esperar as perguntas, peguei alguns de surpresa quando comecei a falar.

A Sacerdotisa Celta

Com todos unidos, disse tudo que eu podia e sentia, a respeito de Aileen e da intromissão de Mirdle e Atma. Irina nos apoiou, dizendo que aceitaria nossa decisão, e foi nesse instante que senti o quanto eu precisava desse apoio. Senti a real importância da família, e embora eu não tivesse verbalizado meus reais pensamentos, o apoio recebido confirmava a minha decisão: Aileen deveria largar o sacerdócio, assim seria!

Apoiado por minha mãe, contei toda a história, tudo que havia acontecido entre eu e Aileen, omitindo apenas os detalhes íntimos. Deixei claro que não iria comentar nada sobre nossas decisões ou sobre nosso futuro e que esses assuntos seriam tratados quando nós estivéssemos juntos, quando ela saísse do Templo de Mirdle. Resolvi deixar no ar a possibilidade de Aileen largar o sacerdócio, e todos me olharam desconfiados.

"Eu estava certo em não falar exatamente o que penso e desejo", pensei.

Todos da comunidade sabiam como era a *garota druida*. Todos sabiam que ela havia passado toda sua existência esperando o momento para se entregar ao treinamento e tornar-se sacerdotisa, porém ninguém ali iria me contradizer ou me desanimar. Todos da aldeia sabiam que Aileen largar o sacerdócio era quase impossível e se assim fosse, ela seria infeliz. Era isso que eu queria? Eles achavam que não, mas isso não passava por meus pensamentos. Eu queria que Aileen fosse feliz só comigo, não era necessário mais nada, este era o meu modelo de amor.

Meu irmão, Angus, que acompanhou o início de nossa história, apenas me abraçou, deixando claro seu apoio a qualquer decisão que porventura tomássemos. Ele sabia que a desistência de Aileen ao sacerdócio poderia causar grandes problemas, inclusive entre os clãs, pois ela realizava curas como ninguém. Por isso, eu e Aileen poderíamos ter problemas com a comunidade e, talvez, tivéssemos que procurar novas terras para viver. Longe de todos que até então conhecíamos e confiávamos, seria um completo e difícil recomeço.

Fergus foi o único que se manteve quieto e, depois da manifestação de todos, me disse muito calmamente:

— Aullus, eu não tenho nada a dizer, pois você como adulto deve saber o que quer ou o que pode fazer e se ainda não sabe, deve aprender urgentemente. Porém, não serei eu o seu professor; afinal, pessoas mais sábias já tentaram, ou tentam, lhe mostrar um caminho mais tranquilo. Apenas não se esqueça das responsabilidades que possuímos, e que nunca deixamos de responder pelos atos que cometemos, sejam eles bons ou não. Mesmo que a escolha seja individual e íntima, temos responsabilidades com aqueles que nos seguem pelos caminhos da eternidade. Todos da comunidade amam Aileen e sabem do dom que ela possui. Pensem nisto antes de decidirem qualquer caminho.

Naquele momento eu não entendi a extensão do aviso de Fergus, mas fiquei feliz que toda a família me apoiava, mesmo tendo certas preocupações. Senti-me "grande" novamente, seguro, e com o passar dos dias esquecia-me, novamente, das palavras de Mirdle. Em minha mente, os planos da desistência de Aileen em transformar-se em sacerdotisa eram fato. Eu nem pensava no sofrimento que isso traria a ela.

Em meu egoísmo, eu apenas conseguia enxergar sua alegria e deleite em aproveitar nossos momentos juntos. Como se isso fosse o objetivo de sua existência e que nada mais pudesse ser tão importante para ela.

Fiquei tempo suficiente com minha família para realizar o transplante de algumas mudas e passar a Angus a programação do plantio das novas sementes. Além disso, eu levava alguns legumes e grãos para experimentar o solo da aldeia principal. Imaginei como Denzel, meu tio, ficaria feliz em aumentar sua diversidade de plantio.

Foi muito difícil ir embora.

Quando voltei à aldeia principal, faltavam ainda alguns dias para Aileen sair do templo e eu alimentava a esperança de que aquela angustia e, de certa forma, aquela perseguição, se acabariam. Eu acreditava que só assim poderíamos definir melhor nossas ações e as pessoas deveriam simplesmente aceitar. Pelas minhas contas, Aileen estava terminando a sexta vivência, mas ela sairia do Templo de Mirdle como iniciada, não como sacerdotisa... Ainda poderia desistir da vida no sacerdócio.

Certo desconforto me invadiu ao imaginar que uma "nova" Aileen sairia do templo, fria e seca, como Atma havia dito. "Não, a minha Aileen não é e nem será assim!", pensei e em seguida afastei esses pensamentos.

Mesmo com todas estas preocupações eu estava feliz e seguro de que em breve teria Aileen nos braços.

Ao entrar em casa, vi a pedra que Mirdle havia me dado e que propositalmente não levei na viagem. Peguei a pedra e, como ainda era bem cedo, resolvi realizar os rituais de proteção; aliás, naquela semana realizei diariamente as orações necessárias à proteção e ao equilíbrio e consegui manter a calma.

Dentro do templo, Aileen e seus companheiros realmente terminavam a sexta vivência, e se preparavam para iniciar a última vivência. Faltavam aproximadamente dez dias para eles receberem os símbolos e os instrumentos de trabalho que usariam pelo resto de suas vidas.

Três jovens sairiam dali e passariam três verões trabalhando e auxiliando os *druidas* em suas aldeias. Eles ficariam um ciclo em cada aldeia e mudariam para outra, trabalhando com outro sacerdote ou sacerdotisa; dessa forma conheceriam várias formas de atendimento e de trabalho. Era assim que se passava o conhecimento.

Cada aldeia tinha seu casal de *druidas*, mas os sacerdotes da aldeia central, responsáveis pela comunidade, eram os mais procurados por serem os mais antigos. Um *druida* mais novo somente assumiria a comunidade no caso do sacerdote ter um dom especial, como era Aileen por exemplo. Neste caso, a possibilidade de Aileen, uma iniciada, trabalhar e posteriormente assumir a comunidade era muito grande; pode-se dizer que era praticamente certo, este caminho.

Capítulo 16

Dentro do templo, enquanto Aullus ainda estava fora, Aileen e seus companheiros iniciavam a quinta vivência. Trabalhavam e equilibravam as forças íntimas com o elemento ar. O grupo estava um pouco ansioso e todos já haviam se alimentado e esperavam a presença de Mirdle.

Aileen, sempre que podia, fugia de Mirdle. Sabia que se parasse para conversar com o amigo ele lhe arrancaria do íntimo coisas que ela preferia deixar como estavam. Não queria pensar em nada, além de sua iniciação, e Mirdle, mesmo discordando da atitude de Aileen, respeitava e fingia não perceber as escapadas da criança que ele tanto adorava.

Os jovens estavam tão entretidos na conversa que não perceberam a presença de Mirdle, que esperou pacientemente, até que Ewan disse:

— Gente, o sacerdote nos observa!!!

— Desculpe Mirdle, não percebemos a sua chegada. Há quanto tempo está aí? – falou Brigid

— O suficiente para perceber a amizade bonita que vocês criaram. Amigos são escolhas do coração, não imposição, como são as relações de sangue. E essa conquista é importante tanto para o conquistado, como para o conquistador, pois são ligações que levamos para a eternidade. Mesmo quando afastados, os espíritos amigos se procuram e se reconhecem – Mirdle estava realmente feliz com aquele grupo.

— Mas as nossas vivências devem continuar, afinal os símbolos já estão em fase de preparação! – assim que Mirdle terminou de falar sobre os símbolos, prestou atenção na reação de Aileen e percebeu a satisfação imediatamente sufocada; baixando os olhos, ela permaneceu com o olhar perdido no chão.

Mirdle ignorou a reação e iniciou suas orientações:

Meus jovens, vamos iniciar a vivência do elemento ar. A nossa quinta vivência.

Este elemento é, assim como o elemento água, considerado sagrado, pois mantém a vida. É invisível, mas é essencial, básico e vital, mas pode ser também mortal. O elemento ar é imprevisível e suas forças podem ser contraditórias, como o vento.

Com o ar nascemos para o mundo visível e com o ar partimos para o invisível e talvez seja o elemento que mais nos agride, quando está em desarmonia.

Este elemento é ligado ao pensamento e ao intelecto; masculino, sua cor é o amarelo – a cor do Sol – e rege o Leste, a direção da sabedoria.

Como este elemento atua em nossos pensamentos, em nossa mente, o seu desequilíbrio está ligado a praticamente todos os males e a todas as doenças, porém o seu equilíbrio também está diretamente ligado à cura dessas mesmas doenças.

Devemos trabalhar com este elemento nas curas dos pulmões. A respiração está relacionada com a maneira como recebemos, ou interpretamos, as informações externas, do mundo que nos rodeia, e também com a informação íntima passada ao meio externo, o pensamento elaborado. Há o desequilíbrio deste elemento quando não sabemos lidar com as informações recebidas e transmitimos informações que agridem nosso íntimo. Quando não agimos de acordo com nossa essência, o primeiro sentimento que surge é a tristeza.

Portanto, o elemento ar está ligado às diversas formas existentes que usamos para passar e receber informações, aprendizado, energias, opiniões etc., tudo e qualquer situação que gere uma análise e consequente pensamento.

Podemos usar a energia do elemento ar para curar ou equilibrar o raciocínio, os vícios, os pensamentos; ele revela as falsidades e as mentiras, facilita o encontro e os reencontros, consigo mesmo ou com ideais esquecidos etc.. O seu desequilíbrio causa, além da tristeza, a ansiedade – pois não possui recursos imediatos para resolver certas questões.

Os elementais do elemento ar são os silfos, e a melhor hora de encontrá-los ou de trabalhar com eles é pela manhã e de preferência ao caminhar. Lugares tranquilos e junto à natureza, como todos os outros elementos. Nesta vivência a limpeza será composta das mesmas ervas para todos: Anis estrelado, lavanda, erva-cidreira, manjerona, sálvia, dente de leão e hortelã. Estas são as ervas do elemento.

Ao caminharem até o local onde cada dupla realiza o Círculo Sagrado, irão andando e invocando a presença e o auxílio dos elementais. Vocês trabalharão com os quatro elementos. Nos Círculos Sagrados devem manter três potes: um terá os gravetos, cascas de árvores e terra, o segundo será a nossa chama sagrada e o terceiro deverá ter uma divisão com água salgada e doce e o Círculo será fechado apenas ao terminarem a vivência.

No primeiro dia, vocês farão os rituais curtos dos três elementos e irão procurar uma árvore ou um arbusto que tenha um galho seco, onde o vento Norte sopre livremente em todas as direções. Ao chegarem ao templo devem procurar alguns fios que usarão como linhas. Cuidem para não embaraçarem e durmam com estes fios próximos aos seus corpos.

No segundo dia, irão até a floresta; procurem trilhas ou clareiras, para sentirem o vento passar por vocês. Enquanto andam pensem nos problemas que hoje vivem e causem constrangimento ou tristeza. Para cada sentimento e para cada dificuldade que hoje enfrentam vocês pegarão folhas secas; uma folha, um sentimento ou uma insegurança, outra folha, outro sentimento ou outra dificuldade. Com cuidado, essas folhas devem ficar no Círculo Sagrado até o terceiro e último dia da vivência.

As folhas podem ser embrulhadas em tecido de uso pessoal, para as folhas serem imantadas com as energias de seus "donos".

No terceiro dia, após a limpeza e os rituais curtos dos três elementos já vivenciados, vocês irão até a árvore escolhida no dia anterior, levando as folhas recolhidas que pernoitaram no círculo.

Com os fios, amarrarão as folhas no galho seco da árvore ou do arbusto. Uma por uma, cada uma representando um sentimento, uma dificuldade ou uma insegu-

rança. Todas as folhas devem ser amarradas e depois que todas as folhas estiverem presas e pelos fios, soltas ao vento, vocês devem agradecer aos ventos, aos silfos, pela ajuda recebida.
Deixem o local e voltem ao Círculo Sagrado.
Terminem o agradecimento, fechem o Círculo Sagrado e pensem no potencial que possuem. O pensamento é a única conexão com o elemento ar que, por ser invisível, não possui símbolos como os outros elementos, e é o pensamento que direcionará esta vivência.
Daí para frente, todas as orações do amanhecer devem ser incorporadas com os rituais dos quatro elementos.
Antes de iniciar sempre pensem no potencial que possuem.
Prestem atenção: imaginar que temos certas virtudes é completamente diferente de sermos conscientes sobre nossas virtudes e potencialidades. A imaginação age no mundo externo e será guiada pela vaidade. A vaidade, por sua vez, está no interno, faz parte de nós e só a percebemos com a análise íntima. Após esta análise seremos conscientes de que a abrigamos no coração.
O caminho para detectarmos nossas virtudes e potencialidades é o mesmo: a análise íntima; sem subterfúgios, sem amenizar os enganos e sem desculpas.
Nosso corpo é o nosso templo!
Que os deuses acompanhem vocês.

  Os jovens começaram imediatamente os procedimentos para a quinta vivência, que foi muito suave e chegou a surpreender Mirdle. O mestre acreditava no descontrole de alguns, principalmente de Aileen, pois nunca se sabe "*para que lado, o vento sopra*" e da mesma forma que ele (o vento) poderia soprar todos os problemas para longe, ele poderia intensificar emoções e trazer maiores desequilíbrios.
  Por quê? Porque o elemento ar está ligado à mente e aos pensamentos, e os elementais trabalham com as crenças. Se nos pensamentos existir a dúvida, os silfos trabalharão com a dúvida, podendo trazer mais incertezas. Ao ter pensamentos expressando a vontade em eliminar um sentimento, ou pensamentos expressando a certeza da necessidade do auxílio,

ou da força para se reequilibrar, é com esta "certeza" que os elementais o Ar trabalharão. Resumindo: nós fornecemos o material a ser trabalhado: a certeza ou a dúvida, porque toda limpeza energética é realizada com os fluidos que atraímos; os fluidos da certeza ou os fluidos da dúvida.

É preciso entender que a meta dos elementais é concretizar a vontade, substituindo os fluidos pesados por fluidos mais leves; fornecendo o material errado (no caso a dúvida) eles podem seguir para um lado inesperado e intensificar as incertezas e não acabar com elas.

Graças aos deuses, tal não aconteceu com nenhum jovem; isso demonstrou a Mirdle o quanto aquele grupo estava preparado, mesmo tendo algumas dúvidas sobre a dedicação ao sacerdócio, como era o caso de Aileen.

Mirdle concluiu que meus devaneios mentais não assediaram Aileen. Eu estava longe do povoado e com outras ideias na cabeça. A minha energia não alcançou Aileen nessa vivência e isso trouxe a tranquilidade e clareza em suas decisões. Terminado a vivência do elemento ar, no dia seguinte eles iniciariam a sexta e penúltima vivência – a alma.

Capítulo 17

Eu não tirava dos meus pensamentos o fato de que, ao sair do templo de Mirdle, Aileen abandonaria a ideia de trabalhar como iniciada. Não pensava nas possíveis dificuldades que ela enfrentaria, ou mesmo com a possibilidade dela estar fazendo planos completamente diferentes dos meus. Se ela realmente me amasse, ela viveria para nossa família. Eu acreditava estar muito certo em pensar assim.

Embora este não fosse um comportamento tradicional, o ser masculino ditar as regras de um relacionamento, eu não me preocupava muito com isso. Meus anseios giravam em torno de um amor que para mim, naquele momento, significava largar tudo e viver comigo, da forma que eu achava mais correta. Não era, o que algumas pessoas podem concluir lendo estas palavras, o *machismo*. Era sim, egoísmo, pois eu queria que os meus desejos se realizassem, não de homem, mas de pessoa. Embora o egoísmo e o machismo possam, hoje, andar juntos, naquela época nossa sociedade não era assim. Para mim, seria uma prova de amor, ela largar tudo para viver comigo. Concretizar nossos sonhos, onde "nossos sonhos" eram os *meus* sonhos, afinal eu ignorava completamente os desejos de Aileen, que eram de tornar-se uma sacerdotisa. No meu entender, se Aileen não estava disposta a abrir mão da vida de sacerdotisa, significava que seu amor não era o bastante.

Aileen, porém, imaginava se depois de todas as dúvidas que viveu naqueles dias, ainda seria escolhida para permanecer na aldeia principal e continuar o treinamento. E se não fosse ficar em sua aldeia, para onde iria? Antes de suas incertezas não duvidava que sempre estaria em sua aldeia.

Mirdle e Atma sempre escolhiam um casal de jovens para continuar o treinamento com eles. Atma ficaria com o jovem e Mirdle com a moça por seis meses, após este período eles trocavam. Os sacerdotes devem saber todos os procedimentos, porque nas aldeias maiores os *druidas* – o casal – compartilhavam todas as tarefas.

Mas Aileen temia até onde suas dúvidas a teriam levado e prejudicado sua iniciação. Sabia que Mirdle e Atma não seriam influenciados pelo seu dom para mantê-la na aldeia. Ela também não imaginava o ciúme que eu tinha de Ryann, e muito menos que a sua vida já estava traçada em meus planos.

Seus problemas seriam maiores e bem mais delicados quando estivesse longe da proteção do templo. Mirdle e Atma sabiam disso e tinham algum controle sobre a situação, mas eles nada poderiam fazer se Aileen desistisse. Os *druidas* esperavam que a iniciação fortalecesse Aileen.

A sexta vivência, a alma teria início, e como sempre Mirdle passaria as instruções, e desta vez o sacerdote chegou ao salão primeiro que suas "crianças". Surpresos, os garotos entraram, sentaram-se silenciosamente e esperaram até o momento de o Mestre iniciar as orientações para a penúltima vivência.

> Meus jovens, estamos chegando ao fim da iniciação de vocês e fico muito feliz que ninguém tenha desistido. Creio que temos um grupo muito unido.
> Hazel, somente você é de uma aldeia mais distante, a aldeia de Leon e Lorna, mas faço o convite que, se desejar ficar entre nós por uns tempos, será bem-vindo! Vocês sabem que dois de vocês trabalharão diretamente comigo e com Atma por um verão e os outros devem voltar aos seus afazeres normais e ter como rotina os rituais de proteção e reequilíbrio que aprendemos.
> Eu já falei com Atma e neste ano, se Hazel quiser ficar entre nós, serão três, e não dois assistentes diretos dos sacerdotes. Por que estamos fazendo esta modificação? Porque seria injusto de nossa parte escolher dois, quando os três possuem capacidade para seguir adiante. E também seria injusto Ryann ou Hanzel ficarem fora do treinamento, quando a única que ainda possui dúvidas é Aileen!

Neste momento, fez-se um longo silêncio.

> Eu pensei em deixá-la fora, minha criança, mas isso

significaria lidar com outros problemas relacionados ao nosso povo, que espera ansioso por seus atendimentos. Você, Aileen, ficaria fora, não fosse o amor do seu povo. Quero que pense a respeito. Afinal, parece que somente você ainda não enxerga o que deixará para trás, ou o que perderá mantendo a dúvida ou desistindo.

Mais uma pausa longa e proposital de Mirdle. Era uma bronca silenciosa, Aileen sabia disso.

Continuando, nesta vivência temos que encontrar a nossa alma.

O plano invisível e o visível estão em constante contato na evolução, um não sobrevive sem o outro. No plano visível temos limites que nos ajudam a crescer e a evoluir no caminho ao Criador; no plano invisível, continuamos o trabalho estudando e aprendendo sempre, para reequilibrar situações e relacionamentos.

No visível, por exemplo, cada doença e cada situação difícil traz em si a bênção do aprendizado, nem sempre observado ou aproveitado. Com certeza adquirimos conhecimento no invisível, para vivenciarmos no visível tais situações, mas algumas vezes a revolta traz sofrimento e mais desequilíbrio.

As duas forças – visível e invisível – sempre trabalham juntas. Somos seres híbridos quando encarnados, pois pertencemos a dois mundos e não podemos curar o corpo sem curar o espírito; e sem curar o espírito, o corpo permanecerá doente.

No primeiro dia desta vivência, vocês ficarão juntos e a partir de amanhã, o grupo praticará o silêncio completo e o isolamento, pois só assim conseguimos descobrir nossa alma e a chama interna. A chama da Criação.

Não trabalharão em duplas, apenas se assim se sentirem melhor, e todos farão a vivência ao mesmo tempo. Nos próximos cinco dias vocês viverão o isolamento e o silêncio e no último dia, conversaremos sobre as descobertas de cada um.

O caminho a seguir é a mais profunda interiorização que podemos realizar. Pensar que no momento que fomos criados recebemos a chama da Criação e por isso, somos seres puros e divinos até certo ponto de nossa vida, mas essa divindade por essência nunca nos abandona.

Ao longo de nossa existência no mundo visível, seguimos certas regras de comportamento que acabam por modificar nossos pensamentos ou nossa maneira de viver. Invariavelmente influenciados pelo externo, se não tomamos certos cuidados, acabamos seguindo normas e caminhos que nem sempre são as melhores escolhas ou as estradas mais corretas. Infelizmente, isso traz sofrimento, autopunição e críticas íntimas, um comportamento que nos afasta desta chama, de nossa alma.

Ao reencontrar a alma temporariamente perdida ou esquecida, seremos capazes de conviver com os outros compartilhando conhecimento com humildade. A alma nos capacita a abrir um portal entre os dois mundos, traz o reconhecimento da própria potencialidade e da própria força.

Nosso objetivo como espírito não é passar a existência visível cobrando a própria perfeição. Como espíritos, devemos procurar a plenitude e sermos plenos em tudo que realizamos.

Aceitar-se é o primeiro passo a caminho da plenitude. A aceitação dos próprios enganos e limites trará a humildade necessária para reconhecer o que é preciso aprender e trará a misericórdia para ensinarmos o que aprendemos, sem sermos arrogantes.

Com todas as limitações que temos e com todas as glórias que o conhecimento já deixou, somos os únicos construtores do nosso destino. Com certeza, ainda teremos que caminhar muito; afinal, não temos condições de saber tudo que ainda falta viver e aprender, mas já temos consciência do que queremos. E se nossa consciência tem dúvida sobre o que realmente desejamos, a nossa alma, ou nosso espírito, não tem. Então temos que aprender a "escutar" nosso espírito.

Definitivamente, vocês devem compreender que nosso corpo é o nosso templo!

Que os deuses vos acompanhem em mais esta etapa.

"Reencontrar" a alma é um exercício que deveríamos realizar sempre, porque é importante saber o que nosso espírito realmente deseja. Nos dias de hoje somos bombardeados por conceitos errôneos e duvidosos e nos envolvemos com situações e pessoas que não são exatamente o que procuramos, queremos ou que gostamos. É preciso aprender que qualquer situação ou sentimento embasado em princípios equivocados permanecerão equivocados, às vezes por uma existência.

O termo "reencontrar a alma" é a sensação que temos ao realizar a conexão com o invisível, com as forças da natureza e com os espíritos amigos. Desta forma, é mais fácil encontrar e reviver os objetivos iniciais que abraçamos; aqueles que precisamos desenvolver como espíritos imortais em busca da evolução.

Mas como saber se determinada tarefa faz parte de nossos objetivos reencarnatórios? Quando, por mais difícil que seja realizá-la, a tarefa não traz sofrimento, ao contrário, ao perceber e ultrapassar os obstáculos, a tarefa traz satisfação, nunca dor, desgosto ou tristeza.

A vivência foi muito tranquila para todos, Mirdle e Atma realizavam a iniciação com as vivências na sequência exata para que todos pudessem realizar este exercício de forma tranquila. Tentar se conectar com a intimidade da alma apagada ou perdida, enxergar-se como ser imortal e perceber a responsabilidade disto, tendo no íntimo sentimentos conturbados ou indefinidos, podia ser muito perigoso, psicologicamente. Exatamente por isso, as primeiras vivências do iniciado eram de introspecção e avaliação das próprias atitudes e sentimentos.

O mais surpreendente e curioso foi a dificuldade de Hazel e Ryann no exercício.

Quando o grupo se reuniu, no último dia da vivência, junto com Mirdle, para conversar e resumir suas experiências, os dois foram os primeiros a falar:

— Mirdle, eu acredito ter feito contato com minha alma somente ontem à tarde. Eu não conseguia tirar da minha mente os pensamentos relacionados com nossos dias passados e não alcançava a paz que vocês todos falaram – falou Hazel.

— Eu me senti na mesma situação e mais, comecei a me perguntar se, como espírito imortal, eu faria sempre a mesma coisa. Imediatamente eu percebia a besteira que eu pensava, mas não conseguia tirar isso do pensamento – falou Ryann

— Meus jovens, embora eu esteja surpreso com essas dúvidas, tenho que dizer que são dúvidas normais. Eu sei que assim como Briged, Dierdre e Ewan realizam agora este exercício, vocês realizaram também quando eram iniciantes ao conhecimento, mas hoje a responsabilidade como iniciados com certeza lhes traria outras reações e inseguranças – Mirdle falava com muita calma, e após uma pequena pausa esperando que algum dos meninos dissesse alguma coisa, prosseguiu seus esclarecimentos.

— Você, Hanzel, disse que encontrou sua alma ontem à tarde. E você, Ryann? Como ser imortal, não pretende ser sempre um sacerdote? – Mirdle riu gostosamente.

— Confesso que imaginei minha vida sempre por aqui, apenas trocando meu corpo, pois sabemos que este corpo não suporta mais que alguns anos... Ao imaginar, me preocupei, pois não sei se é isso que quero... Para sempre... – falou Ryann.

— O Criador, em Suas faces como o Grande Deus e a Grande Deusa, em Seu equilíbrio perfeito, e lei perfeita, não esqueceu nada. Digo mais: sabemos que nossa alma é a nossa conexão com Ele, o Criador. Como numa grande obra, Sua assinatura é a chama divina que todos possuem, mas, para viver no mundo visível, precisamos de um corpo que pertença à natureza visível, pertinente ao mundo em que vivemos.

Quando a Grande Deusa abençoa o sentimento de um casal com a vinda de uma criança, esse corpo visível é criado no ventre da mãe e quando está pronto, ele sai; o próprio corpo da mãe o expulsa, mas a alma já está ali desde o início. Não sabemos o processo exato da escolha dessas almas, mas percebemos que são almas que já existiam, senão como explicaríamos pessoas tão diferentes e educadas da mesma forma?

Mirdle, um pouco pensativo, procurava em suas memórias alguma passagem que pudesse ilustrar suas explicações.

— Na minha iniciação, não pensei se eu queria o sacerdócio para sempre, relacionando o "sempre" com minha imortalidade. Mas sabia que eu queria esta vida para este corpo, para este momento da minha imortalidade.

No caso de Hazel, creio que você terá, a cada exercício, mais facilidades em achar a sua alma.

E Ryann, você esqueceu as vivências dos elementos quando falamos sobre os sentimentos: sempre trabalhamos com os sentimentos presentes, atuais! A alma visível sempre está no presente. Você ficou no futuro, pensando na imortalidade e em suposições, não na evolução e no aprendizado, por isso a dificuldade. Fique em isolamento amanhã e tente novamente e depois falaremos.

— Mirdle, para minha surpresa eu encontrei minha alma muito fácil e "fiquei" com ela todos esses dias. Senti novamente aquela segurança que eu acreditei estar perdida... — falou Aileen.

— Aileen, a sua alma é a alma da cura, do sacerdócio; você sempre esteve com ela, em toda a sua infância. Eu nunca conheci alguém tão forte e tão decidido como você, até poucos dias atrás.

Aileen abaixou a cabeça e sentiu-se envergonhada, pois todos sabiam quando e por que suas dúvidas e inseguranças haviam começado.

Ninguém encontra a felicidade abrindo mão dos próprios ideais para deixar outra pessoa feliz. Somos os únicos responsáveis pela felicidade que sentimos, e Aileen precisava vivenciar esta experiência para aprender isto, mas ela, longe deste entendimento, se defendeu.

— Eu sei, Mirdle, que as suas expectativas, assim como as de minha mãe, eram bem maiores a meu respeito, mas estou tentando realizar o melhor que posso. Sei que estou falhando, mas estou tentando... — falou, demonstrando certa tristeza.

— Aileen, nunca faça algo apenas por agradar outras pessoas.

Da mesma forma que você não deve ser sacerdotisa por causa da vontade de sua mãe ou minha, você não pode deixar essa vida por causa de Aullus!

Entenda, de uma vez por todas: nossa preocupação é com você, minha criança; como você se sentiria chefiando uma família e sofrendo por não ter completado a iniciação? Como você viveria com Aullus se a sua alma fosse trancada pelos sentimentos sufocantes dos limites impostos pela vontade de outro, e não a sua? Como poderia manter-se feliz, sem realizar o que a sua alma sempre pediu? ... Se tivéssemos certeza que formar uma família com Aullus fosse, sinceramente, o seu desejo, ninguém falaria nada, mas sabemos e principalmente sentimos que não é este o caso – os meninos escutavam Mirdle de cabeça baixa; a lição servia a todos.

— Definitivamente, Aileen, escute a sua alma e mais ninguém, faça apenas isso e seja forte para seguir o caminho que ela pede. Ser uma iniciada e seguir o caminho do sacerdócio, não significa que você não ame Aullus... Vocês dois devem entender isso! – falou Mirdle, um pouco secamente, colocando o ponto final naquela história.

Algumas lágrimas caíram pelo rosto de Aileen, silenciosamente. Ela sabia que Mirdle tinha razão; além disso, o tom de sua voz era de alguém cansado, como se fosse o último sinal que dele partiria. Sabia que sua indecisão e atitude estavam cansando.

Cada um dos jovens comentou sua experiência e, um a um, foram saindo para o descanso da noite. No dia seguinte começariam a sétima e última vivência e isso significava muito para cada um deles. A sétima vivência era o último laço a ser atado com as forças da natureza: um animal escolheria o seu *druida*. A partir da escolha, o representante do mundo animal estaria sempre ao lado do sacerdote, física ou mentalmente, e auxiliaria nos atendimentos. Em nossa cultura cada animal tinha um significado e, no caso específico dos sacerdotes, o animal representava também um dos reinos da natureza.

Quando o sacerdote se preparava para o atendimento a um doente, ele precisava estar em comunhão com a natureza. Segundo nossa crença, para atingir essa comunhão o sacerdote tinha, junto de si, todos os representantes da natureza. O reino mineral era representado pelas pedras, cristais e os símbolos feitos em bronze; o vegetal, representado pelas ervas, árvores e flores usadas nas beberagens e unguentos e o reino animal para ser um representante legítimo, deveria ser um animal que se aproximasse docilmente do sacerdote nas vivências da iniciação. Esse animal nunca poderia ser preso e participaria da Consagração final.

O plano espiritual tem diversas formas de atuação quando o objetivo é nos ajudar e nos trazer o conhecimento.

No encerramento da iniciação haveria o Cerimonial de Consagração, aberto às famílias dos iniciados e dos iniciantes, e à comunidade em geral. A entrega dos símbolos, dos instrumentos e a adoção do animal eram as cerimônias mais importantes na vida de um *druida,* e um evento muito importante para nossa sociedade.

Não era tão comum como pode parecer a consagração de um grupo de *druidas*. Além de ser necessária a vontade real, era preciso que este ser tivesse a pureza de coração; a iniciação servia para disciplinar o novo *druida* em manter a alma "limpa" e ensinar os conceitos do não julgamento e o desprendimento.

Naquele grupo, tínhamos a cura e a audiência, através do dom de Aileen, a psicofonia através de Ryann e a forte intuição de Hazel. Sem falar da percepção muito afinada de Dierdre, mas ela seria ainda, por um período, uma iniciante.

Eu tinha a visão, porém eu não possuía no coração a verdadeira vontade para dedicar-me ao sacerdócio, o que era respeitado por todos.

Eu nunca, naquela existência e em algumas outras, me interessei em ajudar ninguém além de mim mesmo. Com a visão e junto de Aileen e Ryann eu poderia ter ajudado muito, mas a caridade não fazia parte de meus sentimentos.

Precisei de muitas encarnações para perceber e aprender o quanto a caridade sincera e pura auxilia quem a pratica.

Capítulo 18

No templo, os jovens esperavam Mirdle para as orientações referentes à etapa final da iniciação. A jornada inicial daqueles meninos entrava na reta final e o velho mestre já sentia falta daquele grupo.

Poucas vezes o templo presenciara a iniciação de seres tão especiais. Cada um com seu *dom*, peças de um quebra cabeça que ao se unirem, formavam uma poderosa ferramenta. Cabia a ele, Mirdle, orientá-los, pois muitos perdiam seus dons, ao se deixarem levar por sentimentos estranhos à verdadeira doação. Cada um deles, e todos juntos, deveriam entender que os dons que possuíam vinham do Criador para serem colocados à disposição dos necessitados dos clãs e da comunidade em geral, pois da mesma forma que o dom fora recebido, poderia ser retirado.

Com estes pensamentos, o Mestre iniciou as últimas orientações:

> Minhas crianças, entramos na sétima vivência – a magia.[1]
>
> Após entender nossos sentimentos, aprender a nos conectar com os elementais e receber a força dos elementos terra, fogo, água e ar, após reencontrar nossa alma e ficar em paz com nosso espírito, temos agora as condições necessárias para conhecer a magia.
>
> Magia quer dizer troca ou transformação. Quando usamos a força do elemento terra para resolver nossos entraves, ou quando permitimos que o elemento fogo transforme nossos sentimentos errôneos, quando deixamos o elemento água renovar nossas energias e levar os sentimentos impuros, ou ainda quando jogamos ao elemento vento nossas mágoas para fortalecer

---

[1] Ou, como entendemos hoje, a sétima vivência era como utilizar os fluidos da Natureza e o nosso, para realizar os tratamentos. Magia, nada mais é do que a troca fluidica através do sentimento.

nossa vontade, tudo isto é magia. Como a natureza faz isso? Faz parte do oculto, não sabemos exatamente como acontece, mas aprender como trabalhar com estas forças em benefício do ser, isto é magia.

Ao usarmos as forças dos elementais da natureza — duendes, gnomos, salamandras, sereias, ondinas e silfos — a nosso favor, estamos realizando a magia. Só os elementais têm o poder de trabalhar com as forças (fluidos) da natureza e transformá-las em matéria prima apropriada aos tratamentos realizados.

Quando, pela força da natureza, através desses elementos e elementais, transformamos nossos sentimentos errôneos em força, e colocamos essa força à disposição da cura, ou aplicamos em benefício próprio na modificação de nosso caráter; ou ainda, direcionamos ao auxílio do outro, de uma comunidade, realizando curas físicas ou emocionais, tudo isto é magia.

A magia, por si só, não é boa, nem má. Magia é apenas... magia. O bem ou o mal está ligado aos sentimentos de quem a pratica. A magia pode curar, mas pode também prejudicar e é o ser visível que direciona o seu objetivo. Exatamente por isso, todos os conhecimentos dos druidas são passados com muito cuidado, e apenas para aqueles que são iniciados.

Quando direcionamos a outro ser pensamentos ligados a raiva ou inveja, estamos realizando a magia negativa, má. Para realizar a boa magia, basta focalizarmos outro ser com sentimentos de amor e luz.

Ao estarmos limpos, com nosso íntimo livre de manchas como a arrogância, a mágoa, a vaidade e a raiva, aprenderemos a atender o ser que necessita de nossa ajuda. E nunca devemos esquecer que aquele que procura um druida, está em dificuldade e só isto basta para o sacerdote respeitar aquele que se expõe à sua frente.

Se os motivos da procura forem graves, o druida deve atendê-lo com carinho, com atenção, e completa dedicação.

Porém se os motivos forem fúteis o druida deve atendê-lo com dedicação, com atenção e com muito, mas muito mais carinho. Os seres mais necessitados são aqueles que, aos nossos olhos, veem problemas onde não existem e neste caso, como sacerdotes, temos que esclarecer e ensinar, com humildade e simplicidade, aquele que nos procura.

O julgamento não faz parte da conduta de um druida, mas a análise para saber que caminho deve seguir com toda certeza deverá sempre existir nas atitudes de um sacerdote. Além do tratamento, é preciso passar também o conhecimento. É pelo conhecimento que o necessitado aprenderá a andar sozinho e a responsabilidade de um druida é ensinar a andar, não só curar.

Para realizar o tratamento das doenças que não enxergamos, mas que deixam o corpo debilitado, das feridas visíveis, ou das doenças e feridas da alma, temos à nossa disposição toda a natureza, que através da emanação das suas forças (fluidos) nos ajuda e cura.

O druida deverá estar em paz consigo mesmo para realizar um tratamento. É pelo amor, unicamente pelo amor e desprendimento que conseguiremos usar a força da magia em sua totalidade.

Para integração total com a natureza é preciso espírito limpo, amor e certas ferramentas que facilitam nossa ligação com ela: os representantes de todos os seres da natureza, as pedras, as folhas e a vida.

Por isso, receberemos as pedras e nossos símbolos que atuarão como representantes das pedras; as ervas e as flores que fazem parte de nosso receituário, representam as folhas, e a vida que será representado por um animal, que não poderá nunca ser preso, mas estará sempre perto de nós por escolha, nunca por imposição.

Esta vivência é dividida em duas partes. Na primeira, seremos escolhidos pelo nosso animal. Digo que seremos escolhidos, pois não basta nós o escolhermos; esse animal deve "pertencer" ao nosso interior, ao nosso espírito.

Como realizamos isso?

Logo após o almoço, faremos a vivência do representante da vida: vocês irão para o local que desde o início foi escolhido como local de descanso e meditação. Através dos seus pensamentos vocês passearão pelas florestas, pelos bosques e pedras que envolvem o riacho. Nadem nas águas desse pequeno rio, mas façam isso mentalmente. Integrem-se à natureza e às forças que ela traz. Não pensem em nenhum elemento específico, mas sintam toda a força da natureza, composta pelos quatro elementos.

O animal que trabalhará com cada um de vocês aparecerá muito tranquilamente ao seu lado, nesse passeio. Pode aparecer primeiramente em seus pensamentos e depois vocês verão ele se aproximar. Com muita certeza, cada um terá o animal que está ligado à maneira e ser de cada um, com as suas personalidades.

Após essa descoberta, vocês podem adotar o animal, desde que eles não vivam presos, mas os acompanhem por vontade própria e pelo vínculo; ou podem também criar, talhar o animal em madeira e nessa figura concentrar as forças de energia do animal para poderem usá-las nas magias.[2]

Na segunda parte vocês irão confeccionar algumas de suas ferramentas. Nossa força de criação e magia está firmada sempre em três pontas:
– o Criador e suas duas faces, feminino/masculino;
– o Todo e seus dois planos: visível/invisível;
– a natureza e seus elementos e elementais.

Nós também possuímos as três pontas:
– Corpo visível — ligado à natureza e ao mundo visível;
– Corpo invisível — ligado com o Criador e o Todo;
– Pensamentos (mente) – ligado com nosso comportamento e a vontade de entendimento e modificação.

Todas essas forças devem estar em constante movimento sempre evoluindo, sempre crescendo.

Nossa estrela com as três pontas deve demonstrar esse movimento constante, portanto unimos às pontas os círculos abertos, que não têm começo e nem fim, movimentando-se sempre à procura de novos conhecimentos. Este movimento cria a harmonia necessária para a cura e para a magia.

Os iniciantes não precisam de um animal e também não receberão instrumentos, mas também realizarão esta vivência. Os iniciantes sairão deste templo aptos para serem auxiliares dos druidas. Para tanto, é preciso que os iniciantes entendam todos os movimentos dos sacerdotes, por isso eles deverão estar sempre próximos aos seus iniciados, ajudando e fortalecendo

---

2 Talhar figuras = totens. Símbolos de concentração de energia, usados para dimensionar, ou concentrar, força energética. Facilita ao usuário a concentração, ou a focalização do objetivos.

quando forem solicitados. Este é o aprendizado do iniciante.
Dierdre, Brigid e Ewan, vocês como iniciantes devem, a partir de agora, pensar se há em seus corações a vontade de serem druidas ou não, e para entender a vida de um sacerdote vocês passarão a conviver com eles. Pensem e vivam essa vida e depois sintam se é esta estrada que querem abraçar.
No último dia da iniciação, junto das famílias e dos amigos, os iniciados farão os votos do sacerdócio e receberão os símbolos e ferramentas das mãos dos seus auxiliares iniciantes. No encerramento, já como druidas iniciados, Hazel, Ryann e Aileen serão apresentados aos nossos companheiros de existência desta comunidade.
Os iniciados têm duas luas para decidir se querem ou não seguir o sacerdócio. Caso decidam pela desistência, os instrumentos e ferramentas devem ser devolvidos neste templo. O material deve ser devolvido à natureza, portanto o que puder ser simplesmente devolvido assim será feito, como as pedras, por exemplo. O restante será queimado. Os caldeirões serão usados nos templos.
Pensem! Pensem muito! Tornem-se sacerdotes através de seus corações.
Eu sempre encerro fortalecendo uma verdade que não pode ser esquecida por vocês, nunca, que nosso corpo é o nosso templo!
Meu corpo é o meu templo!
Entendam, incorporem e vivenciem esta verdade.
Que os deuses estejam ao seu lado e os protejam!

Mirdle terminou e saiu; não queria criar a oportunidade para qualquer conversa ou discussão com os meninos, eles deviam decidir sozinhos. Um sacerdote não podia de forma alguma, interferir nas decisões de um iniciado. Ser um *druida* significava responsabilidade, desprendimento e dedicação. Eram atitudes e sentimentos que ser nenhum pode impor a outro ser. A decisão tinha que ser íntima e sem interferência.

Capítulo 19

Aileen resolveu ir até a gruta para fazer a meditação e encontrar o seu animal. Chegando lá encontrou Ryann e, muito sem jeito, sem falar nada, deu meia volta. Ryann, percebendo sua presença e sua intenção, chamou-a.

— Aileen, por favor, não vá embora. Se desejar ficar sozinha, eu vou para a beira do rio. Hoje não está chovendo e, para mim, não tem problema algum ficar por ali – disse Ryann olhando diretamente para Aileen.

— Não, Ryann, pode ficar aqui se quiser. Eu não faço questão de ficar sozinha, eu pensei que *você* queria ficar só – Aileen sorriu.

— Então está combinado, ficaremos os dois na gruta. – pegando na mão de Aileen, Ryann de encaminhou para dentro da gruta, onde Aileen e Dierdre haviam realizado a vivência do elemento água.

Aileen novamente molhou as mãos na parede do fundo da gruta e sentou-se no chão, desta vez no chão frio, tendo as mãos com as palmas voltadas para cima. Ryann observou e fez o mesmo e ao molhar as palmas das mãos no pequeno fio de água que vertia do alto da pedra, suas mãos ficaram quentes, ao contrário do que ele esperava.

Em completo silêncio, os dois passaram a tarde em meditação para encontrar seus animais. Nos dias seguintes, Aileen e Ryann realizaram suas vivências juntos. Dierdre e Ewan resolveram treinar alguns exercícios, como localizar os bloqueios da alma e reencontrar seu espírito. Hazel e Brigid ficaram juntos e se ajudaram.

No final do segundo dia, todos estavam mais disciplinados, mais concentrados e principalmente mais "limpos" dos sentimentos que apenas prejudicam. Agora o grupo partiria para a última parte da iniciação e encerrariam com o Cerimonial.

Era bem cedo e quando os meninos ainda se alimentavam, foram avisados que Mirdle não os encontraria no templo como estava combinado. Um atendimento inesperado impedia sua presença, e o Mestre falaria com seus jovens apenas na manhã seguinte.

Passaram o dia em silêncio, tentando reforçar os laços com o animal escolhido e também pensando em suas responsabilidades a partir daqueles dias.

O sol entrava em todos os cantos das árvores e um ar morno e luminoso tomava conta da vegetação que envolvia a aldeia. A sensação de estar entre aquelas árvores é algo que dificilmente nosso espírito esquece. Aileen, sentada ao lado do riacho, molhava as mãos na água que descia de forma melancólica pelas pedras. Ryann e Dierdre chegaram, e mantendo o silêncio sentaram ao lado da amiga.

— Quem será que necessitou de atendimento? – perguntou Aileen.

— Penso que não devemos nos preocupar com isto agora, Aileen. Temos que manter nossa concentração e silêncio interno para o cerimonial – mais uma vez era Dierdre que dizia o que Aileen deveria fazer. Ryann, em completo silêncio, só escutava a conversa baixa das duas.

Aileen, ao saber da notícia, sentiu-se desconfortável e não conseguia parar de pensar no *atendimento inesperado* que havia tirado Mirdle do templo. Algo muito sério acontecia, era uma certeza, mas o que estava acontecendo que Atma não conseguia atender sozinha?

Ryann mais uma vez veio em socorro de Aileen, tentando ajudá-la da melhor maneira possível, informando e esclarecendo, mas nunca interferindo. Mas como da primeira vez, as duas não sabiam ao certo quem falava. Era a voz de Ryann, mas não eram suas as palavras ditas.

— Aileen, mais uma vez a incerteza e a insegurança tomam conta do seu íntimo... Não permita que algo externo interfira de forma tão forte em seu destino... Mantenha seus pensamentos aqui, no templo e junto à natureza, os únicos que podem lhe dar a força e a determinação necessária. Falta tão pouco para realizar seu sonho de criança... Não desista agora!

Aileen resolveu explorar aquele momento.

— Mas minhas incertezas são mais fortes que eu... Hoje eu não sei mais se o sacerdócio ainda faz parte dos meus sonhos.

— Faz sim, você sabe disso! Mas o apego, que vocês insistem em chamar de amor, não deixa seus pensamentos seguirem suas ações e quando um está numa estrada o outro segue um caminho diferente. O amor verdadeiro caminha ao lado de nossos sonhos e de nossos desejos. O amor verdadeiro não oprime, não tolhe e não traz nenhum tipo de sofrimento. O amor verdadeiro fortalece, auxilia e compartilha... Pense nisto, Aileen, e não permita que os sentidos e as sensações do mundo visível sejam mais fortes.

Após uma pequena pausa, Ryann continuou a falar e Dierdre prestava muita atenção, talvez mais atenção que Aileen.

— Parar aqui, Aileen, tão perto, apenas para saber quem está doente? Por que seus pensamentos descontrolados lhe mostram o ser querido à beira da partida para o invisível? Tome estas cenas como um exercício e fique mais forte – um pequeno intervalo, para analisar as reações de Aileen, e Ryann continuou.

– Você, como sacerdotisa, deverá aprender a largar tudo para atender aquele que sofre e necessita de sua ajuda. Se você, Aileen, pretende formar uma família, deve também aprender que muitas vezes você terá que deixar os seus filhos para atender os filhos de outras mães. Nós fazemos parte de uma comunidade e sabemos que aqueles que nascem de nossas entranhas, são os filhos de nossa alma, mas é preciso entender que diante do Criador, todos têm a mesma importância.

Você nunca se perguntou por que os filhos da sacerdotisa ficam longe dela? Não é apenas pelo trabalho, ou pelos atendimentos constantes; os filhos das sacerdotisas são criados longe dela porque ela deve aprender e principalmente sentir que toda vida é importante.

Aileen continuava em silêncio e agora algumas lágrimas insistiam em cair, muito embora ela tentasse, sem sucesso, segurá-las. Ryann era doce, mas suas palavras eram verdadeiras e Aileen sentia isso.

— Esqueça quem está doente. Faltam poucos dias para você sair daqui e poder ajudar quem quer que seja. Se sair daqui agora perderá toda a sua iniciação, não poderá ajudar ninguém e será responsável pela desistência de Dierdre, que impotente, não será uma iniciante e terá que repetir o processo, talvez com alguém mais seguro e mais disciplinado. Pense, Aileen... Pense! Analise e tome uma decisão. Após decidir, siga seu rumo e não permita que nada interfira, pois não terá mais tarde a quem culpar. Seu futuro está em suas mãos. Sempre esteve e sempre estará!

Um tremor suave percorreu o corpo de Ryann, que olhava para as duas moças com se estivesse acordando. Dierdre molhou um pouco as mãos na água fresca do riacho e passou na testa do amigo. Meio desperto, mas ainda confuso, Ryann lavou o rosto e bebeu um pouco da água, que lhe renovou as forças como um remédio milagroso.

Ninguém falou absolutamente nada no caminho de volta ao templo, nem durante o resto do dia. À noite, se alimentaram e foram dormir.

Um sono agitado, entrecortado por sonhos confusos e ruins, deixou Aileen acordada boa parte da noite e muito antes de o sol aparecer no horizonte, ela saiu da cama e iniciou seus rituais na forma completa, que era bem mais demorada, mas havia tempo suficiente. Sentia-se inquieta e angustiada.

Imaginava ser por causa das decisões que deveria tomar ao terminar sua iniciação e resolveu não pensar mais no assunto. Faltava tão pouco para a cerimônia do encerramento... Ela não iria estragar a festa de todos, por causa de seus problemas e infantilidades, Ryann tinha razão.

O silêncio de Aileen desde a tarde anterior não passou despercebido aos outros integrantes do grupo, mas todos respeitaram o limite que ela impôs, mesmo sem perceber. Mirdle entrou cabisbaixo no templo e não cumprimentou ninguém, como fazia habitualmente. Antes de iniciar suas orientações e explicações sobre a escolha dos animais, ficou sentado e pensativo um bom tempo, diante da chama sagrada. Aileen foi até o sacerdote.

— Mirdle, algum problema? – perguntou um pouco ansiosa.
— Não, minha criança; apenas fui dormir muito tarde. Participei de um atendimento inesperado ontem e voltei bem tarde. – Mirdle respondeu, sem desviar os olhos da chama.
— Posso saber quem necessitou de atendimento? – Aileen investigava, pedindo aos deuses que não fosse eu.
— Não é o Aullus, se tranquilize. Mas penso que você, minha criança, tenha outras pessoas em sua vida e algumas, acredito, deveriam ser tão ou mais importantes que ele e com as quais você também deveria se preocupar. – Mirdle falou secamente e com tom de reprovação, ainda com os olhos na chama.

Aileen sentiu a reprovação do Mestre e voltou ao seu lugar, caindo novamente no silêncio e no isolamento. Mirdle finalmente tomou o seu lugar e iniciou a orientação:

> Eu sinto muito, meus jovens, mas serei breve nas orientações de hoje, pois preciso voltar ao atendimento que interrompi ontem à noite. Infelizmente não posso deixar nenhum dos dois eventos a cargo de outra pessoa.

— A sacerdotisa Atma, não poderia ajudar, Mirdle? – interrompeu Ryann
— Atma não pode nos dar as orientações da iniciação, Ryann, por eu estar no grupo – disse Aileen, sem levantar os olhos e sem disfarçar a tristeza que sentia.

Mirdle, indiferente à interrupção, continuou:

> Hoje vocês permanecerão isolados e farão o caminho no bosque que fizeram ontem mentalmente. Aqueles que preferem adotar o animal tentarão realizar o encontro: o animal que lhe pertencer por direito da natureza, o achará e sem a imposição ou subjugação, o animal o seguirá como se um cordão invisível os atasse e ligasse. Aqueles que preferem o animal entalhado, como um totem, também farão o caminho no bosque para procurar e recolher o pedaço de madeira para iniciar o entalhe.
> Como não há iniciado herdando os símbolos de druidas que partiram, alguns artesãos já estão preparando o entalhe dos novos símbolos que vocês usarão. O en-

talhe do animal deve ser entregue rapidamente, pois acabamos perdendo o dia de ontem. Lembrem que todas as ferramentas, símbolos e acessórios devem receber a bênção do Criador e devem estar no altar desde a noite do quinto dia. Todos os símbolos e os animais entalhados devem ficar como oferenda no Templo da comunidade até o momento do encerramento. Até lá os símbolos estarão abençoados e só então, poderão ser utilizados. Para aqueles que preferem o animal vivo e forem escolhidos por ele devem permanecer juntos de seus animais até a cerimônia de encerramento. Como seres viventes, eles recebem a bênção no momento que os escolhem e mesclam a energia deles com a de vocês.

Mirdle respirou profundamente várias vezes, controlou-se e continuou:

Amanhã não virei até o templo e vocês devem voltar ao bosque para encontrar as ferramentas que usarão para o resto de suas vidas como sacerdotes. Se quiserem podem pegar alguns cristais, mas as pedras – a pedra do arco-íris, a pedra azul escura, a pedra verde, a pedra vermelha, a pedra roxa e a pedra preta[1] já estão separadas e preparadas para a bênção. Vocês aprenderão sobre estes cristais ao longo do treinamento, por hora basta saber que são as pedras principais para a própria proteção e atendimento básico.

Para os bastões,[2] que os ajudarão no preparo e mistura das ervas e dos preparados, peguem galhos, o mais reto possível, das amendoeiras – que ajudam na sabedoria e na clarividência; dos ciprestes – que ajudam a dissolver sentimentos antigos e na cura, e das macieiras, que ajudam na saúde, e na também na cura.

---

1 Algumas dessas pedras, hoje, podem ser conhecidas como: fluorita, lápis lazuli, jade, granada, ametista e turmalina – respectivamente, entre outras tantas com as tonalidades mencionadas. Estas pedras possuem as propriedades de cura e proteção que procurávamos para os atendimentos.
2 O bastão era uma ferramenta importante. Algumas colheres que usávamos eram de bronze, outras de barro queimado, mas não podíamos mexer as misturas de ervas, os remédios e xaropes com estes utensílios que geralmente eram usados para mexer alimentos. Então os bastões eram entalhados pelos iniciados e usados unicamente para este fim. Eram mais alongados que os utensílios comuns e numa das extremidades era um pouco mais largo, imitando uma colher chata.

Esses bastões podem ser desbastados por vocês, para que fiquem mais retos, mas lembrem-se, eles devem ser fortes – trocamos os bastões muito raramente, pois quanto mais de nossa energia eles possuem, melhores são os resultados de nossos atendimentos. Vocês podem ter um único bastão, ou no máximo três, mas todos devem ser escolhidos agora.

Os iniciantes não necessitam desses materiais e podem usar o tempo para aprimorar o aprendizado dos exercícios que aprenderam. E preparem-se para a cerimônia do encerramento, pois vocês entregarão os símbolos aos seus companheiros.

Pensem... Incorporem: o meu corpo é o meu templo!

Mirdle não esperou perguntas ou qualquer outro comentário, apenas levantou e saiu. Todos ficaram surpresos, pois ele saiu muito apressado.

Os jovens realizaram as indicações de Mirdle e mesmo o mestre afastado de seu grupo, os dias correram tranquilamente e o penúltimo dia da iniciação amanhecia.

À tarde Mirdle estaria com suas crianças. Era a hora de o mestre passar para os alunos as suas considerações finais, conhecer os animais de cada um, entalhado ou não, e prepararem-se para o cerimonial do dia seguinte.

Mirdle entrou e sentou-se no lugar de costume. O cansaço era visível, estava abatido e com olheiras profundas. Com toda certeza, o Sacerdote não estava dormindo bem.

— Vejo que suas ferramentas já estão separadas e entregues – até sua voz parecia fraca.

Os jovens apenas o observavam, e Mirdle continuou:

— Meus jovens, perdoem minha ausência nestes momentos finais, mas algumas situações fogem do nosso controle, estão nas mãos dos deuses e merecem apenas nossa colaboração e dedicação. Não posso me demorar, afinal, amanhã passarei o dia com vocês e hoje, pretendo fazer o possível para manter a minha doente em pleno conforto.

— Atma o está ajudando, Mirdle? – perguntou Hazel

— Ela está muito próxima a mim, meu rapaz – respondeu de forma a encerrar as perguntas sobre a atividade que o mantinha longe.

Aileen achou estranha a resposta de Mirdle, mas como ela mesma andava ansiosa e um tanto angustiada, resolveu tirar da cabeça qualquer pensamento que pudesse atrapalhar ainda mais a iniciação. Havia tomado sua decisão de tornar-se uma iniciada e caminharia ao encontro deste desejo. Dedicar-se ao sacerdócio era outra decisão a ser tomada, mas o momento certo desta decisão não chegaria até ela conversar com Atma e comigo.

— Gostaria de saber o animal de vocês, meus jovens, e se vocês escolheram a adoção ou o entalhe – disse Mirdle, tentando não tardar mais o inicio das orientações.

— Mirdle, eu fui "achado" por uma raposa – disse Hazel

— Hazel, meu jovem, a raposa é um animal que nos ensina a ampliar nossa maneira de encarar os problemas, transmite a necessidade de observarmos as diversas faces de um mesmo momento, ou de um mesmo problema. A forma como este animal se confunde com a paisagem em que vive simboliza o quanto devemos ser maleáveis e adaptáveis às diversas situações que passamos, ou passaremos, ao longo de nossa existência.

— O meu animal, Mirdle, é a coruja! – falou Ryann

— A coruja, meu rapaz, traz a força da sabedoria para compreendermos nosso lado mais sombrio, trazendo iluminação e lucidez a este lado. Simboliza, portanto, o poder de transformação. A emanação deste animal auxilia nos tratamentos de cura, na limpeza e transformação da energia do doente.

— Mirdle, desde o início as diferenças são marcantes na minha iniciação – começou Aileen com um sorriso triste: – Eu fui "achada" por dois animais: a coruja, assim como Ryann e por uma lebre; eu não sei, exatamente, qual é o meu animal. Além disso, no meu caminho de volta ao templo, vi ao longe um cavalo branco...

— Minha criança, você foi "achada" pelo seu animal e também recebeu avisos da Grande Deusa. A coruja que você viu é o animal de Ryann e foi um aviso: você e Ryann serão, com certeza, os *druidas* desta aldeia, num futuro próximo. Você, Aileen, se fortalecerá em Ryann quando for necessário, e vice-versa; você receberá as energias do animal de Ryann, quando ele o colocar a sua disposição ou ele receberá a força do seu animal, quando você assim desejar ou permitir; a aparição da coruja foi o aviso de que ela, a coruja, aceitou você. O cavalo branco representa a Grande Deusa, a Grande Mãe, e também foi um aviso: a Grande Deusa a reconhece e aceita como *druida* desta aldeia e também lembra da responsabilidade que este cargo traz: o sentimento de mãe que agrega e acarinha todos os seus filhos, sem diferenciá-los.

O seu animal, Aileen, é a lebre: este animal está ligado aos deuses, pois traz, ao longo do sacerdócio, previsões de certos acontecimentos. Simboliza e nos ensina a espontaneidade e a simplicidade. Emana a energia da humildade e da força que nunca podem abandonar um *druida*.

— Nós não poderíamos ter o mesmo animal, Mirdle? – perguntou Ryann

— Geralmente os *druidas* se completam em suas necessidades de trabalho, assim como seus animais. A ligação da coruja com o lado sombrio de vocês e o poder de transformação dos sentimentos mais negativos ou descontrolados, aliados à simplicidade e às previsões da lebre, trarão harmonia aos atendimentos. Por isso a troca de informações entre vocês e a confiança mútua é muito importante. A ligação de vocês tem que ser forte e não deve haver nenhum tipo de envenenamento, pois isso se estenderá à aldeia e aos seus pacientes.

A sinceridade e a verdade devem estar presentes em todos os momentos de suas vidas a partir do cerimonial, quando vocês tomarão o lugar de iniciados ao sacerdócio e, como tais, serão muito procurados para auxiliar. Um não deve esconder do outro absolutamente nada; não deve diminuir o outro aos olhos de quem os vê; não deve desprezar ajuda e principalmente saber que juntos, vocês tem a bênção e a proteção do Criador, separados vocês são peças perdidas de uma ferramenta quebrada.

Ninguém mais fez perguntas e o Mestre passou a última orientação àquele grupo que foi um dos mais queridos do ancião:

> Os iniciantes devem usar os cintos trançados em branco e as túnicas verdes; os iniciados usem apenas o

branco. Os cintos trançados com cores: verde, azul e rosa[3] serão entregues no Templo. Não se atrasem e fiquem na Luz do Criador!

Despediu-se dos iniciados com o gesto simbólico dos *druidas*, o toque suave na fronte dos meninos. Dos iniciantes, ele despediu-se colocando a palma da destra no alto da cabeça de cada um. O mestre pedia luz e proteção aos seus pupilos.

Os jovens passaram o resto do dia juntos, menos Aileen que, isolada, pensava no comportamento de Mirdle e como seria sua reação no dia seguinte quando encontraria Atma, eu e Mirdle ao mesmo tempo. Seus pensamentos e dúvidas não a abandonaram até o momento inicial da cerimônia, quando se entregaria à Grande Deusa.

Os símbolos e as ferramentas que os iniciados iriam receber já estavam dispostos na grande pedra do altar, para serem abençoados e logo cedo os iniciados realizariam a consagração de seus pertences, dos objetos e das ferramentas que usariam a partir daquele dia.

A Consagração podia ser considerada como mais uma parte da última vivência, pois não era realizada em público. Somente os iniciados junto do seu mestre podiam participar e todos da aldeia estavam acostumados ao processo e o respeito era unânime. Aquela seria a última noite que passavam no templo e todos estavam ansiosos e felizes. O cerimonial era o marco inicial de uma vida completamente diferente daquela que todos eles conheciam.

Assumiriam novas responsabilidades, teriam que pensar muito mais nos problemas dos aldeões do que em seus próprios dilemas e teriam que aprender muito sobre aplicação de ervas, imposição de mãos, preparo dos remédios, etc.

Atualmente, para nós, eles podem parecer muito jovens, pois todos tinham entre quinze e dezesseis anos, mas a vida era completamente diferente e muitos eram mais maduros

---

3 As cores eram conseguidas através do tingimento natural, com plantas e ervas. O azul era conseguido com as folhas da arruda brava, o rosa, com a casca da nogueira e o verde, com as folhas do eucalipto ou do castanheiro, dependendo da tonalidade desejada. – Estas cores eram usadas também por sua atuação na saúde: Verde = saúde e equilíbrio; Rosa = elimina impurezas; Azul = calmante e regenerador.

que algumas pessoas que hoje são consideradas adultas. As dificuldades em adquirir alimento, a falta de mão de obra na lavoura, traziam o trabalho e a responsabilidade muito cedo, para todos da aldeia. Nenhuma força podia ser desperdiçada.

Capítulo 20

O sol aparecia timidamente e somente alguns raios escapavam do monte que o cobria e mal alcançavam as folhas da copa do carvalho no altar do templo da aldeia. Os raios tingiam de dourado todo o planalto e apenas a silhueta dos alunos e seu mestre eram percebidas, transitando pelo campo a caminho do templo. Ao longe, tinha-se a sensação de que flutuavam, deslizavam pela campina, coberta por pequenas flores do campo de várias cores e girassóis, muitos girassóis.

Silenciosamente o grupo sentou-se em frente ao altar e entre vários animais pequenos que sempre ficavam por ali; uma pequena coruja podia ser vista em meio às folhas do carvalho; uma lebre olhava desconfiada por detrás do salgueiro e numa espécie de arbusto, que vivia como um parasita ligado ao tronco do salgueiro, uma pequena raposa enrolada em si mesma, dormia profundamente. Eles ficariam ali durante toda a consagração e se juntariam aos seus escolhidos no momento oportuno. Era a primeira vez, em mais de uma década, que nenhum dos iniciados, usaria o animal entalhado.

Mirdle, ainda muito abatido e com o semblante denunciando muita tristeza, colocou-se atrás do altar e após algumas orações silenciosas, iniciou a Consagração.

Os primeiros instrumentos que receberam foram o *Triskle*[1] e a *Triketra*[2] que estariam, a partir daquele dia, sempre visíveis e presentes, junto ao corpo do iniciado. Em algumas situações, tanto o *triskle* como a *triketra* funcionariam como escudos, barrando e transformando as energias recebidas pelo sacerdote.

---

[1] O Triskle é considerado um antigo símbolo que literalmente significa "três pernas", e sua forma é uma referência ao movimento da vida e do universo. A simbologia deste instrumento está ligada ao movimento representando: ação, progresso, evolução, criação e os vários ciclos de crescimento; está ligada também à triplicidade: corpo/mente/espírito, passado/presente/futuro e os ciclos de transformação.
[2] Triketra, também um símbolo de proteção.

Geralmente os *druidas* usavam o *triskle* na região do Plexo Laríngeo (garganta), para acentuar a criatividade e favorecer os diálogos nos aconselhamentos e nos diálogos que geralmente tinham que participar, e a *triketra* na região do Plexo Solar (estômago), para evitar o esgotamento energético no contato com os necessitados físicos ou espirituais.

Cada um dos iniciados recebia os símbolos com as duas mãos, palmas viradas para cima e a mão esquerda sobre a destra. Por alguns minutos cada um imantava os instrumentos com sua própria energia, imprimindo aos objetos, certa "individualidade".[3] Para nós estes símbolos significavam as três faces sagradas da Criação: o visível (corpo), o invisível (espírito) e os pensamentos (mente), em constante movimento, em constante evolução.

Cada um dos iniciados tinha seu próprio tempo, ou ritmo.

Este cerimonial não era realizado com simples ações mecânicas, o processo envolvia pensamentos contínuos, positivos e sentimentos nobres. Era muito pessoal, íntimo, portanto não existia a pressa. Deveria ser realizado com calma e amor.

Ao terminar, o iniciado colocava os objetos recebidos e já imantados em cima do altar bem à frente do lugar onde estavam sentados e, em comunhão com a natureza presente, voltava a sentar em frente ao altar, aguardando silenciosamente os passos seguintes.

O segundo símbolo, a Cruz, que para manter o tríplice sentido, era formada por: duas colunas de mesmo tamanho, a vertical representava o masculino e a horizontal, o feminino; unindo as quatro pontas, uma roda solar. O anel que chamamos de roda solar, era a forma que usávamos para contar o tempo.

A Cruz com suas duas colunas sobrepostas dividia o círculo em quatro partes; cada parte representava uma época

---

3 Este tipo de ritual (imantar), não passa de atitude normal e corriqueira, se podemos assim dizer. Um exemplo bem simples: quando adquirimos um anel, por exemplo, e gostamos muito dele, mesmo sem praticarmos um ritual específico como nesta história, envolvemos o anel com nossa energia, com nossos fluidos, e é desta forma que eles ficam imantados com nossa energia. É através dos fluidos que envolvem uma peça ou um objeto que muitos médiuns, através da psicometria, podem auxiliar a encontrar pessoas desaparecidas e, em alguns países, ajudam a resolver possíveis crimes. Portanto o processo existe e hoje a ciência prova sua existência.

do ano e era no ponto central do círculo, que coincidia com o ponto central da união das colunas, que o espírito, em sua plenitude, vivia em união com o Criador. Por isto esta Cruz sempre estaria dentro da casa do sacerdote em cima do altar pessoal. Dali ela protegeria tudo e todos.

O terceiro, mas não menos importante, foram dois caldeirões. Um para preparação das misturas de proteção, queima de ervas etc., e outro onde as poções (remédios, chás, xaropes, unguentos etc.), seriam misturadas. Uma garrafa, para preparação das Águas de Pedras,[4] completava o trio de utensílios usados na cozinha de um sacerdote.

Os bastões, o cinto sagrado e os cristais eram as últimas ferramentas da lista de um iniciado.

Após todos terminarem com seus instrumentos e ferramentas, Mirdle pediu aos iniciados que levantassem; os iniciantes, sentados imediatamente atrás de suas duplas, permaneciam sentados e em oração. Os iniciados deviam levantar as mãos de palmas para cima à frente do corpo e até a altura da cintura. O mestre, de frente aos seus iniciados, pedia ao Criador, à Grande Deusa e ao Grande Deus, que sagrasse[5] os símbolos, as ferramentas e os utensílios ali expostos.

Para nós, a consagração dos objetos era necessária para que os materiais usados na sua confecção, ou seja, o bronze, a madeira, os fios do cinto que saíram de uma planta e as pedras, mantivessem suas propriedades mesmo estando fora da natureza; mesmo tendo passado por grandes transformações.

Manter o sagrado era o mesmo que "manter viva" a matéria-prima utilizada. Ela não perderia sua essência inicial, pois só assim poderia receber a energia daquele que a possuísse e realizar através dessa essência natural e inicial as transformações necessárias para intensificar os resultados dos atendimentos e dos remédios.

Mirdle manteve as mãos erguidas em direção ao céu e

---

4 Muitas pessoas utilizam este método até os dias de hoje: numa jarra de vidro coloque um litro de água limpa e pura. Limpe um cristal (energeticamente falando) e ponha a pedra dentro da jarra. Cubra ou tampe a jarra e deixe por uma noite. É só beber. O cristal branco ajuda no sistema imunológico, na manutenção da boa saúde. Conforme os problemas de saúde a serem tratados, a pedra é modificada, mas o processo é o mesmo.

5 O mesmo que consagrar; dar caráter de sagrado.

em oração pedia ao invisível a consagração, a proteção necessária aos objetos ali expostos. Depois de alguns minutos, o mestre voltou as palmas das mãos em direção aos objetos, como se estivesse redirecionando a energia recebida do céu. Logo após retirou de sua túnica seis sacos: três de tecido claro e outros três de tecido mais escuro. Dividiu os instrumentos nos dois sacos que pertenceriam a cada iniciado. Depois de entregues, aqueles instrumentos não poderiam ser tocados por mais ninguém além de seus donos, para não haver a interferência de uma energia externa e desconhecida.

Neste instante Ryann assobiou e a pequena coruja que passou todo o tempo no galho do carvalho voou e pousou delicadamente em seu ombro direito.[6] Mirdle perguntou a Hazel se já havia pensado sobre a possibilidade de manter-se na aldeia junto dos companheiros e ao receber a resposta afirmativa, a um chamado de Hazel, a sonolenta raposa foi se enroscar em seus pés.

Aileen levantou-se e pegou a sua lebre, pequena, clara e levemente acinzentada. Os iniciados estavam com todos os seus instrumentos e juntos do poder dos seus animais.[7] Estava completa uma parte do cerimonial. Mirdle estava profundamente emocionado e algumas lágrimas desciam por sua face. Parecia que toda a sua tristeza também aflorava.

Neste momento, todos fariam um pequeno intervalo até o início da segunda parte do cerimonial, que era a apresentação à comunidade de seus novos iniciados. A partir da apresentação eles estavam autorizados pelo Grande Deus e pela Grande Deusa a realizar certos tratamentos, receituário e também seriam os responsáveis por ensinar às crianças o primeiro contato com nossas crenças e nossas orações.

Os meninos, ainda em jejum, aproveitaram e se alimen-

---

6 Para nós, hoje este comportamento animal pode parecer estranho e até fantasioso, mas vivíamos em meio à natureza e os pequenos animais locais eram acostumados com nossa presença. Obviamente os animais que se aproximavam eram bem mais dóceis que os selvagens e já rodeavam a aldeia em busca de alimento e água. Mesmo nos dias atuais, em fazendas ou sítios, em torno de todo o planeta, vemos certas amizades entre humanos e animais que teoricamente não podem ser explicadas.

7 Assim chamado porque esses animais ajudavam a transmutar, ou transmudar, as energias negativas que os Sacerdotes tinham contato com os doentes e atendidos. Atualmente os felinos, mais precisamente o gato doméstico, realiza este trabalho junto dos seus donos.

taram com as frutas, os pães e bebiam da água que sempre havia no altar do templo, que era abastecido diariamente pelos ajudantes dos *druidas* com frutas frescas e secas, água limpa e alguns pães, pois várias pessoas que ali passavam, ou aquelas que faziam suas atividades religiosas naquele local sempre levavam uma fruta, ou as flores, que também eram trocadas sempre que necessário para completar as oferendas.

Mas, naquele dia, o altar estava preparado para uma festa e muito mais frutas, pães, bolos e flores enfeitavam toda a lateral da pedra. Era um dia especial para toda a comunidade e após o cerimonial todos comemorariam no salão ao lado do altar.

Depois de se alimentarem, os iniciados e os iniciantes sentaram-se novamente de frente ao altar e Mirdle realizou o Círculo Sagrado envolvendo os jovens, os seus instrumentos e ferramentas, os animais e ele próprio. A proteção era necessária, pois estariam expostos a vários tipos de energias com a chegada dos aldeões. Em completo silêncio, pouco a pouco, as famílias e os amigos dos jovens chegavam e sentavam; ainda era cedo.

Conforme os aldeões iam chegando, sentavam-se na parte externa e inferior do círculo; a parte superior, próxima ao altar, era destinada às famílias do grupo e aos eventuais *druidas* visitantes. A concentração e respeito dos presentes através do silêncio só eram quebrados pelo canto dos pássaros, invisíveis entre as folhas das árvores que faziam parte do templo.

Depois de todos se colocarem em comunhão com a natureza, teve início a segunda e última parte do cerimonial.

Era o momento da comunhão com o Criador e com os deuses e para os celtas a música era a linguagem dos deuses. Acreditávamos que a música era a forma que os deuses usavam para falar com seus protegidos, e nestas ocasiões a presença dos músicos era muito importante. Uma harpa e uma flauta iniciaram uma suave canção que embalou a todos os presentes. Quando Mirdle sentiu que a "plateia" também estava em harmonia com a canção e com a natureza, o mestre reinicia o cerimonial.

Dentro do Círculo, o *Druida* levantou as mãos à frente

do corpo e na altura do peito; mantinha as palmas das mãos para cima, ficando assim alguns instantes e depois pediu que Dierdre, Brigid e Ewan se levantassem e fizessem o mesmo que ele fazia, mas as mãos dos iniciantes não deveriam passar da altura da cintura.

Mirdle estava em pé no meio das duas equipes: os iniciantes estavam agora em pé às suas costas e os iniciados, sentados sobre os joelhos, estavam à sua frente. As doces notas da música o embalavam e em comunhão com o Criador, o velho *druida* pedia a iluminação de seus queridos iniciados.

A harmonia de pensamento e o silêncio presente atuavam como as orações faladas que hoje conhecemos, porém não era necessário recitar automaticamente nenhuma frase para manter a ligação. A comunhão com o Alto está no coração, no sentimento, não em palavras soltas, mas tenho que admitir que a religiosidade que possuíamos facilitava nossa concentração.

Hoje, Deus "vive" dentro dos templos e das igrejas e a grande maioria dos encarnados não percebe que Deus está em tudo e em todos os momentos, então para manter a concentração ou mesmo criar uma ligação com o Alto, se faz necessário recitar orações verbalizadas, mas não se enganem: Deus manifesta-Se pelo amor... Unicamente pelo Amor.

Um sutil sinal de Mirdle, e Dierdre saiu de suas costas e pegou o embrulho de tecido claro e com o pacote sobre as palmas das mãos, ajoelhou em frente a Aileen, que levantou e, em pé, passou as pontas dos dedos, indicador e médio, da destra na fronte da garota, da mesma forma que Mirdle os cumprimentava durante a iniciação – este gesto tinha um significado: "eu reconheço a tua alma, a chama divina de tua existência", e era usado apenas entre os sacerdotes e seus iniciados. Dierdre era uma iniciada de Aileen.

Aileen, com a mão direita, abriu o embrulho. Primeiro pegou o *triskle,* que naquela existência, não mais sairia de seu pescoço, e o cinto trançado. Amarrou o cinto à cintura e no meio dele havia uma ponta solta, onde amarrou a *triketra*. No embrulho ficou a cruz, que seria colocada no altar, no templo de Aileen.

Uma observação: a cruz celta somente ficava exposta nos altares particulares. Como a simbologia dizia, era no ponto central da união das hastes que existia a comunhão do espírito (do possuidor da cruz) com o Criador, não havia razão para a cruz ser colocada no altar do templo da aldeia, por exemplo. Muito mais tarde, quando os corpos mortos passaram a ser enterrados e não cremados, as cruzes eram fincadas nos túmulos, na altura do plexo solar (não na altura da cabeça como posteriormente passou a ser usada) e aí sim, a haste horizontal foi alongada. Naquela época, todos os aldeões tinham em seu altar familiar uma chama sagrada e uma pequena cruz. Com a modificação de alguns costumes, todos os aldeões passaram a ter a cruz e a chama sagrada pertencia apenas aos *druidas*.

A partir do dia seguinte, Aileen passaria a maior parte do tempo em seu próprio templo, que fora construído ao lado da casa de Atma, já há bastante tempo. Era uma pequena sala de pedra, redonda e sem janelas, com pouco mais de dois metros de altura. O telhado de madeira e cobertura de certo tipo de palha misturada ao barro, seguravam a chuva; propositalmente não havia portas. Um tecido fino mantinha a intimidade interna e à noite uma tábua do tamanho do vão, cuidava para o vento e a neve não entrarem, mas no verão o tecido bastava. Dificilmente alguém entraria no templo de um *druida* ou mesmo de um iniciado, sem ser convidado.

Logo após a entrada, o altar com face para o Norte — como eram construídos todos os altares — manteria a cruz, as pedras, a chama sagrada e as oferendas da iniciada. Uma mesa grande de madeira com bancos laterais e duas cadeiras, compunham a parte interna do templo.

No fundo, outra abertura levava para uma pequena área reservada ao plantio de algumas ervas que deveriam estar sempre a mão. Ao lado, uma pequena área coberta para suas assistentes trabalharem. Dierdre seria a única assistente de Aileen por enquanto; ela era sua primeira iniciante e somente a deixaria se ela também se tornasse uma iniciada ao sacerdócio, ou se assim desejasse. Nenhuma outra situação separaria a primeira iniciante de sua iniciada.

Aileen manteve-se em pé e Dierdre, novamente em pé, pegou o embrulho escuro onde estavam os bastões e as pedras. Ajoelhou-se e entregou a Aileen que pegou as pedras e colocou num pedaço de tecido escuro e unindo as pontas do tecido fez uma pequena trouxa, amarrando numa outra parte do cinto. Os bastões foram embrulhados novamente. Logo depois Dierdre pegou os caldeirões – pequeno e grande – e levou até os pés de Aileen e, desta vez, manteve-se ajoelhada. Aileen, após acomodar todo o material também se ajoelhou, agora com Dierdre de frente para ela; e o ritual seguiu com a entrega das ferramentas a Ryann e a Hazel.

Assim que os três iniciados estavam com seus instrumentos e símbolos, Mirdle entregou a cada um uma pequena guirlanda de miúdas flores brancas e roxas que eles colocaram na cabeça como uma coroa. A coroa de Aileen, por ser uma iniciada, tinha além de folhas, cordões de flores de alfazema, que desciam por seu cabelo cor de trigo maduro; na guirlanda dos rapazes não havia cordões e tinham mais folhas do que flores. A tradição dizia que as folhas das coroas dos iniciados eram sempre da macieira, árvore da cura e da emoção.

Os iniciantes também receberam uma guirlanda com flores do campo e folhas de carvalho, árvore do conhecimento. A guirlanda de Dierdre era quase totalmente branca, com muitas flores. Todos da comunidade possuíam suas guirlandas que recebiam as cores dos seus clãs e geralmente eram usadas nos festivais.

As guirlandas eram feitas de forma que o trançado das flores e das folhas podia ser substituído quando fosse necessário, mas nunca poderiam trocar as flores e folhas numa única vez. Era preciso trocar as flores e somente após quatro luas as folhas poderiam ser substituídas. Neste período a energia das folhas, seria absorvida pelas flores e quando as folhas fossem trocadas a energia seria mantida.

A cerimônia encerrou com os iniciados recebendo a chama sagrada das mãos de Mirdle. A chama, assim como a cruz celta, os bastões e as pedras ficariam sob o altar do templo de cada um. As pedras deveriam sair conforme a necessidade e sempre na trouxa amarrada ao cinto. Após o uso seriam limpas na água corrente ou na água salgada e ficariam sob a luz da lua, ou sob a chuva por uma noite, depois voltariam ao altar para novos atendimentos.

Mirdle entregou também a pedra particular de cada um, na cor azul, e abraçou calorosamente todos eles. Desfez o Círculo Sagrado e todos puderam cumprimentar os meninos. Assim que o povo da aldeia deixou Aileen, Mirdle a pegou pela mão e desceu em direção às casas. Andava mais rápido que o costume e não respondia as perguntas da menina.

— Mirdle, por que está correndo? O que aconteceu? Eu não pude ver minha mãe e nem Aullus!

Nenhuma resposta.

O silêncio pesava e Aileen não sabia se ficava assustada ou irritada, por não ter respostas para suas perguntas, e foi assim o caminho todo. Quando estavam chegando à frente da casa de Atma, Mirdle pegou Aileen pelos ombros e depois de um longo abraço, começou a responder todas suas perguntas.

— Aileen, Atma e Aullus não estavam na cerimônia. Eu temia que você percebesse, mas os deuses nos ajudaram e cegaram seus olhos — o *druida* estava ofegante. — Eles estão em casa.

— Por que, Mirdle? Por que eles não foram a minha cerimônia? – uma mistura de sentimentos invadiu Aileen.

— Atma está muito mal! Não sabemos mais o que fazer e penso que seu espírito está aguardando apenas o seu retorno para ela se despedir...

— Como assim? Se despedir?... E o que Aullus está fazendo aqui com ela? – Aileen estava confusa, sentia-se completamente perdida, sem rumo.

— Ela mandou chamá-lo. Aullus havia viajado para visitar Irina e ele chegou à aldeia alguns dias atrás. Atma passou muito mal numa noite e quando soube que ele já havia voltado da viagem pediu que eu o chamasse nos momentos que fosse necessária a minha presença junto a vocês no templo. Nestes últimos dias eu a deixei sob os cuidados de Aullus.

Eu confesso que não entendi, mas Atma sempre sabe o que faz. Não questionei e fui falar com Aullus naquela mesma noite, que ficou e está do lado dela até agora.

— Acho que não tenho forças, Mirdle — Aileen caiu num pranto convulsivo.

— Tem sim! — quase gritou o Mestre.

A conversa foi interrompida por Dierdre que chegava com os instrumentos de Aileen, e por Ryann, que esperava poder visitar a sacerdotisa. Ao perceberem que Mirdle conversava com a amiga e que ela chorava, tentaram desviar, mas Aileen os chamou.

— Dierdre, Ryann venham!.. Por favor, preciso de ajuda...

— Estou com você, Aileen. Sempre estarei... — Ryann pegou a mão da sua irmã de alma, enxugou suas lágrimas e entraram na casa de Atma.

Capítulo 21

Voltando ao dia em que cheguei da aldeia de Irina... Imaginei que terminaria meus rituais mais cedo no dia em que cheguei de viagem, mas quando eu saía do templo para seguir o caminho de casa encontrei Círio seguindo para a área do plantio; o dia para os trabalhadores da terra começava bem cedo.

— Olá primo, senti sua falta, mas as ervas nem perceberam que foram outras mãos que cuidaram delas: estão mais cheirosas e verdes do que você as deixa! – o menino ria gostosamente.

— Círio, senti muita falta da sua risada. Estão todos bem?

— Estão sim, mas venha comigo, quero chegar com você na hora do almoço. Quero que você veja com seus olhos como está tudo verdinho, verdinho. – o garoto saiu correndo.

Passamos a manhã vendo a plantação que crescia e realmente estava bem cuidada. Mostrei a Círio as novas mudas e sementes que eu trouxera, e que poderíamos replantar ainda naquela semana. Passou tão rápido que foi meu estômago que deu o sinal de que as horas haviam passado e já estávamos na hora de voltar para casa.

Fui recebido pelo meu tio com muito carinho e após todos se alimentarem, sentamos na frente da casa como todos os moradores faziam. As noites já apresentavam temperatura bem mais agradável e a conversa girava entre os preparativos do próximo festival e as expectativas do cerimonial da iniciação.

Eu me sentia muito desconfortável quando a conversa girava em torno dos iniciados, e sabia que todos tinham vontade de fazer muitas perguntas, mas não tinham coragem. Como sempre, foi Círio, em sua inocência infantil, que acabou matando a curiosidade de todos.

— Aullus, o que vocês pretendem fazer? Afinal, Aileen vai

ser a sacerdotisa da aldeia, como vocês vão formar família se ela vai fazer um monte de coisas? – o silêncio foi geral e todos me olhavam com rabo de olho, esperando a resposta e observando a minha reação.

— Círio, eu não tenho nenhum plano e acredito que Aileen também não! Vamos tentar saber e seguir a vontade da Grande Deusa — no fundo do meu coração eu não acreditava nessas palavras, embora eu soubesse que era exatamente isto que deveria ser feito.

Momentaneamente a resposta serviu, e todos voltaram a conversa para as festividades próximas.

Eu estava realmente cansado, pedi desculpas a todos e me retirei para dormir; meus ossos doíam. Na semana que se seguiu eu mantive meus pensamentos dominados e realizei minhas orações matinais. Sentia que novamente eu me conectava com os espíritos protetores e isso era muito bom.

Eu e Círio trabalhamos muito para preparar a terra que iria receber as novas mudas que eu havia trazido da viagem e como alguns legumes não eram plantados por ali, o meu cuidado era maior, pois a planta poderia morrer sem vingar, apenas pelo preparo errôneo do solo.

Faltavam quatro dias para o cerimonial e minha ansiedade aumentava, por isso dediquei todos os instantes ao trabalho, tentando manter o equilíbrio. Naquela noite eu estava muito cansado e pretendia acordar bem cedo e fui deitar logo ao anoitecer.

Estava a poucos dias de reencontrar Aileen e mesmo tentando manter o controle com o trabalho e as orações de proteção, era nesta hora que eu mais sofria, pois tinha que brigar com meus pensamentos que não tinham outro caminho além de ir ao encontro da imagem da minha doce amada. Demorei a pegar no sono e acordei com batidas fortes na porta. Assustado e ainda meio dormindo, fui abrir a porta para saber quem era. Era Mirdle.

— O que foi, Mirdle? Alguma coisa aconteceu com Aileen? Ela está bem? — a imagem do *druida* me despertou completamente.

— Calma, meu rapaz, não é nada com Aileen, mas com

Atma. Ela pediu para eu chamar você.

— Me chamar a esta hora? A sacerdotisa está muito preocupada com a filha? Acha que vamos partir e deixar tudo para trás? Ela deveria saber que não somos assim... Mirdle não me deixou terminar.

— Aullus, escute! Antes de julgar e condenar alguém ouça todos os argumentos e analise as diversas faces da situação. Você é infantil, ainda não aprendeu. — Mirdle quase gritava.

— Tem razão, Mirdle. Perdoe-me — abaixei o olhar. Fiquei muito envergonhado.

— Atma está muito mal, eu acho que ela está morrendo! Não sei exatamente o que tem, mas sei que ela escondeu todos os sintomas e as dores que sente. Sinto que ela está por um fio e pediu que eu o chamasse. E aqui estou eu, para chamar você, apenas isto — Mirdle não escondeu a tristeza e a surpresa por estar ali, naquela missão.

— É bem provável que ela esteja me chamando para jurar em nome da Grande Deusa que eu deixarei Aileen... Isso eu não farei!

— Aullus, eu vou falar novamente: você é infantil. Uma criança mimada e sem educação que não escuta e não enxerga as verdades que estão à sua frente — Mirdle não alterou o tom de voz, mas era duro, sério e não disfarçou a decepção que sentia enquanto falava.

— O mundo não gira em torno da sua barriga e as pessoas não ficam planejando ou imaginando situações para deter suas ações. Enquanto você não perceber que o único obstáculo em sua vida é você mesmo, seus passos não seguirão o caminho, ficarão dando voltas e voltas até enfraquecê-lo — respirou e prosseguiu: — Todos nós temos muito mais o que fazer do que ficar criando situações para atingir você, Aullus. Acorde!

Nós dois ficamos em silêncio, até que novamente me desculpei (era o que eu mais fazia), pelo julgamento precipitado.

— Mirdle, eu não sei o que pensar; afinal o que Atma iria querer de mim neste momento? Eu não sou iniciado, não tenho dons de cura e nada sei a respeito dos atendimentos; a única coisa que posso fazer, ainda assim sob as orientações

dela mesma, são remédios... – eu queria uma explicação e isto irritava Mirdle.
— Pegue suas coisas e vamos. Eu não posso dizer nada... Também não sei as intenções da sacerdotisa – o Mestre parecia arrependido de estar ali.

Quando saímos, encontramos Círio já em pé. E eu comentei que estava indo até a casa da sacerdotisa e que não sabia se eu poderia ir para o campo.

— Vá, primo, já está na hora de iniciar o seu verdadeiro trabalho! Com as ervas eu me entendo – sorriu e nem mesmo Mirdle entendeu o que o garoto quis dizer.

Segundo Mirdle, minha mediunidade seria um complemento à mediunidade de Aileen. Era como se eu fosse o enfermeiro e ela, o médico. Eu tinha a visão e Aileen curava, poderia ajudar muito em sua vida de sacerdotisa. Mas eu nunca enxerguei isto e nunca, nessa vida, me dediquei aos problemas alheios; minha compreensão era restrita aos meus problemas e isto só prejudicou o compromisso que abraçamos naquela época, e até hoje, com exceção de poucas existências, ainda vivemos em planos separados.

Quando um está encarnado o outro auxilia de outro plano, e é assim que será até o momento que estivermos completamente equilibrados quanto aos nossos sentimentos e não permitirmos que as más paixões e os equívocos interfiram em nossas responsabilidades assumidas. Esta situação não é, de forma alguma, um castigo, mas é sim, uma escolha nossa e muito consciente.

Segui Mirdle até a casa de Atma e assim que entrei, fiquei assustado com a aparência da sacerdotisa, que até bem poucos dias atrás aparentava gozar de boa saúde. Mirdle colocou uma das mãos em meu ombro passando-me forças para chegar perto de Atma. Ela parecia dormir, mas estava apenas com os olhos fechados, pois ao perceber nossa presença, disse quase num sussurro:

— Aullus, você deve ter o sono muito pesado... Vocês demoraram tanto que eu quase cansei de esperar... Minha alma anseia pela libertação! – Atma parecia não ter forças nem para falar.

— Minha sacerdotisa, perdoe-nos a demora, mas o que posso fazer para trazer algum conforto ao seu corpo, ou à sua alma? — Eu não sabia ao certo o que dizer.

— Mirdle, vá para os seus meninos e me deixe aqui com Aullus. Eu preciso conversar com ele, enquanto preparamos uma beberagem para mim.

O *druida* apenas movimentou a cabeça afirmativamente e me olhou como se estivesse pedindo para eu cuidar de sua irmã de alma e mantê-la entre nós. Eu assenti, mas não sabia exatamente o quê eu poderia fazer. Assim que Mirdle saiu, Atma abriu os olhos, fundos e apagados, e pediu que eu a ajudasse a sentar. Assim agi, e após a sacerdotisa estar comodamente instalada num banco grande que havia aos pés de sua cama, ela indicou que eu sentasse numa banqueta baixa que ficava aos seus pés.

Sentei, e segurando a ansiedade, esperei que ela começasse a falar.

— Aullus, nossa história não começou muito bem. Eu não queria que Aileen o encontrasse antes dela abraçar sinceramente o sacerdócio, mas o Criador, a Grande Deusa, sabe o que faz e se assim foi, assim deveria ser — Atma apontou para a jarra de água que estava em cima do altar e eu prontamente fui pegar.

Entreguei a ela o copo com água, que foi ingerido com certa dificuldade e entre um gole e outro, ela falava.

— Aileen tem o dom, ninguém pode negar ou ignorar tal fato. A notícia de suas curas já correu entre os clãs e muitos chegam aqui com seus doentes, esperando que um gesto da "garota druida", como alguns a chamam, os cure. Eu quero saber, Aullus: você compreende isto? Entende como estas pessoas chegam aqui e como saem? — fez uma pausa para descansar, e eu continuava em silêncio.

— Mesmo quando o doente chega aqui sem nenhuma condição de obter a cura, Aileen consegue trazer certo conforto e até felicidade ao parente que o trazia nos braços. Ela verbaliza a mensagem da Grande Deusa e com sua magia, tira a tristeza do coração da mãe ou da irmã, do pai, do irmão, do companheiro ou da companheira que fica, enquanto vê o ser querido partir e deixar sua "casca" para a natureza absorver. São momentos de tristeza e de despedida que se transformam em pura paz ao saberem que o ser querido teve seu espírito recebido pelo Criador, encaminhado por aquela doce criatura que é Aileen... Ela traz a cura para o corpo e para o coração... Aullus, eu quero que entenda isto e não permita que Aileen vire as costas para este dom. Não vou permitir que você seja o agente causador desta perda... Esta perda, Aullus, não será minha, será de um povo!

Eu não sabia o que falar ou pensar. Estas informações eram para me convencer da necessidade que o povo tinha? Eu devia dividir a minha Aileen com todos? Era isto que Atma a beira da morte física tentava me convencer? Enquanto vários pensamentos passavam pela minha cabeça, Atma continuou a falar com muita dificuldade.

— Talvez seja difícil para você entender tudo que eu disse, afinal você nunca viveu próximo a um *druida*. Imagina, mas não sabe como é abdicar da companhia do ser amado. Sair da cama em noites de chuva ou neve para atender alguém que poderia, aos seus olhos, esperar até o amanhecer. Ser sempre o segundo nas prioridades daquela que você ama e abdicar também dos filhos que eventualmente possam ter, pois eles devem ser criados pela comunidade. Os filhos de uma sacerdotisa são do mundo — Atma observava Aullus. — Esta, meu caro, será a sua vida. Você terá que abdicar dos seus sonhos e objetivos, Aileen seguirá sempre os desejos natos da sacerdotisa que nasceram com ela — fez uma pausa como se esperasse meu raciocínio.

— Você está disposto a esquecer de seus desejos de formar família, a favor do desejo de Aileen? Sabe que viverá à sombra dela?... Sempre? Você será feliz? Você abraçará os desejos dela como se fossem seus, em favor dos irmãos da comunidade?... Eu sei, Aullus, que você não tem a personalidade que se anula em benefício do outro. Você não tem esta bondade no coração, porque se tivesse já estaria usando a visão em benefício deste povo.

Eu sentia raiva de Atma, mas não iria responder. Eu não podia estragar tudo às vésperas da saída de Aileen do templo.

Além disso, ela não falava com rispidez, mas era sincera e dura, e tenho que admitir, eu era transparente para ela, como algumas vezes ela própria afirmara.

Não respondi. De cabeça baixa, sem encarar Atma nos olhos, eu só ouvia e não sei dizer ao certo se, naquele momento, eu entendia tudo que a sacerdotisa me dizia. A obsessão em ter Aileen nos braços, ao meu lado, me cegava e eu não conseguia pensar em mais nada. Atma continuava sua investida.

— Eu tenho uma proposta! Eu estou doente há muito tempo, e minha escolha foi continuar, sem alarde e sem conversas sobre minha saúde. Mas a doença já tomou conta de meu corpo, eu sei, e já não há forças para lutar e extinguir o mal que o corrói. Não sei se estarei neste mundo quando minha filha voltar, ou se terei mais um inverno, mas eu quero que você fique aqui e cuide de mim até o momento de minha partida para o invisível. Mesmo com a presença de Aileen, quero que você cuide das minhas necessidades para ela poder viver o sacerdócio... Talvez, se eu ficar até o próximo verão, você entenda a vida de uma sacerdotisa e tenha mais condições de escolher o que deseja, ou de entender o que estou tentando lhe mostrar e se não for pedir muito ao Criador, que nasça em seu peito a vontade de trabalhar com a visão ajudando a quem precise.

O pedido da sacerdotisa era uma ordem, eu não podia negar o que Atma solicitava. De alguma maneira ela tirou a decisão de nossas mãos, minha e de Aileen, e deixou bem claro o que ela pensava e desejava: ela queria que eu desistisse da "minha alma" e isto eu não faria. Eu tinha que manter a calma e depois falaria com Aileen... Iríamos embora daquela comunidade, era o meu pensamento e desejo e Aileen teria que entender minha posição!

Hoje, revivendo certos momentos, imagino como eu pude ser tão cego e tão cabeça dura. Eu não ouvia o que as pessoas me diziam e só entendia que todos me pediam para deixar Aileen. Mas nem Mirdle, nem Atma, nem as pessoas da minha família falaram que eu devia abandoná-la, mas todos me pediam para eu compreender o desejo dela em ser sacerdotisa, porque ao contrário do que eu imaginava, todos sabiam do meu desejo; mas se eu tentasse desenvolver a caridade em meu coração naquela época, muitas coisas em minha vida teriam sido mais fáceis.

Depois de longo silêncio, resolvi falar:

— Minha sacerdotisa, eu creio não ter como negar este pedido, mas não sei como poderei ajudar. Não tenho conhecimento sobre as propriedades das ervas, posso descrever seu crescimento, as que gostam do sol e as que preferem a umidade, mas não sei como aplicá-las nos remédios — eu pensava bem nas palavras, pois eu não queria citar o nome de Aileen; eu tentava mudar o rumo da conversa: — Sei que poderei ajudar se for preciso carregá-la, na manutenção da casa, ou ainda na realização dos rituais, mas Atma, nada além da força bruta.

— Aullus, eu sei exatamente como você pode me ajudar e quais as suas limitações no Conhecimento, não se preocupe. Quero que você vá para casa e converse com Denzel, seu tio, e diga que eu solicitei os seus serviços. Eu sei que você fará falta na plantação das ervas, mas daremos um jeito nisto depois. Fale com ele, pegue algumas roupas e venha pra cá. Vou pedir para as minhas auxiliares que arrumem sua cama aqui do meu lado. — Atma dava por encerrada a conversa, mas eu resolvi falar mais algumas palavras.

— Falarei, sim, com meu tio, ainda hoje, mas Círio, meu primo, tem ficado comigo no plantio das ervas e sabe como deve tratar com elas e com alguns legumes que trouxe da aldeia de Irina. Se minha sacerdotisa permitir, um dia por semana basta para eu orientar Círio e manter a plantação em ordem.

— Se é assim que quer, para mim não tem problema, e nos dias em que estiver ocupado com as ervas, Mirdle pode me ajudar. Assim será!

Mirdle havia saído dali, mas não foi para o templo falar com os meninos. Naquele dia, o mestre passaria o dia tentando fazer algum remédio que aliviasse a dor de Atma. Mirdle amava Atma, sempre amou e não imaginava seus dias sem ela. No dia seguinte passaria as orientações das etapas finais da iniciação.

Dali a três dias aconteceria o cerimonial onde Aileen se tornaria uma iniciada. Eu queria muito estar presente, mas como a presença de Mirdle era imprescindível no evento, eu teria que ficar com Atma.

Desde o dia em que fui chamado, Atma teve uma acentuada piora e cheguei a pensar que ela não resistiria e que sua alma partiria, mas ela era um espírito muito decidido e o desejo de ver a filha como iniciada parecia ser mais forte que a doença que tentava levá-la.

Aqueles poucos dias com Atma já haviam realizado algumas mudanças em meu íntimo e na manhã do cerimonial eu fiz minhas orações pedindo aos deuses que o Criador na sua face feminina, a Grande Deusa, iluminasse o caminho de minha alma e que ela não conhecesse outro sentimento que não fosse o amor. Eu mantinha meus pensamentos controlados e enviava a Aileen todo o meu amor.

Mirdle se dividiu entre o templo com os iniciados e Atma. Os últimos dias eram os mais trabalhosos e geralmente o mestre ficava com seus alunos, orientando e sanando as dúvidas que apareciam. Isto não aconteceu, pois Mirdle se dividiu entre as obrigações do *druida* — mestre com as responsabilidades do *druida*-médico.

No dia do cerimonial Mirdle saiu bem cedo, muito antes de nascer o sol, e Atma me solicitava a cada minuto e cheguei a sentir certa ansiedade em suas ações, mas o que ela desejava era manter-me ocupado, pois seria muito difícil, para ela, lidar com a *minha* ansiedade. No meio da manhã ela chamou querendo algumas frutas, água e que eu a ajudasse a sentar. Era a primeira vez que ela pedia algum alimento. Eu e Mirdle precisávamos brigar para ela comer metade de uma maçã e algumas frutas secas.

Isso me manteve ocupado e não percebi a demora de Aileen.

Quando eu jogava uma manta sobre os joelhos de Atma, Aileen entrou com os olhos vermelhos, denunciando que estivera chorando, e Ryann segurava sua mão. Não sei qual foi a minha expressão, mas senti o chão sumir de meus pés e meu primeiro impulso foi expulsar aquele rapaz dali. "Como ele ousava tocar na minha Aileen?", eu pensava isso e não cometi nenhum desatino porque Atma me segurou, percebendo, ou sentindo (quem sabe?), meu descontrole íntimo.

Fechei o punho e abaixei a cabeça, Aileen não podia perceber os sentimentos que rondavam meu coração, mas isso não ficaria assim, de forma alguma...

Eu encarei Ryann como um animal que luta pelo mesmo território. Ele abaixou os olhos sabendo que aquele não era o momento para um confronto sem propósito e eu encarei essa reação como se ele tivesse se acovardado diante do meu olhar... Senti-me mais forte.

O meu amor por Aileen era tão equivocado que naquele instante não consegui perceber o desespero em seu olhar. Aileen tinha pressa em falar com a mãe e não deixá-la partir sem saber tudo que havia descoberto em suas vivências. Um sofrimento doloroso a invadia e eu, preocupado comigo, só via as mãos de Ryann nas suas.

A cada minuto eu perdia as chances de crescer e não podia culpar ninguém por isso: naquela existência eu era constantemente avisado.

Capítulo 22

Aileen ajoelhou-se aos pés da mãe, meio incrédula, e por alguns segundos duvidou que fosse realmente Atma que estava ali. Sem forças, a sacerdotisa fez um grande esforço para afagar os cabelos da filha.

— Aileen, eu acreditei que você fosse uma iniciada mais forte! – havia na voz de Atma um carinho maternal que a filha nunca ouvira ou sentira... Ou será que nunca percebera?

— Minha mãe, por que você não avisou que precisava de tratamento? Você sabe que agora será muito difícil curar este mal – Aileen sentia que as lágrimas caiam por seu rosto como se tivessem vontade própria.

— Minha filha, eu sei que esta doença não tem cura. Talvez quando nossos *druidas* tiverem outros conhecimentos, quando o Criador achar que já estamos preparados para receber novos aprendizados, nós tenhamos condições de curar este mal; até lá, Aileen, temos que aprender a viver com as dores e com este mal sem volta – Atma falava com muita dificuldade. — Mas quero saber das suas novidades, como foi e como atuaram as vivências no seu íntimo?

— Ah! Minha mãe, eu acho que a minha maior descoberta foi entender o quanto eu fui vaidosa e egoísta. Como eu julguei as pessoas, tomando a aparência como verdade, sem perguntar, sem querer saber se você ou elas passavam por cima da própria dor... Eu apenas julguei... Mas vamos primeiro tratar você, mãe, e depois falamos sobre minhas descobertas.

— Não sei se adianta, ou mesmo se quero um tratamento. Reserve suas energias para quem tem esperança, Aileen. Apenas faça uma beberagem para amenizar a minha dor. Este aqui é néscio para preparar qualquer remédio — Atma apontava para mim e sorriu.

Foi então que Aileen se levantou e me abraçou e tudo

em minha volta desapareceu: Atma, Mirdle e Dierdre que entraram logo depois, a sala, as dores, tudo sumiu! Menos a presença de Ryann que eu sentia entre Aileen e eu. A minha mente doente sentia, não o meu espírito; e demorou muito tempo para eu saber diferenciar o que era produto da minha mente e do meu envolvimento espiritual, e o que era sentido pelo meu espírito, a intuição ou inspiração vinda dos espíritos amigos, ou dos deuses, como eu chamava os espíritos amigos na época.

Quando Aileen me soltou, eu ainda mantinha o olhar desafiador como um lobo marcando seu território e obviamente, eu pensei, o recado estava sendo entendido, pois agora ele vinha em minha direção, para um cumprimento de amigo. "Será que ele entendeu que Aileen é minha?", pensei.

— Aullus, que bom vê-lo por aqui – Ryann me abraçou... Senti que foi sincero da parte dele, mas novamente sobrepus o sentimento pelo julgamento errôneo de minha mente e encarei o abraço como um disfarce às reais intenções que ele tinha. Eu não duvidava disso! Ryann sentiu que não correspondi ao abraço com a mesma sinceridade, mas ignorou minha resistência.

— Eu estou morando aqui, Ryann, então acho que você me verá sempre – limitei minhas palavras, principalmente porque Mirdle e Atma estavam presentes, mas mandei o recado e marquei o território.

— Realmente, Aullus, você verá Ryann e Hazel sempre, pois eles ficarão juntos de Aileen nesta segunda fase de aprendizado ao Sacerdócio. Hazel aceitou nosso convite, já que sua aldeia é mais afastada, e Ryann será irmão de alma de Aileen no templo. Os dois iniciarão o treinamento como *druidas* desta aldeia – Mirdle esclarecia uma situação que eu teria que aceitar. – Assim como eu e Atma, os dois estão compromissados pelo sacerdócio e pela afinidade espiritual que possuem. Eles estarão juntos sempre, mesmo que algum dia, um deles abdique da vida sacerdotal — outro recado: mesmo que Aileen abdique da vida sacerdotal, Ryann não sairá da vida dela... Era uma informação direta para mim.

— Isto é o que vamos ver! – sussurrei quando eu estava

perto de Mirdle; não queria que Ryann e, muito menos Aileen, ou Atma, escutassem; acreditei que nem Mirdle houvesse escutado e quase congelei quando percebi os olhos de Atma em mim. Ela parecia ter o dom de escutar o meu espírito. Corri para o altar e enchi um copo com água; eu precisava desviar os rumos da conversa.

— Atma, eu quero que descanse. Vou me preparar e quer você queira ou não, faremos um tratamento — Aileen foi muito direta e usava um tom que não permitia nenhuma negativa, por parte da mãe.[1]

— Até que enfim vejo um lampejo da sacerdotisa iniciada! — Atma estava feliz e sorriu. Os olhos de Aileen encheram-se de lágrimas novamente, mas controlou-se; tinha que se preparar para realizar um tratamento, talvez o tratamento mais importante de sua vida... Estes momentos estariam sempre presentes em sua memória.

Aileen foi até Dierdre que estava com suas ferramentas e, junto de Ryann, saíram para a construção ligada à casa de Atma. Ali seria seu templo, mas era preciso consagrar e imantar, colocar a sua própria energia, para poder iniciar os trabalhos.

Mirdle e eu ficamos com Atma e tentávamos deixá-la mais confortável para receber o tratamento. Tínhamos muito cuidado, pois embora a sacerdotisa não reclamasse de absolutamente nada, sabíamos que as dores eram fortes e só aumentavam.

Ao saírem da casa, Aileen pediu a Dierdre que fosse até o templo da aldeia saber se Hazel poderia ajudar.

— Dierdre, precisamos de muita ajuda e não temos outros *druidas* por aqui então seremos nós: eu, você, Ryann, Mirdle... Aullus, se ele quiser ajudar; e se Hazel puder, será uma força a mais. Tem um parente de Hazel que mora no lado sul da aldeia, irmã de sua mãe Allana... Não sei qual o nome dela, mas procure pelo clã de Allana que alguém ajudará; se ele não estiver no templo, com certeza já foi para lá — Aileen falava

[1] Não usávamos constantemente alguns termos como "não senhora" ou "sim senhor" como hoje. O respeito para nós estava muito além de qualquer palavra dita. Hoje vemos muitos dizendo *senhor/senhora* por imposição, não por respeito. O respeito está no sentimento, nos gestos e nos cuidados que temos com alguém, não apenas num pronome de tratamento.

e pensava em como faria o tratamento. — Minha amiga, por favor, diga a ele a importância deste tratamento e peça que traga roupas para ficar por aqui e você também, traga roupas para morar comigo e com minha mãe. E Dierdre, conto com sua discrição.

A menina apenas acenou afirmativamente com a cabeça e saiu correndo. Aileen virando-se para Ryann, abraçou-o e pediu com os olhos marejados:

— Meu irmão de alma, me ajude! Estou desmoronando por dentro, fique comigo, não vá para o seu templo por enquanto. Eu sei que sua família já providenciou o seu templo, mas ajude-me a consagrar nosso espaço, trabalharemos juntos!

Diga a Semira, sua mãe, que temporariamente teremos um templo juntos, que resolvemos isto nas vivências, mas não fale, por enquanto, sobre Atma. Eu preciso saber e respeitar o que ela deseja, mesmo não concordando — era a primeira vez que Aileen se preocupava com os desejos da mãe, procurando não julgar.

— Aileen, eu não terei problemas em dizer a Semira que teremos um templo nosso, mas temos problemas mais sérios: precisamos da autorização de Mirdle e de Atma e acredito que esta atitude traga problemas entre você e Aullus — Ryann pegou as mãos de Aileen e pensou um pouco nas palavras que usaria a seguir.

— Minha irmã de alma, eu falaria até com os seres da escuridão para não fazer você sofrer e cuidar do seu bem estar, mas percebo que Aullus não aprova esta amizade. Isto me preocupa e me entristece.

— Eu sei, Ryann, mas Aullus precisa entender que minha vida já estava traçada muito antes dele aparecer. E não foi traçada por minha mãe, ou por Mirdle, foi decisão minha...

Você sabe o quanto eu sofri nas vivências pensando no que eu faria, que rumo tomar, e não posso enganar a mim ou a você: várias vezes a vontade de desistir passou em meu coração.

Aileen revivia certas passagens em seus pensamentos e esclarecia a Ryann algumas de suas atitudes.

— Naquela noite em que conversamos, algo mudou. Pensei muito nas suas palavras e descobri muitas coisas sobre mim, sobre minha mãe, as minhas vivências, você sabe disso! Hoje quando eu cheguei e vi minha mãe naquele estado... Talvez só hoje eu tenha realmente entendido o que as pessoas sentem quando colocam suas esperanças nos *druidas* — Aileen procurava as palavras.

— Ryann, Aullus é o meu amor, é a minha alma, mas não posso permitir esta interferência em meu sacerdócio. Se o amor que ele sente por mim não for capaz de entender nossa amizade ou as consequências da vida de um sacerdote, talvez...

— Aileen, tenha calma! – Ryann a interrompeu. – Vamos entrar e consagrar o nosso templo, para podermos atender Atma. Depois falamos com todos.

Eu estava ansioso, queria ir atrás de Aileen, mas Atma e Mirdle mantinham-me ocupado. Peguei e separei todas as ervas, fui buscar água fresca, troquei e limpei o altar de Atma colocando algumas flores, frutas frescas e secas, pães, bolos e tive um cuidado maior com a chama sagrada. Quando terminei Aileen entrava pela porta, com Dierdre, Hazel e Ryann logo atrás dela.

— Por favor, Mirdle, vamos nos preparar para a cura. Gostaria que você, irmão de alma de Atma, iniciasse o atendimento, mas eu sou a sacerdotisa aqui, não você – Aileen foi firme, mas tinha muita humildade na voz. Mirdle entendeu o que a iniciada queria.

Aileen sentou-se ao lado de Atma e com muito cuidado e com minha ajuda, abraçou a mãe como se a estivesse pegando no colo; eu fiquei sentado aos pés da sacerdotisa, mas no mesmo banco que as duas. Atma gemia baixinho. Ryann e Hazel se colocaram um de cada lado com as palmas das mãos em nossa direção. Dierdre, no meio, ajoelhou-se e recitava uma oração silenciosa. Mirdle, atrás de Dierdre, mantinha os braços abertos como se estivesse abraçando todos nós, e a um sinal de Aileen, ele orou ao Criador pela força que precisávamos naquele instante:

Pai Criador, em suas faces do Grande Deus e da Grande Deusa,
Pedimos que a renovação de nossas forças seja realizada.
Usa-nos, Grande Deus, para renovar as forças de nossa querida Atma.
Usa-nos, Grande Deusa, para renovar os votos de amor e de regeneração que este espírito sempre trouxe no coração.
Usa-nos, Criador, para ressaltar a plenitude de Tua criação e trazer a harmonia e a vitalidade para este corpo doente.
Derruba os muros e qualquer obstáculo que possa existir entre nós e Tua divina luz para que ela possa penetrar nosso pensamento e nosso corpo.
E que os pontos de escuridão de nosso espírito se voltem para a Tua presença, para serem iluminados e purificados.
Somos filhos de Tua luz!
Irradiamos a luz divina quando estamos em comunhão com o Teu Ser.
Somos intermediários de Tua vontade!
Somos intermediários de Tua cura!
Assim deve ser! E assim será!

Nesse instante, a minha visão se fez e eu percebi uma luz muito tênue iluminando a todos nós. Era muito clara, mas tinha nuances coloridas que mudavam de cor enquanto nos envolvia parecia ter vida.

Das palmas das mãos de Mirdle saíam dois feixes de luz completamente branca, muito alva, formando um círculo que nos isolava do resto da sala.

Olhei para Aileen e vi que havia um filete de luz entrando pelo alto de sua cabeça, e de seu peito um grande facho de luz envolvia Atma. As mãos de Aileen ficaram maiores e irradiava o verde intenso. Fiquei surpreso quando percebi a conexão fluídica entre ela e Ryann. Eu via o que Mirdle havia me explicado, a ligação espiritual dos dois no momento do atendimento.

Saía do peito de Ryann uma luz colorida e muito clara que

envolvia Aileen e Atma e de alguma maneira que não consegui perceber, Aileen retirava dessa luz o que ela precisava para aplicar em Atma. Sem gestos, sem palavras, apenas com sua disciplina de pensamento e com sua nobreza de sentimento. Atitude que uma sacerdotisa é treinada para realizar, mas se não for natural, não adianta muita coisa.

Percebi ao longo do corpo de Atma algumas manchas escurecidas, em certos lugares as manchas tinham aparência leitosa e se mexiam como se fossem seres independentes... Eu nunca havia visto aquilo! Prestei atenção e observei que conforme Aileen mexia suas mãos suavemente ao longo do corpo físico de Atma, como se estivesse lhe fazendo um carinho, ao passar por estas manchas, elas soltavam uma espécie de fumaça e ficavam mais claras. As manchas leitosas exalavam mau cheiro, mas também iam, a cada passada, ficando com cores nítidas e limpas.

Uma das manchas na altura do abdômen era maior que as outras e não era tão sensível às mãos de Aileen. Deduzi que era ali o foco principal da doença. Senti vontade de falar para todos o que eu via, mas em meus pensamentos, eu não fazia parte daquele grupo que ali estava. Só me aceitaram porque eu estava ajudando Atma, então não precisavam da minha ajuda. Resolvi me calar.

— Todos que estão presentes têm responsabilidades neste tratamento. Um desvio de pensamento, ou um sentimento errôneo e impuro, podem trazer consequências desastrosas e tornar completamente ineficaz o esforço do grupo – quando Dierdre terminou de falar eu sabia que o recado era para mim e num esforço voltei os pensamentos a Atma, mas mesmo assim mantive o silêncio sobre minha visão. Eu sabia que podia ajudar, mas não o fiz.

De repente a luz que envolvia e partia de Aileen "cresceu" e percebi as duas, mãe e filha, envolvidas numa redoma de luminosidade multicolorida que limpava e fortificava vários pontos do corpo de Atma. Vi a alma da sacerdotisa fora de seu corpo doente, envolta em vários fios luminosos, alguns tão finos e sutis que pareciam teias, esses fios a prendiam ao físico, mas eu não entendia como, e mesmo em sua alma aquela mancha escura na região do abdômen permanecia.

Alguns seres iluminados começaram a trabalhar na alma da doente, e a mancha foi se dissipando, mas não sumiu totalmente. Em movimentos rápidos, os enviados do Criador realizavam a cura no corpo pertencente à Grande Deusa.[2] Bastaram poucos minutos e o espírito de Atma retornava ao corpo que a natureza lhe deu. Aileen, em completa harmonia com as forças divinas, diminuía sua luz, e pouco a pouco minha visão percebia apenas o que os olhos da carne enxergam.

Quase imediatamente, Mirdle encerrava com um agradecimento. "Como ele sabe que o atendimento acabou?", pensei, logo que ele começou a falar. Com certeza era a intuição, a sensibilidade do velho mestre.

> Que as forças da natureza permitam o nosso restabelecimento, para novo atendimento, quando assim for necessário.
> Nossos sentimentos de gratidão ao Criador, que em suas faces de Grande Deus e Grande Deusa, nos envia o éter da harmonia, da cura e da luz.
> Em comunhão nos despedimos e em comunhão sempre estaremos.
> Nosso corpo é o nosso Templo!

Após beberem água e comer algumas frutas secas, todos se fortaleceram. Aileen pediu uma tina de água doce morna e outra com um pouco de água salgada. Ela e Dierdre completariam o tratamento com um ritual do Elemento Água, onde pediam aos elementais, as ondinas e as sereias, que lavassem os males daquele corpo. Depois, com a minha ajuda, colocamos Atma na cama e ela dormiu profunda e serenamente.

Não tínhamos vontade de falar absolutamente nada e percebi que minha mente também estava calma. Eu precisava falar e estar com Aileen, mas naquele instante eu só queria dormir, mais nada.

Ryann e Hazel temporariamente foram para o templo de Mirdle. Aileen foi para o seu templo e após acomodar Dierdre fui para o lugar que era meu nos últimos dias: ao lado de Atma.

---

2 Perispírito

Capítulo 23

Acordei bem cedo, Atma ainda dormia tranquilamente e aproveitei para realizar meus rituais. Quando terminei, senti forte cheiro de ervas, e vi Aileen entrando com uma jarra fumegante.

— Bom dia, Aullus! Como passaram a noite? – Aileen deixou a jarra no altar de Atma e veio em minha direção.

Eu a beijei longamente e ficamos assim, namorando, se tocando, permitindo que as emoções represadas aflorassem. Eu a amava com todas as minhas forças, ela era a minha alma.

— Bom dia, minhas crianças! – escutamos Atma falando e pelo tom usado, percebemos que ela sorria.

Viramos e nos deparamos com Atma bem mais forte que no dia anterior. Ainda muito fraca e com dores, mas suas faces tinham mais cor e o brilho dos seus olhos parecia voltar. Corremos até ela.

— Acho que a Grande Deusa resolveu ouvir você, Aileen, e me deu mais algum tempo — Aileen sorriu e abraçou a mãe.

— Quero que vocês me ajudem a realizar meus rituais. Preciso sentar. – Atma era outra pessoa, mesmo ainda não tendo condições de levantar e precisar de apoio para se virar ou sentar na cama.

— Mãe, eu sei que esta não é exatamente a ordem das coisas, mas primeiro você vai comer algumas frutas, tomar uma tintura de ervas que fiz e depois fará suas orações. Não conseguirá ir até o fim sem fortalecer o físico. A alma é muito importante, nossa harmonia com o Criador e Sua manifestação através das forças da natureza também, mas se não tivermos um corpo forte a alma o abandonará – Aileen dava ordens a Atma numa docilidade que era impossível ignorar e a sacerdotisa sorriu e aceitou as frutas e o preparado.

Ajudamos Atma a realizar seus rituais na forma mais curta, que consistia nas orações de agradecimento à vida e ao Criador. Encerrando com uma meditação curta de manutenção da centelha divina, ou da chama sagrada.

Quando Mirdle e Dierdre chegaram, a Sacerdotisa já estava confortavelmente sentada numa cadeira em frente a sua casa, recebendo o sol da manhã.[1] Diante do sorriso dos dois, Atma também sorriu e disse:

— Acredito que nossa *garota druida* tenha realmente seus méritos.

— Sim, minha senhora, o dom de nossa garota não deve ser ignorado – Mirdle olhou para mim e sorriu. Sua felicidade em ver Atma melhor era visível.

Dierdre abaixou e fez uma reverência na frente de Atma e depois abraçou a amiga. Sentamos todos em volta de Atma e Aileen aproveitou o momento para falar de suas intenções com Mirdle e Atma.

— Mirdle, Atma, preciso conversar com vocês sobre algumas decisões que tomei, mas preciso de autorização, pois não sei se a minha decisão terá consequências. Além da autorização de vocês *druidas,* eu preciso definitivamente acertar meu futuro e quero fazer isto agora, junto de todos.

— Mas Hazel e Ryann não estão... – eu tentava sondar o que Aileen iria falar. Sentia-me traído por não saber e participar das suas decisões. Ela deveria falar primeiramente comigo. Eu não deveria saber de suas decisões junto de todos. "Afinal, eu sou ou não a pessoa mais importante da vida dela?" pensei.

A pessoa mais importante na vida de Aileen era ela própria e eu demorei algumas vidas para entender isso. Somente quando damos a devida importância aos nossos sonhos e desejos, aos nossos próprios sentimentos, temos condições de entender e auxiliar o próximo.

— Não estão e não tem problema, porque uma parte do assunto eles já sabem – Aileen me olhou e percebi certa reprovação à minha interrupção.

---

[1] Sabíamos dos benefícios do sol, não como se sabe hoje claro, mas percebíamos a força que o sol transmitia principalmente aos doentes mais idosos. Recebíamos as forças do sol e da lua, o masculino e o feminino, mais uma vez, harmonizando uma parte da natureza: nosso corpo.

Ao ouvir a explicação tive que me controlar, afinal ela estava afirmando que eu não podia participar de suas decisões, mas Ryann já sabia e isto me incomodou mais ainda. Mesmo sem olhar, senti os olhares de Mirdle e Atma sobre mim; abaixei a cabeça e me conformei em escutar, era o que eu iria fazer: só escutar, eu decidi.

— Eu sei que as famílias dos iniciados sempre reservam um local onde funcionará o templo individual do futuro *druida*, mas as coisas este ano começaram a ser diferentes quando Mirdle convidou Hazel para ficar entre nós e deixando claro para mim que pelas minhas dúvidas eu não seria escolhida para seguir a segunda fase da iniciação... Mirdle deixou claro que eu ficaria aqui apenas pelo amor que meu povo tem por mim e não por mérito.

Isto me feriu bastante, mas sei que Mirdle estava certo, afinal ele não podia desperdiçar tanto tempo de treinamento com alguém que não sabe o que deseja e eu, naquele instante, realmente não sabia... Melhor dizendo, naquele momento creio que eu estava mais na estrada da desistência do que na estrada do sacerdócio. — Atma e Mirdle prestavam muita atenção e eu permanecia de cabeça baixa, mas meu coração deu um pulo diante da suposta desistência de Aileen. "Será que ela estava anunciando sua desistência ao sacerdócio?", pensei e gostei da ideia de tê-la unicamente para mim. A possibilidade de irmos embora dali, deixando tudo para trás, voltou a tomar seu lugar em meus pensamentos.

Aileen reiniciou seu relato e eu rapidamente voltei a prestar atenção, eu não podia perder nenhuma palavra.

— Antes de terminar a iniciação, pensei que eu teria alguns dias para pensar e analisar tudo que passei nas vivências: minhas descobertas, as decepções, dúvidas... Mas, novamente a Grande Deusa reservou situações delicadas e graves para mim, talvez para mostrar a necessidade da real responsabilidade sobre nossas escolhas. Mais uma vez não foi possível eu ter o tempo que desejava para tomar uma decisão. Passei por sete vivências e não decidi...

Mais uma pausa, Aileen agora em pé, andava de um lado para outro e em nenhum momento fixou meus olhos.

— Diante de minhas dúvidas e incertezas, da minha completa insegurança talvez fosse preciso uma oitava vivência, e a Grande Deusa assim providenciou. E foi a vivência decisiva!
— Aileen parecia analisar o que havia sentido e como passaria sua experiência.

— Eu sempre estive do lado daqueles que atendem os doentes. Sempre acompanhei você Mirdle, e você, Atma, nos atendimentos e a minha vontade em compreender o lado do atendido, permitia que eu sentisse a necessidade que ele vivia. Era o que eu acreditava... Ao sair do templo, ontem pela manhã, e saber que a alma de minha mãe estava de partida, me fez compreender realmente o que o atendido sente e vive.

— Você modificou a tua visão do atendido, Aileen? – perguntou Mirdle.

— Completamente, mestre... Completamente! Percebi que meu entendimento era muito restrito.

Eu achava que realmente compreendia a necessidade daquele que procura ajuda. Mas não levava em consideração que para alguns, os *druidas* desta aldeia significavam a última esperança, e eu mesma, sem atender ou sentir o doente, cheguei a conversar com alguns aldeões que aqui chegavam, dizendo que não havia mais meios de ajudar o ser querido, e que ele devia permitir que a alma do doente partisse, que o Criador com certeza o receberia de braços abertos.

O Criador realmente recebe Suas criaturas de braços abertos, mas de certa forma eu não confiava no poder desse Criador, era eu que julgava o estado do doente, e era *eu* que decidia quem devia ou não ser atendido...

Ontem percebi o quanto o coração sofre com a partida, mesmo sabendo que nossos queridos serão recebidos pelo Criador e que estaremos sempre juntos, mesmo havendo o limite entre os mundos visível e invisível. Mas precisamos saber que a decisão é do Criador não do *druida*.

A minha grande dificuldade, ontem, foi trabalhar como sacerdotisa e domar meus sentimentos de filha – os olhos de Aileen estavam marejados, mas a necessidade de expor seus sentimentos era maior. Controlando-se, ela continuou sua narrativa:

— Controlar esses sentimentos e colocá-los no devido lugar para não interferirem no atendimento, foi um grande desafio. Porém o mais doloroso foi perceber que se alguém chegasse até nossa aldeia procurando atendimento com alguém nos braços, em estado igual ao de Atma, eu provavelmente não teria realizado o atendimento e ajudaria na libertação do espírito do doente. Nesta manhã, percebi o quanto sou ignorante nos caminhos do Criador e que muitas coisas acontecem para despertar nossa consciência interna, nossa centelha divina... Que não julga; que não sabe; que não ignora; que não desampara, mas que simplesmente ama!

Nova pausa e todos, pensativos, mantinham o silêncio. A palavra era de Aileen:

— Em tudo que acontece existe uma causa, um aprendizado e diante desta vivência extra, tomei a decisão de seguir a estrada do sacerdócio. Eu, que nunca tivera dúvidas sobre meu caminho, tive que passar por esta lição para entender que só serei feliz se eu puder harmonizar dentro de mim a filha, a iniciada, a irmã de alma, a Mestra, a mãe e viver com a minha alma, Aullus — levei um susto, naquela altura das suas decisões: pensei que eu não fizesse mais parte dos planos de Aileen. Peguei suas mãos entre as minhas e as beijei ternamente.

— Aullus, minha alma, eu peço que entenda a autorização que solicito agora para Mirdle, meu mestre e para Atma, a sacerdotisa — fiquei olhando para ela e tentei escutar sem interferir, Aileen com certeza diria alguma coisa que eu não iria gostar ou teria dificuldades para entender. Diante de meu aceno ela continuou.

— Ontem eu e Ryann consagramos o *nosso* templo. Conversamos antes de atender Atma e resolvemos, de comum acordo, que nós dois, temporariamente, teremos um único templo. Como Mirdle já comentou, somos irmãos de alma e nossa amizade deve superar qualquer sentimento baixo para atender a todos os necessitados. Além disso, temos dons que se completam e isto só irá fortalecer os tratamentos, portanto peço permissão aos *druidas* para atendermos num único templo, eu e Ryann, e se Mirdle concordar, Hazel poderá também ficar aqui até sua partida.

Quando terminou de falar, era Aileen quem apertava minhas mãos entre as suas e, com uma súplica no olhar, pedia o meu apoio. Fui o primeiro a falar:

— Não sei se terei forças para viver deste jeito; afinal você ficará mais próxima de Ryann do que de mim. Também não posso mentir, dizendo que sou indiferente ou que aprovo seu relacionamento com Ryann, embora eu tenha a mais absoluta certeza que seus dons se completam e que ele a fortalece. Mas tentarei com todas as minhas forças superar este sentimento que só traz sofrimento, afinal a minha vida sem você, minha alma, ficará muito triste e vazia — eu fui sincero, mas muito polido. Intimamente tinha vontade de gritar com Aileen.

— Eu o entendo e respeito, irmão Aullus, e creio que você não deve ficar alheio ao nosso trabalho, pois percebi que você tem a visão e pode nos ajudar muito — era Ryann quem, ouvindo o final da conversa, deduziu o que Aileen falava a todos.

— Enquanto estávamos nas vivências percebi que nós três, eu, Aileen e você, Aullus, podemos nos ajudar e nos completar... Poderemos ajudar muitos necessitados.

Eu não respondi, só acenei com a cabeça, mas pensei que dali em diante eu tinha que tomar cuidado com minhas Visões, eu não queria que todos soubessem delas e me cobrassem a suposta ajuda como Ryann acabara de fazer.

Atma e Mirdle, ainda em silêncio, analisavam tudo e todos, e após um intervalo de tempo bem razoável, se manifestaram. Atma falou primeiro.

— Aullus continuará cuidando de mim e será ele que guiará minha alma quando eu partir para o invisível; isto é um desejo e deverá ser respeitado. Quanto a um templo com os três iniciados, acho que podemos experimentar, assim terei todos vocês, e principalmente meu irmão de alma, Mirdle, sempre próximos. Mas precisamos passar todas as informações a Arkell. Como rei, ele precisa saber de nossas decisões e modificações, pois elas podem interferir em alguns comportamentos daqui pra frente.

Embora os *druidas* fossem a autoridade máxima na parte dos treinamentos e atendimentos *druidas*, o rei tinha que saber de todas as decisões para manter a paz e o bem estar da comunidade. Ser pego de surpresa sobre alguma situação poderia ser o início de grandes problemas.

Mirdle pediu a Arkell que viesse até a casa de Atma para falarmos e numa pequena reunião entre os sacerdotes, Aileen e Ryann, as novas decisões foram informadas. Hazel não participou da reunião, pois logo partiria, e por isso, eu não me senti tão isolado do grupo. Mas só fiquei mais a vontade quando Semira e Breno, a mãe e o irmão mais novo de Ryann, chegaram e ficaram conversando comigo, Dierdre e Hazel.

Quando a reunião terminou, ficamos todos em volta de uma pequena fogueira à frente da casa. Estavam todos felizes e eu destoava naquela felicidade; definitivamente Aileen não entendia minha posição e meus desejos e nem eu os dela, mas em minha mente doente pelo orgulho e ciúme, ela tinha que me entender, pois eu estava certo. A minha maneira de viver era a certa... "Por que ela não entende isso definitivamente?", era o que eu pensava.

Aileen chegou perto de mim e me puxou em direção ao seu templo. Segui muito contrariado, não estava com vontade de falar com ela naquele instante, mas como precisávamos conversar, acabei cedendo.

Entramos no templo e nos sentamos num banco para duas pessoas que ficava encostado logo na porta de entrada. O cheiro me fez lembrar a primeira noite que passamos juntos. Ao lado do banco estava o altar e as duas chamas queimavam uma ao lado da outra. Esta visão manteve minha irritação.

Fiquei um pouco sem jeito, mas sentei no banco e Aileen, em pé a minha frente, me beijou apaixonadamente e nos entregamos à paixão, que nos envolvia e manipulava de forma irracional.

Capítulo 24

Por alguns instantes, esqueci toda a amargura e raiva que acalentei naqueles dias. Por um tempo ficamos ali, compensando o tempo que ficamos longe um do outro. Sem falar nada, apenas aproveitando a presença do outro, o contato dos corpos, mas a realidade batia à porta e era necessária a conversa que eu insistia em não ter.

Eu tentava, com meus beijos e abraços, sufocar a vontade de Aileen de falar e tornar real uma situação que ainda vivia apenas em nossos pensamentos. Mas não adiantou e em determinado momento, Aileen se afastou de mim, me empurrando com firmeza, mas com docilidade; ela não foi agressiva, nem em suas palavras.

— Aullus, eu preciso que você me escute...

Bastou esta reação para todos os pensamentos e todos os sentimentos presos, surgirem, aparentemente com mais força.

— Escutar o quê, Aileen? Que você mudou o que havíamos combinado? Que você decidiu sozinha a nossa vida? Que não teve a decência de cumprir nosso trato?

— Por favor, Aullus, escute... – ela ainda mantinha o mesmo tom calmo e doce.

— Não, Aileen, eu não tenho nada para escutar. Tudo já está muito claro e decidido. Nós, na noite do festival, combinamos que guardaríamos segredo de nosso amor. Que falaríamos com todos depois de tomar uma decisão *juntos*. Eu não sei o que aconteceu no templo de Mirdle, mas você resolveu e decidiu tudo sozinha, inclusive a minha vida!

— Não é bem assim Aullus! O quê você faria se estivesse em meu lugar? Eu descobri muitas coisas a meu respeito na iniciação e encontrar minha mãe deste jeito... Eu precisava fazer alguma coisa. – Seu tom era firme, mas muito calmo e isto me irritava mais ainda.

— Você poderia curar Atma, só isso! Não precisava trazer Ryann, não precisava dividir o templo com ele... Não precisava decidir agora, seguir o sacerdócio. Você podia conversar comigo antes, saber o que eu penso e o que eu desejo, mas não! O egoísmo tomou conta e você só enxergou a si mesma, esquecendo que eu estava no mesmo barco que você. Eu não sou sua alma!

Algumas lágrimas desceram pela face de Aileen e eu, ainda envolvido por entidades agressivas, e enraivecidas, completamente afins com meus sentimentos, não me importei. Nos meus pensamentos atrapalhados, ela precisava ouvir umas *verdades* e eu fui o instrumento.

— Aullus, me escute só um minuto, por favor. Eu não esperava de sua parte esta atitude, mas você está certo. Sentindo e pensando assim, você não é a minha alma. Eu sofri muito no templo, e quase atrapalhei Dierdre em sua iniciação ao Conhecimento. Por tudo que expliquei, percebi a minha responsabilidade diante da Grande Deusa em trabalhar como iniciada até me transformar em *druida*.

Sinto muito que você torça o sentimento que une, eu e Ryann, e que vire as costas para a visão que você possui; isso poderia ajudar a todos, principalmente a você mesmo.

Eu estava quieto e escutava. Alguma coisa em mim começava a se arrepender de tudo que eu havia dito. Aileen começou novamente a falar.

— Acho que é neste ponto que nossos caminhos se afastam, Aullus. Não posso continuar com alguém que não entenda e apoie meus desejos. A minha alma, assim faria. Por favor, saia deste templo e não entre mais aqui. Este local é sagrado para mim e para Ryann, além de ser um local sagrado de amor, atendimento e meditação. Não cabem aqui sentimentos estranhos e mesquinhos.

Aileen foi muito dura e não me olhou enquanto eu, sem dizer nada, simplesmente saí. Na porta, encontrei Mirdle e Dierdre que entravam no templo. Abaixei a cabeça e fui para minha cama, ao lado de Atma. Minha vontade era sumir.

Atma parecia dormir e sem fazer barulho me deitei. Lágrimas quentes e silenciosas ardiam em meus olhos. Fiquei ali quieto até que todo barulho do lado de fora acabasse, apenas o barulho da noite ficou como companheiro de meus pensamentos doentes. O silêncio foi quebrado pela voz fraca de Atma.

— Não adianta remoer, Aullus. Agora parece irreversível, mas era preciso falar tudo que estava na alma. Daqui a alguns dias, vocês compreenderão o que cada um quis dizer e o que os preocupa realmente. O que pode ser superado e o que não poderá ser esquecido. Isto, meu filho, é o movimento do crescimento.

Não falei nada, só ouvi o que Atma dizia. Ela estava diferente, eu podia sentir. Percebi o quanto uma doença pode mudar o íntimo daqueles que convivem com ela, seja o doente, a família, os amigos, todos aprendem. Atma aprendia, assim como Aileen, Mirdle e eu... A família que Atma, pouco a pouco, construía!

No dia seguinte, Atma me liberou para ficar com Círio por uma semana. Aileen e Ryann somente começariam os atendimentos e o trabalho como sacerdotes iniciados após o Festival do Fogo; até lá eles poderiam cuidar dela. Antes de sair fui me despedir; aproveitei que estava sozinha, pois eu não queria ver mais ninguém.

— Aullus, meu filho, faça suas orações. Não se afaste dos amigos do invisível neste momento tão conturbado. Você precisa das forças do Grande Deus para se harmonizar. Se você não me ouve como mãe, ouça como sacerdotisa e cumpra a ordem — percebi um pequeno sorriso. — Acalme seu coração e não sofra por coisas que ainda não aconteceram e que você nem sabe se irão acontecer.

Aileen o ama, com todos os seus limites, tenha a certeza disso; tenha certeza também que você precisa amar Aileen da mesma forma, com seus defeitos e virtudes. Qualquer modificação deve ser consequência, não imposição.

Não falei nada e saí. Eu voltaria depois do Festival do Fogo.

Toda a aldeia se preparava para o Festival do Fogo. Todo aldeão fazia uma pequena fogueira em frente de casa e em todos os montes que circundavam a comunidade teria fogueiraras. A festa encerraria a noite com uma grande fogueira, ao lado do templo da aldeia, onde todos se reuniriam.

O elemento fogo, responsável pela transformação dos sentimentos e situações, vinha por toda aldeia, para transformar ou amenizar o inverno, que seria a próxima estação. O inverno era um período muito difícil. Os alimentos ficavam bem reduzidos, as doenças proliferavam de forma assustadora, e sem muita estrutura, muitos morriam de fome ou frio. Assim, nos preparávamos bem antes para esta época e pedíamos aos deuses que nos aliviassem o fardo. Simbolicamente, para nós, o fogo poderia transformar o inverno rigoroso numa estação mais amena.

No dia do festival, antes de ir para o templo, fui até a casa de Atma, pois sentia uma necessidade, inexplicável para mim, de falar com a sacerdotisa. Naqueles dias em que cuidei dela, convivemos muito próximo e criamos laços fortes de amizade.

Assim que entrei, vi Aileen voltando dos fundos da casa com um maço de ervas. Apenas acenei com a cabeça, num cumprimento sem muito sentido, já que minha vontade era de tê-la nos braços.

Aileen retribuiu o aceno e nada falou; passou por mim e seguiu, provavelmente para seu templo. Seu perfume me envolveu e quase fui atrás dela, mas meu orgulho era muito maior e mais forte que qualquer outro sentimento. Segui até a cama de Atma e peguei sua mão para cumprimentá-la.

— Aullus, que bom que você veio até mim. Senti sua falta. — Embora suas palavras fossem mais doces que o normal, o tom seco e firme continuava.

— Eu também, minha senhora, senti muita falta das suas palavras – eu estava sendo muito sincero.

— Você voltará hoje?

— Não, minha senhora. Hoje ainda ficarei com Denzel, mas amanhã até a noite estarei de volta. Devo deixar algumas recomendações para Círio, que nesta semana esteve mais por aqui do que eu – sorri meio sem jeito.

— Diga-me por que, Aullus... Meus sentidos não estão tão afinados como antes.

— Círio está interessado em Dierdre e eles têm se encontrado bastante nestes dias em que estive longe. Soube inclusive do seu estado por ele, que sempre levava notícias. Acho que Ryann e Aileen fizeram um bom trabalho – sorri tristemente.

— E desta forma você soube notícias de Aileen, mesmo sem perguntar ou procurar, estou certa?

— Seus sentidos ainda estão muito bem afinados Atma, não pode negar isto – sorri.

Fiquei até o anoitecer com Atma e segui direto para o templo para as festividades finais. Círio e Dierdre entraram para ficar com Atma e eu saí. Durante todo o caminho fui pensando no último festival, quando eu e Aileen nos encontramos. Eu tinha a sensação de já ter se passado muito tempo, às vezes parecia até outra vida...

Assim que cheguei ao templo encontrei-me com Denzel, Irina, Angus e Flynn. Líria havia ficado, pois começava a ficar difícil, pela gravidez, ela andar de uma aldeia para outra. Nenhum deles tocou no nome de Aileen e eu agradeci intimamente, mas estava ficando sufocante ficar longe dela.

Afastei-me de todos e fiquei perto de Mirdle, na intenção de vê-la. Com certeza, como iniciada, ela estava ajudando nos rituais de encerramento do festival. Não a vi durante todo o evento; quando Mirdle deu por encerrados os rituais e deu permissão a todos de seguirem para o salão, Aileen apareceu como por encanto atrás de mim. O som de sua voz num primeiro momento me assustou, mas em seguida não me contive e a beijei.

— Você está bem? – ela perguntou.

— Aileen, perdoe minha cabeça dura! Não consigo, mesmo querendo, viver longe de você. Sinto falta de sua voz, de seu cheiro... Ficamos tanto tempo separados para isto? Ficar separados? Brigando?

— Eu também sofro longe de você, minha alma, mas não podemos conviver com tantos problemas entre nós, tantos desajustes. Temos responsabilidades assumidas e, de alguma forma, teremos que conciliar o meu sacerdócio com nosso amor.

— Os desajustes são meus, eu sei. Pensei muito nestes poucos dias e você tem razão: eu preciso dominar meu ciúme de Ryann; aceitar que ele é seu irmão de alma e que, como eu, ele também viverá sempre perto de você – conforme eu falava, a raiva tomava conta de mim; precisei lutar para manter o mesmo tom de voz e não denunciar o que realmente sentia.

— Mas o principal você não disse Aullus, talvez porque você não entenda: eu amo você! Ryann é meu irmão, é o complemento no trabalho de sacerdote. E você, não trabalha junto de nós, porque não quer! Você tem a visão e não a usa em benefício de ninguém, nem de si mesmo.

— Está certo! Amanhã eu volto para o lado de Atma e preciso viver em paz com vocês – eu encerrava o assunto e mais uma vez tentava esconder duas situações delicadas: a minha falta de vontade em usar a visão para ajudar quem quer que fosse, e o meu desejo em manter Ryann longe de nós.

— Atma não ficará muito tempo entre nós, Aullus. Cuide bem de sua alma que partirá em breve.

Aquilo me pegou de surpresa e foi o primeiro sinal do quanto a partida de minha sacerdotisa mexeria com meus sentimentos.

— Aileen, eu farei tudo o que for possível para a alma de minha senhora partir em paz. Eu devo isto a ela. Mas quero ficar junto de você, quero tentar novamente ficar ao seu lado. Desta vez não vou interferir nas suas decisões e nem cobrar nada, principalmente que você deve compartilhar tudo comigo antes, mesmo sobre os assuntos de que por teimosia eu não queria participar.

Aileen apenas me apertou em seus braços e voltamos para casa. Dierdre e Círio cochilavam ao lado de Atma, que ao nos ver entrar abraçados, sorriu.

— As emoções de vocês, meus filhos, devem estar muito ligadas aos festivais, não é mesmo? De qualquer maneira, fico feliz por vocês estarem tentando se entender. Agora vão dormir, porque amanhã começa uma nova etapa em nossas vidas – Atma estava bem ativa e isso tirou de minha mente as palavras que eu ouvira de Aileen a pouco sobre sua partida.

Eu e Aileen fomos para o antigo quarto onde ela dormia. Ela não comentou, mas deduzi, e era muito provável, que Ryann estivesse no templo deles. Não perguntei e nem citei o seu nome, alguma coisa me dizia que seria melhor assim, e foi o que fiz.

No dia seguinte, antes do sol nascer eu já corria para casa de Denzel para terminar minhas obrigações e voltar em tempo de ajudar Atma nas suas orações diárias. Quando a ajudei para se levantar, percebi o quanto ela estava fraca. Muito magra, não se mantinha em pé sem apoio e deu para notar o quanto ela ainda sentia dor.

Pela visão percebi que a mancha na altura do abdômen continuava e crescia, dava a impressão que tomava conta de quase todo o tórax. Vi também alguns seres escuros grudados na cama e um deles pulou e grudou-se em mim.

Quase deixei Atma cair no chão e comecei a me debater para tirar aquela coisa de mim. Atma me olhou firmemente e disse:

— Aullus, não adianta fazer isso, ore e peça ao Criador e aos espíritos amigos para levarem este ser ignorante – eu nunca soube se Atma também tinha a visão ou se suas interferências eram baseadas apenas na intuição.

Parei, praticamente paralisei, e de forma instintiva pensei numa oração qualquer, mas não adiantava.

— Aullus, peça com o coração, não com palavras! – Atma enfatizava.

Tentei ao máximo me controlar, mesmo vendo aquele ser esquisito ainda grudado em mim, meio disforme, com duas contas brilhantes e de cor intensa avermelhada, bem acima de uma forma que parecia ser sua cabeça; acreditei que as contas fossem seus olhos. Comecei a respirar fundo e controlar meu desespero e até mesmo a vontade de me livrar "daquilo". Aos poucos consegui orar e pedi com muito sentimento que aquele ser fosse ajudado.

Foi assim que Atma me ensinou que todos precisamos de ajuda e que nenhum de nós deve negar essa ajuda a quem quer que seja. Mesmo para aqueles que julgamos não terem mais jeito; mesmo para aqueles que julgamos terem como único objetivo nos maltratar ou nos ofender. Não cansarei de agradecer a este espírito que me ensinou tanto.

Pela visão, uma moça de aparência muito jovem se aproximou de mim e com um carinho indescritível, pôs uma das mãos sobre o ser que eu achava estranho e meio nojento. Das palmas de suas mãos saía uma luz forte e brilhante, mas o que envolvia o ser era um facho de luz muito luminoso que partia de seu coração e só aumentava. O ser me soltou, mas fazia um barulho como se fosse um bicho acuado e muito assustado. A moça então passou os braços em volta daquela figura e em total desprendimento, o carregou como se carrega uma criança machucada.

Esta visão foi outra lição para mim. Foi ali que comecei a entender que a transformação nossa ou de qualquer ser se dá unicamente pelo amor, não há outro caminho.

Certa calmaria tomou conta de nossas vidas após este evento. Eu e Aileen estávamos felizes e antes do Festival de Inverno, realizamos o Pacto de União. A Grande Deusa ainda não havia abençoado nosso amor, e eu acreditava que era pelas minhas dúvidas que nunca deixaram de existir, mas eu me controlava sempre e Atma me ajudava nisso.

O problema era que eu conseguia manter certo controle, mas não tentava entender a situação, aceitar e modificar minhas atitudes. Eu me controlava, mas ia paulatinamente represando os sentimentos equivocados.

Como dizem, Atma me levava no cabresto. Afrouxava de vez em quando, mas ao menor sinal de minha rebeldia, ela puxava, mas eu nunca recebi castigo, ao contrário, só recebi amor e ensinamento. Atma também era um espírito rebelde em certas situações, mas o aprendizado que ela necessitava era muito diferente do meu.

É possível que algumas pessoas achem quatro mil anos tempo demais para desenvolver certos sentimentos... Mas o que são quatro ou cinco mil anos diante da imortalidade? Não temos condições de avaliar quando nossa compreensão está fixada nos conceitos de tempo e espaço que conhecemos.

Aparentemente as coisas seguiriam seus caminhos, mas a vida sempre traz novos aprendizados e nossas crenças seriam novamente testadas.

Capítulo 25

Desde aquele dia eu tentei seguir os ensinamentos e as instruções de Atma. Mirdle praticamente se mudou para a casa da sacerdotisa e Aileen, Ryann e Hazel saíam todos os dias para alguns atendimentos; quando voltavam ficavam com Mirdle para o treinamento. Dierdre e eu ficávamos boa parte do dia juntos e ficamos muito amigos. À noite, com a chegada de Círio, tínhamos longas conversas, e foi um tempo muito tranquilo.

Atma recebia, agora, tratamento em intervalos de cinco ou seis dias. Percebemos que o tratamento em intervalos menores trazia mais sofrimento. Pela visão, percebi que a mancha em seu abdômen somente a cada seis ou sete dias ficava mais turva e parecia pulsar. Esta foi uma das únicas vezes em que eu disse a Aileen o que via, pois eu percebia o quanto isso era importante para Atma. Iniciou-se então o tratamento com intervalos maiores, mas todos nós sabíamos que o tratamento era apenas um alívio para suas dores e uma forma para mantê-la confortável. Seu espírito estava partindo.

Em um dos tratamentos, pela visão, mais uma vez vi seu espírito desprender-se do corpo, só que desta vez eram poucos os fios que ligavam a imagem, acima do corpo visível que repousava na cama.

Tive ótima experiência trabalhando com a visão orientando Aileen e Ryann nos tratamentos de Atma, mas não participei de outros atendimentos. Ainda não fazia parte do meu ser esse desprendimento e achava tudo muito chato. Eu gostava mesmo era de mexer na terra.

Em nosso segundo Festival de Verão, fomos abençoados pela Grande Deusa e Aileen, mesmo com a gravidez bem adiantada não parava. Somente a poucos dias do nascimento de Khiara ela sossegou. E com nossa menina iniciou outra série de modificações de nossos costumes.

Não seria mais uma imposição os filhos das sacerdotisas serem criados pela comunidade.

Novamente Arkell foi consultado e não se opôs; afinal Khiara teria muita gente que poderia orientá-la. Foi também com o aceite do rei sobre Aileen e Ryann dividirem o mesmo templo, que algumas modificações já haviam sido incorporadas.

E embora Atma não tenha retomado sua vida anterior, continuava como sacerdotisa de nossa aldeia, junto de Mirdle. Aileen e Ryann eram os *druidas* na prática, mas eram novos demais para serem os responsáveis pela comunidade, e isto já era outra prática nova.

Pela lei, quando um dos sacerdotes ficava doente ele era afastado das atividades, e substituído pelo mais velho em atuação, da comunidade, mas a doença de Atma não a afastou do cargo, apenas das atividades... Uma inovação.

A formação dos sacerdotes também havia sofrido algumas transformações. Os iniciados não passavam mais por todas as aldeias, mas ainda realizavam a iniciação no templo de Mirdle. Atma ajudava no treinamento, porque agora, quando os iniciados saíam do templo de Mirdle, eles faziam um "estágio" no templo de Aileen e Ryann para aprender os princípios da cura.

Por que este estágio, já que a cura sempre existiu? Porque o método de Aileen era diferente. Independentemente de sua mediunidade ser percebida ou entendida, seu tratamento era uma verdadeira demonstração de carinho e atenção com o doente e Mirdle percebeu que certos aldeões melhoravam rapidamente. Independente do dom, todos deveriam atender daquela forma. Numa reunião entre os casais de *druidas* mais velhos da comunidade, Mirdle e Atma, Leon e Lorna, ficaram acertados sobre esta modificação na iniciação ao sacerdócio.

De forma geral, o templo de Aileen e Ryann era procurado por muitos aldeões, alguns de lugares e aldeias de que nunca tínhamos ouvido falar.

Hazel partiu durante o inverno, e levou para sua aldeia os conhecimentos da cura: a forma como Aileen atendia. Ela envolvia o doente com seus braços, num abraço curador. Pela visão eu sabia, e constantemente via, que todo o seu ser se entregava para curar o ser que estava em seus braços. Sua comunhão com o Alto era indiscutível e indescritível.

Ewan, Brigid e Dierdre não tinham, por enquanto, a pretensão de tornarem-se iniciados no sacerdócio e cada um seguiu o próprio caminho e a estrada de Dierdre era seguir junto ao nosso grupo. Dierdre tornou-se minha melhor amiga e era ela que muitas vezes ajudou-me a controlar os ciúmes e a implicância gratuita com Ryann, que não se acabaram, aliás, só pioravam. Eu sempre fui treinado unicamente por Atma e nossa amizade era forte. Atma foi e é muito importante para mim.

O tempo passou com certa paz e Khiara, já com dois invernos, era uma doce criança e quando não estava junto dos animais, a lebre, a coruja e alguns gatos (selvagens naquela época), que nasceram no templo de Aileen e Ryann, ela estava em meio da terra, junto de mim, no plantio das ervas e dos legumes que eu ainda realizava com Círio. Formávamos uma família bem diferente dos padrões e éramos conhecidos como o clã de Atma, ou o clã da garota *druida*, que já não era tão garota assim, afinal Aileen completaria dezenove verões.[1]

Certo dia, eu estava a caminho da área onde plantávamos as ervas e encontrei Alistair, um guerreiro, que vinha apressado. Quando me viu, me agarrou pelo braço.

— Aullus, por favor, eu deixei o Rei Arkell sozinho e ele não esta nada bem; eu estava a caminho da casa da Sacerdotisa, porque não achei Mirdle. Será que você pode me ajudar? – ele demonstrava todo seu desespero na voz e nos gestos.

— Como eu poderia ajudar, Alistair? Eu não realizo curas! – sei que fui um tanto grosseiro.

— Obviamente não estou pedindo sua ajuda neste sentido, quero que você vá chamar alguém, e eu volto daqui para não deixar Arkell sozinho. Ele está sem sentidos...

— Então volte. Vou buscar alguém – não fiquei muito feliz, pois tinha coisas importantes a realizar na terra, mas auxiliar

---

[1] A idade das pessoas era contada a partir da estação do ano na qual nasciam. Por exemplo, Aileen nasceu no verão, então contávamos por quantos verões ela havia passado; eu nasci no inverno e nesta época eu completava vinte e dois invernos.

o rei também era importante, afinal era ele o responsável pelo nosso bem estar. A morte de um rei trazia alguns problemas, tínhamos que escolher entre os guerreiros um novo nome, porém não conhecíamos intimamente todos os guerreiros e muitas vezes da mesma forma que alguém era "eleito", ele também era deposto.

Algumas vezes eram trocados dois ou três reis até chegar naquele que tinha realmente compromisso com todos da comunidade. Arkell era um bom homem, e embora fosse costume o rei estar sempre próximo dos aldeões, Arkell fazia isso com muito prazer.

Eu não gostava de sair atrás de alguém para atender os doentes, mas não podia negar este favor a um guerreiro e muito menos para um rei que sempre nos ajudava. Voltei em seguida com Aileen, Ryann e Dierdre. Enquanto eles atendiam Arkell, eu fiquei do lado de fora conversando com Alistair.

— Eu pensei que você ajudava nos atendimentos, Aullus, me desculpe, mas eu estava realmente preocupado em deixar Arkell sozinho. Ele se levantou e quando estava terminando seus rituais matinais ele praticamente caiu nos meus pés. Fiquei assustado e sai atrás dos *druidas*.

— Não tem problema, Alistair. Muitos pensam que participo, mas eu não gosto desse trabalho, prefiro as outras atividades dos *druidas*, como a transmissão do conhecimento sobre os astros, o clima e as informações que eles passam sobre o solo. Mas diga, Alistair, como é a vida de um guerreiro? Não sei exatamente o que vocês fazem... Para que guerreiros, se nossa aldeia não está em guerra?

— Aullus, protegemos nossa comunidade dos animais maiores e principalmente andamos pelo meio dessas florestas abrindo caminhos, conhecendo novas terras e novos povos. Quando é necessária a divisão da comunidade temos que ter ideia para onde os levaremos e mesmo indo para distâncias não imaginadas, parte do caminho já é conhecida por nós. Eu sei que você gosta muito de mexer com a terra...Seria bom ter no grupo uma pessoa que se interesse pelo solo e plantio como você, para ajudar nas novas comunidades.

Reconhecer o solo pode ser a diferença entre a vida e a

morte de uma comunidade. Quando quiser mudar de vida, venha até mim – Alistair era muito simpático e me cativou de imediato.

— Não, Alistair, essa vida de guerreiro, de desbravador, não é para mim. Acho que sou muito pacato para "brigar" por qualquer causa – sorri.

— Fica o convite! Se um dia quiser...

Fomos interrompidos pelas conversas de Aileen e Dierdre que tinham terminado o tratamento. Ryann ficaria mais um pouco com o rei, até ele sentir-se melhor e não voltarem os desmaios.

Achei Ryann muito estranho aquele dia e minhas ideias malucas começaram a se multiplicar de forma mais intensa. Imaginei que Ryann amava Aileen, e que escondido planejava uma forma para afastá-la de mim. Quando esses pensamentos invadiam minha mente, eu imaginava os dois em ardentes entregas no templo, onde eu não entrava desde a proibição de Aileen no meio de uma de nossas brigas.

Faltavam poucos dias para o Festival de Verão novamente, e muitos da aldeia desciam até a planície para cantar e dançar com os amigos que chegavam de outros clãs para as festividades. Nestas ocasiões eu sempre lembrava a primeira vez que vi Aileen. O meu sentimento era o mesmo, exatamente igual.

Eu estava sentado à frente de uma das fogueiras, no planalto, quando Dierdre chegou correndo, praticamente sem fôlego.

— Por favor, venha comigo!.. Preciso de ajuda...

— Respire, Dierdre! Acalme-se e fale! – eu disse.

— Atma... Atma não está nada bem, eu não sei mais o que fazer.

Fomos correndo, eu e ela, e depois de algumas beberagens e tinturas de ervas, Atma parecia dormir.

Aileen estava fora. Fazia alguns dias ela, Mirdle, Ryann, o rei e um grupo de guerreiros de nossa comunidade partiram com algumas missões: além dos atendimentos aos doentes que não podiam sair de suas casas, precisavam verificar alguns clãs superpopulosos. Era o difícil momento das divisões.

Quando voltaram, Aileen parecia ter envelhecido alguns

anos. Contei o que havia acontecido com Atma e ela pareceu muito cansada, mas senti que não era só isso. E embora eu tentasse conversar, pela primeira vez ela não se abriu.

Alguns dias se passaram e percebi Ryann e Aileen muito próximos; Cheguei à conclusão de que ele sabia o seu segredo. "Por que ele podia saber e eu não?", eu pensava, porém os irmãos de alma não tinham segredo e naquele instante, eu parecia ter esquecido.

O inverno se aproximava e nos recolhíamos cedo, pois as noites já estavam mais frias. O céu estava completamente nublado e eu conversava com Atma. Essas conversas tornaram-se as melhores da minha vida e até hoje utilizo muitos dos seus ensinamentos. Fiquei surpreso quando Aileen entrou e sentou ao nosso lado.

— Mãe, precisamos falar. Eu preciso tirar um peso de meu coração e tem que ser hoje, pois sei que não teremos muito tempo.

Não entendi, mas resolvi ficar quieto. E Atma apenas sorriu e pegou, entre as suas, as mãos da filha. Fiz um gesto de que eu iria sair e deixá-las a sós, mas Aileen segurou minha mão e me puxou para o seu lado, e como se estivesse se apoiando em mim começou a falar.

— Eu preciso contar a você a primeira vivência da minha iniciação. Preciso lhe dizer que hoje eu compreendo suas atitudes que eu chamava de arrogantes e egoístas; preciso falar que sei como ficava o seu coração quando era necessário esconder certas particularidades de um tratamento; que sei também o quando você se preocupou comigo — Aileen olhou para mim e continuou.

— Sei também o quanto sofreu quando imaginou que eu deixaria o sacerdócio para seguir com Aullus, e sei do seu empenho em treinar a visão dele para nos ajudar e fazer este cabeça dura entender que ele tem o meu coração e meu amor também.

— Aileen, minha filha...

— Por favor, mãe, deixe que eu termine — Atma calou-se, ajeitou-se na cama e segurou também a minha mão. Aileen falava novamente.

— Mãe, eu não falei nada disso quando saí do templo de Mirdle, porque diante do seu estado, eu me assustei e achei que nunca poderia falar tudo que falo agora. Com o passar do tempo, fui me acomodando e, novamente caí na peça que o comodismo nos prega, nos permitindo acreditar que as coisas nunca mudarão. Mas sei que a natureza que há em nosso corpo não é imortal e em algum momento, seremos chamados ao berço de nossa real existência: o invisível.

Eu e Atma escutávamos calados.

— Para encerrar, mãe, eu quero que no momento de sua partida você tenha a consciência do que você significou para mim. O seu exemplo como sacerdotisa eu irei sempre seguir. Como mãe e avó, quero que saiba da sua importância nas nossas vidas. Como sacerdotisa eu a vi minha vida inteira, mas como mãe e avó eu a vi nestes últimos verões. Não sei se posso dizer que a conheço profundamente, minha mãe, mas posso dizer que a respeito e amo como Minha Senhora[2] – uma pequena pausa e Aileen voltava ao seu desabafo.

— Depois que eu me tornei uma iniciada e você, Atma, ficou aos cuidados de Aullus, fomos mãe e filha. Então eu percebi o amor e o carinho que você sente por mim e foi muito bom saber do seu amor.

Na tua estrada ao invisível, mãe, saiba que você foi uma sacerdotisa querida, mãe e avó muito amada.

Algumas lágrimas desciam pelo canto dos olhos de Atma, mas ela não falou absolutamente nada. Beijou a testa da filha e me beijou também. Quando Aileen levantou para sair, eu estava pronto para segui-la, mas num gesto ela me impediu e olhando em meus olhos com muita tristeza, que eu não entendi, apenas disse:

— Hoje você fica aqui. É o desejo de Atma.

Mesmo assim, fui até a porta com Aileen. Dierdre e Círio a esperavam logo na entrada do seu templo e percebi Ryann e Mirdle conversando mais ao longe. Alguns sentimentos controversos me invadiram, como se eles não quisessem a minha presença, mas os últimos fatos que presenciei soavam esquisitos em minha mente, e eu apenas entrei e fui me deitar na

---

2 Minha Senhora – expressão que designa respeito, amor e admiração.

antiga cama, ao lado de Atma, que usei por quase um verão.
Não sei dizer se dormi, e se realmente dormi, não sei por quanto tempo, mas tive a sensação de ter fechado os olhos e Atma me chamou em seguida. Achei que ela estava com problemas para conciliar o sono depois de tudo que ouviu da filha, mas não era exatamente isso.

Atma estava fria, e pálida. Muito pálida. Meu primeiro pensamento foi chamar Aileen, mas a Sacerdotisa me segurou e num fio de voz cobrou um antigo desejo.

— É você, Aullus, que encaminhará minha alma ao invisível, de volta ao berço de minha existência, como disse Aileen.

— Minha senhora, mas se está passando mal, apenas me diga o que devo fazer, que erva tenho que preparar... Não vá, minha senhora... não me deixe!

— Aullus, você é meu filho de outra existência e eu, naquele momento, falhei com você como mãe. Quase cometi os mesmos erros com Aileen, mas a sua chegada serviu para eu corrigir algumas diferenças entre nós e a corrigir o meu caminho com a filha desta vida. Não sei se consegui harmonizar nossos espíritos, meu filho, mas tentei... nestes últimos tempos, a Grande Deusa sabe como eu tentei.

— Não posso, Atma... está além de mim... eu não posso encaminhar você. Dói a sua partida. Você é a única... — me faltavam as palavras e eu entrava em choro convulsivo.

— Aullus... Filho amado que perdi e agora reencontrei, não permita que a tristeza lhe tome o coração e não admita a amargura como conselheira. Aileen sabia sobre minha partida, agora eu entendo, ela teve a visão... — eu ainda chorava. — Estou partindo feliz em saber que fiz até aqui o que estava em minhas mãos; daqui pra frente é com vocês.

Eu a abracei e senti um profundo amor por aquela criatura que num primeiro momento me intimidava e em outros me deixava enraivecido. Lembrei-me da hostilidade de nosso primeiro encontro, e agora com grande dificuldade, Atma se despedia. Eu realmente sofria!

— Filho, você e meu irmão de alma, Mirdle, enviem a minha Alma ao Criador, e não dê morada aos ciúmes... O meu espírito te ama...

Fiquei imóvel ao lado de Atma, pedindo ao Grande Deus que todos estivessem enganados, equivocados e que aquela mulher que eu aprendi a amar permanecesse ali junto de mim.

Nos primeiro raios do sol, percebi o espírito de Atma deixar seu corpo, agora uma casca que não mais servia para mantê-lo entre nós, e que a natureza o receberia de volta.

Demorei para pensar e juntar forças, e procurar Mirdle e Aileen, mas era preciso preparar o corpo e avisar a comunidade para o funeral. Quando consegui me levantar vi Aileen e Mirdle sentados no banco à frente da cama onde várias vezes eu colocara Atma. Não percebi a entrada deles e caí em prantos, abraçado a minha alma e Mirdle, que nos amparava.

Eu me despedia da pessoa que mais me ajudou e me fez crescer naquela existência, e sou muito grato ao seu espírito até hoje. Voltei aos pés de sua cama e mentalmente agradeci àquele espírito que eu não sabia quando encontraria novamente: Obrigado, Minha Senhora. Obrigado por sua persistência, por sua firmeza e pelos seus ensinamentos. Serei eternamente grato e jamais eu me esquecerei de suas palavras.

Até hoje este espírito me é muito caro. Já estivemos juntos em outras vidas e em algumas pude retribuir com amor filial, muito embora em vida mais recente, ela como minha filha, por erros meus que não vem ao caso aqui relatar, não tivemos tempo de viver tudo que tínhamos para viver e aprender, mas ainda amo esse espírito que naquela vida tanto me ensinou, e sempre que possível, estou perto dela.

O desejo de Atma foi cumprido e encaminhei sua alma preparando seu corpo para devolvê-lo à natureza.

Em cima do altar do templo da aldeia o corpo de Atma foi colocado, todo embrulhado em tecidos brancos, deixando a mostra apenas seu rosto. Algumas flores, em dois cantos do altar, ladeavam a chama sagrada de Atma, levada por mim.

Mirdle e Aileen realizaram o ritual do fogo, que transforma e mantém a centelha divina. O simbolismo do ritual era ajudar a transformação do espírito de Atma para a vida espiritual. Após o ritual eu apagaria com um sopro a chama sagrada que ela mantinha em seu próprio altar. O sopro, curto e direto, deste lado visível, ascenderia à centelha divina, imortal, do lado invisível.

Este sopro geralmente era realizado pelos *druidas*, ou pelo irmão, ou irmã, de alma. Mas Atma desejou que fosse eu que realizasse os atos mais importantes do funeral: o sopro e o acender da pira.

Eu chorei a partida de Atma como nenhum outro.

Eu me sentia alheio ao grupo de Aileen e Ryann e comecei a ficar cada vez mais irritado, e já não participava dos atendimentos, mesmo sendo convidado. Não fazia mais minhas orações matinais e a única atividade que eu ainda exercia era o cuidado com o plantio e manutenção das ervas. Era ali que eu sentia a presença de Atma, talvez pelo amor e cuidados que ela sempre teve com as ervas que usou em sua vida inteira no mundo visível.

Um dia cheguei um pouco, mais cedo à casa de Atma, onde continuei a morar. Chegava por trás da casa e ouvi Aileen e Ryann conversando. Foi Aileen que eu ouvi primeiro.

— Ryann, eu preciso contar para Aullus... Não posso mais manter esta situação.

— Aguarde mais um pouco, Aileen! Espere até esta bênção vir para o mundo visível.

— Não! Eu quero que ele saiba antes... Não posso enganá-lo desde jeito. Quando eu tomei a decisão de seguir o sacerdócio, Aullus lembrou as vezes que combinamos em decidir nossa vida juntos... Acabamos brigando ele se sentiu traído, enganado, e naquele instante prometi a mim mesma que não o trairia novamente, e eu estou traindo, se não contar a ele... Não aguento mais...

Quando ouvi estas palavras e vi Ryann abraçar Aileen e ela chorar em seu ombro, todos os sentimentos de raiva e revolta, represados por tanto tempo, assumiram o controle de minhas ações. Cheguei perto dos dois e não alterei o volume da voz, mas minha frieza era palpável.

— Aileen, Ryann não se preocupem em me dizer absolutamente nada porque eu já entendi tudo. Quero apenas informar que estou de partida.

— Aullus, o que exatamente você ouviu? E por que precisa mudar daqui? – falou Ryann demonstrando sua confusão.

— Ouvi o suficiente para saber que Aileen deitou-se com você, Ryann, e que a Deusa os abençoou. Então, eu os deixo livres para vocês viverem este sentimento que há muito tempo existe e que minha presença apenas adiou. Estou indo embora desta aldeia, fiquem tranquilos.

Não dirigi o olhar ou qualquer palavra a Aileen. E ela também não tentou me deter. Virei as costas, sem dar chance para qualquer argumentação. Segui para pegar minhas poucas coisas. Quando entrei, Dierdre e Mirdle ficaram mudos com minhas atitudes, mas também não abriram a boca. Quando terminei de juntar tudo, me despedi dos dois e Mirdle não perguntou o que havia acontecido, mas me abraçou, imaginando que eu estava indo para a casa de Denzel.

— Filho, vá! Mas vá de coração limpo, não faça nada para se arrepender depois.

— Não vou me arrepender, Mirdle. Sempre soube que eu sobrava neste grupo, chegou a hora de eu seguir o meu caminho. Ryann e Aileen se amam... Sempre se amaram e só agora perceberam. Antes Atma me segurava, agora não há nada que me segure. Khiara me esquecerá – deixei o mestre confuso.

Não olhei para saber se Aileen havia me seguido, apenas saí sem olhar para trás até a casa de Alistair. Dali a dois dias eu partia junto de um grupo de guerreiros para desbravar umas terras. A comunidade se dividiria em breve e eu poderia ajudar muito. Era isto que eu tinha que pensar, nada mais!

A vida como guerreiro não era nada fácil.

Um grupo de aproximadamente oitenta homens seguia pela floresta procurando o melhor caminho para seguir com os aldeões separados. A nova comunidade não podia ser muito próxima à anterior, pois o objetivo era que uma vivesse completamente independente da outra. Se ficassem muito próximas era inevitável, num primeiro momento, a nova aldeia viver dependente. Nossa comunidade tinha quase vinte aldeias exatamente por isso; a cada separação, a nova aldeia não ia muito longe e o acesso à aldeia principal era fácil.

Era importante a ajuda dos guerreiros na separação das aldeias, porque a nova comunidade iniciava tudo do zero.

Todos os aldeões traziam suas experiências, ferramental e poucos utensílios que podiam ajudar na construção de novas moradias, novos templos, novas áreas de plantios etc., mas os recursos eram mínimos.

O inverno iniciava e o vento nos castigava, mas ainda tínhamos a opção da caça para nos alimentar. A reserva de alimentos era racionada e só usávamos quando não tínhamos opção de alimento. A floresta ainda nos fornecia algumas frutas, e algumas lebres ou porcos do mato nos alimentavam a maior parte do tempo.

Encontramos algumas aldeias de outros povos no meio do caminho. Pessoas humildes e agradáveis em alguns locais, mas também encontramos povos hostis, que quiseram nos atacar e tirar o pouco da comida e do ferramental que tínhamos. Foi a primeira vez que dormi sob a desconfiança de um ataque e não foi muito confortável. Não sei exatamente o quanto andamos em quilômetros, mas a neve chegou mais cedo naquele ano e tivemos que voltar. Com a neve alta era difícil tirarmos o alimento da natureza e nossas reservas não durariam todo o período.

Não ficamos fora o tempo que eu esperava e aproximadamente sete meses depois estávamos de volta ao lar. Mas a experiência que tive já mostrou o quanto aquela vida era difícil.

Chegamos alguns dias antes do Festival de Inverno, o *Samhain,* e vários aldeões já apareciam instalados na grande planície para as comemorações, a esta altura completamente tomada pela neve.

Fui visitar Denzel e Círio e fiquei surpreso quando lá encontrei Irina. Minha mãe não aceitava minha adesão aos guerreiros – acho que toda mãe é assim desde a Antiguidade: enquanto puder manterá sua ninhada embaixo de sua asa. Imaginei que poderia encontrar Dierdre por lá, junto de Círio, mas ela ajudava nos atendimentos que nesta estação quase triplicavam. Pedi a Círio para ela me encontrar no templo de Mirdle, mas ele só a veria a noite.

Quando voltava para o centro da aldeia, a vontade de falar com Dierdre me levou direta e automaticamente ao templo de Mirdle. Iria pedir ao *druida* que a chamasse; eu não pretendia visitar Aileen e ele deveria saber onde ela estava. Qualquer iniciado ou iniciante atendia de imediato ao chamado de Mirdle.

Quando entrei, Mirdle parecia me esperar e um forte abraço, mesmo eu estando meio "morto" por dentro, fez eu me sentir em casa novamente.

— Meu filho, que bom que você voltou!

— Não voltei, Mirdle, apenas adiamos a viagem mais longa, por causa da neve que, na floresta, dificulta muito nosso avanço.

— Aullus, você não está falando com um inimigo, lembre-se disto quando falar com Dierdre. Ela provavelmente não entenderá sua frieza. Nem eu entendo, para ser franco.

— Eu sei, Mestre, mas esta minha frieza é minha proteção. Quero ver Dierdre sim, mais nada. Por ela terei notícias de Khiara. Depois do festival partirei com Irina para a aldeia dela. Quero ver o resto de minha família.

— Meu filho, há muita tristeza na casa de Atma. Não espere que Dierdre lhe dê notícias alegres. Todos sentem falta da sacerdotisa, minha irmã de uma vida, e não vou falar sobre sua partida, porque sei que você não quer ouvir, mas todos sofrem. Foram duas perdas.

— Não quero mesmo, Mirdle. Preciso manter minha decisão. Eu que nunca pensei no próximo como Atma dizia, hoje sei que posso ajudar as novas comunidades, ensinando os aldeões a conhecer e preparar o solo. Aliás, Mestre, preciso de ajuda sobre um dos campos a que chegamos...

Mudei o rumo da conversa porque não tinha condições emocionais de falar sobre Aileen ou mesmo ter notícias dela. Eu imaginei que ela sofreria; afinal, eu descobri sozinho a verdade, a traição e a desonestidade dos dois. Às vezes eu imaginava por quanto tempo Ryann e Aileen continuariam a me enganar... A gravidez já devia estar bem adiantada e eu não queria ver exposta a bênção da Grande Deusa ao sentimento que os unia.

O casal de *druidas* responsáveis por uma comunidade não realizavam o Pacto de União, mas nada impedia que eles tivessem filhos. Eu também não sabia se Aileen havia comunicado ao rei nossa Dissolução de União – nenhum casal vivia sob o mesmo teto obrigado. Mas estes eram assuntos que só traziam dor e eu queria ficar longe deles.

Mirdle e eu conversamos toda a manhã, próximo ao fogo que esquentava o ambiente, e também nos alimentamos juntos. Estava muito frio e a neve pintava de branco qualquer pedaço de chão que estivesse ainda a mostra.

Já tinha desistido de esperar Dierdre, quando ela entra no templo correndo, chorando e falando coisas que mal conseguíamos entender. Ela parecia ter o dom para estar nessas situações, até porque era sempre ela que corria para chamar socorro.

Capítulo 26

— Por favor, Mirdle... Aileen...
— Respire, minha criança! Respire para podermos entender. — Falou Mirdle, com muita calma, mas apreensivo.
— As coisas não estão bem — Dierdre tentava falar e respirar ao mesmo tempo. — Aileen, ela esta com dores, acho que a criança vai nascer — a menina ainda tentava falar e respirar ao mesmo tempo.
— Onde ela está? — perguntei, gritando e me preparando para correr. Agi por impulso.
— Lá em baixo... no acampamento dos aldeões que vieram para o *Samhain*, o Festival de Inverno.
Não esperei ninguém e desci como um louco. No meio do caminho percebi que não sabia em qual barraca ela estava, e eram muitas. Continuei a correr e conforme eu ia passando pelas pessoas eu perguntava sobre Aileen — ela era conhecida por todos. Não demorou e uma anciã apontou para uma barraca um pouco isolada das outras.
Algumas pessoas se assustavam ao ver-me correndo como um louco com as cores dos guerreiros e o grande cinturão das armas. O escudo sob as costas e o meu desespero impressionavam ainda mais. Todos abriram passagem para mim e Mirdle. Dierdre vinha mais atrás mal conseguia andar.
Corri, e quando cheguei à barraca indicada Ryann já estava ao lado de Aileen. A irritação tentou me dominar, mas a ocasião não permitia este tipo de discussão. Controlei-me até porque era eu quem não deveria estar lá, a bênção era dele e de Aileen, não minha.
Aileen gemia e me assustei quando vi uma poça enorme de sangue embaixo dela. "Da onde é todo este sangue?", pensei, ao mesmo tempo procurava uma explicação com o olhar. Ela segurava a manga da túnica de Ryann que tentava acalmá-la.

Os olhos de Aileen encontraram os meus e todas as minhas defesas caíram. Entrei em pânico quando, em seguida, ela desmaiou nos braços de Ryann.

— Aullus, por favor, veja se há alguma barraca com água quente e alguns panos, muitos panos. Eu preciso estancar o sangue e calçar as costas dela e... Tentar trazer esta criança ao mundo visível – percebi muita preocupação na voz de Ryann.

— Ryann, da onde é todo este sangue? – finalmente perguntei, mas tinha medo da resposta.

— Aileen veio sozinha atender alguém numa destas barracas e caiu. Esta é a barraca de Solano, que me ajudou a trazê-la para cá. As dores do nascimento começaram, mas o sangue é de um corte que há na perna, por causa do tombo. Por favor, Aullus, procure o que pedi, não temos muito tempo.

Saí da barraca e o vermelho do sangue misturado à neve me impressionou. Logo duas garotas me alcançavam com dois caldeirões de água quente e panos; atrás, Dierdre chegava com roupas limpas e alguns preparados.

Não era nada comum um homem sozinho ajudar uma mulher no nascimento, mas naquelas condições não podíamos esperar. Dierdre não tinha experiência em casos difíceis de nascimento e Ryann já havia ajudado a própria Aileen em vários nascimentos, fáceis e difíceis. Com certeza ele tinha mais experiência que qualquer um dos que estavam ali.

Quando entrei, Ryann já havia calçado as costas de Aileen e percebeu que seria um nascimento difícil. As dores foram provocadas pelo tombo e a criança não queria nascer. Dierdre entrou e Ryann pediu a Solano que nos deixasse sozinhos. Eu, Ryann e Dierdre, faríamos o nascimento.

— Dierdre e Aullus, faremos um círculo de proteção com nossos pensamentos. Não estamos muito acostumados com isto e requer bem mais concentração, mas não temos tempo de fazer de outra forma. Aullus, tire esse cinturão e esse escudo, que aqui só atrapalham, e fique atrás de Aileen, apoie suas costas e faça compressas em sua testa com o preparado de ervas que Dierdre irá lhe entregar. Dierdre, você fica entre eu e Aullus formando as três pontas e peça à Grande Deusa que nos ajude... Não estou gostando do aspecto de Aileen – Ryann era direto e seguro, mas também era muito gentil e controlado quando falava, não demonstrava nenhum nervosismo.

Aileen intercalava a consciência e o delírio e não tinha condições nenhuma de ajudar. "Como aquela criança vai nascer, se Aileen não tem condições de expulsá-la de seu corpo?" esse era o meu pensamento. Contávamos apenas com a ajuda dos deuses, os espíritos amigos.

Acho que foi a segunda vez que orei com todas as forças de meu sentimento. Se eu perdesse Aileen, não sei o quê seria de minha existência. Mesmo sem viver ao seu lado eu precisava saber que ela existia em algum lugar.

— Por favor, Aullus, se a visão te mostrar alguma coisa, fale. Nós temos um único objetivo: salvar Aileen – Ryann foi tão direto que me deu a certeza de que ele sabia sobre tudo que eu vi e nunca disse. Ele nunca me falou nada a respeito. Por quê?... Eu somente usei a visão na presença de Aileen, nos tratamentos de Atma.

Comecei a enveredar por outros caminhos, mas retomei o bom senso e a linha de pensamento. Aquele não era momento para preocupações deste tipo. Tirei qualquer outra coisa de minha mente e fixei no círculo mental que faríamos. O cheiro de sangue misturado com as ervas me enjoava; outro odor que me acompanharia por algumas existências.

O dia amanheceu e a lua já aparecia novamente e nós ali sem nenhum progresso. Mirdle também nada pôde fazer. Eu, Ryann e Dierdre estávamos exaustos, mas não saímos de perto de Aileen. Descansávamos um pouco da posição em que tínhamos que ficar pelas redondezas da barraca, de forma que qualquer alteração nos traria de volta ao interior da barraca, imediatamente.

A lua estava alta quando um burburinho nos chamou a atenção; eram os *druidas* Leon e Lorna de outra aldeia, mas de nossa comunidade, que chegavam. Lorna, como sacerdotisa, poderia, mas não teria condições de ajudar, pois se recuperava de um problema sério de saúde curado por Aileen, mas sua experiência era muito bem-vinda.

Ficamos ali na espera, Aileen ainda intercalava a consciência e os delírios que agora a febre impunha. O corte em sua perna, logo acima do joelho, dava os primeiros sinais de infecção, pois não havia condições de mantê-lo limpo e tratado da forma correta. Mesmo inconsciente, os gemidos da "minha alma", agora eram constantes. Eu estava à beira do desespero, mas Dierdre mantinha-me dentro de certo controle. E para piorar, a visão parecia ter me abandonado.

O acampamento virou um grande templo de orações e todos que ali estavam oravam pela *garota druida*. Aileen era querida por seu povo.

Naquele dia, desesperado para ter uma visão que ajudasse, e a cada instante constatando minha cegueira, eu pensei que estava sendo castigado pelo Grande Deus por não passar ao grupo as informações que tinha pela visão e por ter me afastado do grupo sem sequer escutar Aileen. Por não usar o meu dom como eu devia; afinal ninguém recebia um dom do Criador para deixar guardado e foi isto que eu sempre fiz.

Lembrei que em alguns atendimentos as visões poderiam ter ajudado e mesmo assim, sempre me calei. Nunca fui negligente a ponto de prejudicar seriamente um tratamento por falta de minhas informações, então às vezes em que percebia que o atendimento iria para caminhos completamente diferentes do correto, eu "sugeria" o caminho a seguir e era atendido, nunca precisei insistir... "Será que todos sabiam de que eu escondia minhas visões, e nunca me falaram nada? Fui tolo achando que eu os enganava... Mas o que isto importa agora? A visão não me ajuda, quando eu mais preciso"... eu me divagava, e voltei ao som da voz de Atma.

— Aullus, não permita que seus pensamentos fujam. Mantenha-se aqui! Aileen precisa de nosso apoio – só ela me repreendia daquele jeito...

Eu demorei a entender o que acontecia. Atma estava bem a minha frente e meus olhos se encheram de lágrimas. Não falei nada para ninguém sobre minha visão e entreguei-me à meditação, ao Criador e às forças da natureza, sem pedir absolutamente nada, apenas tentando alcançar Aileen com o meu amor.

Não sei dizer quanto tempo fiquei nesta comunhão, mas quando abri os olhos vi Aileen entre eu e Ryann e achei que sua alma estava de partida para o invisível. Uma forte angústia tomou o meu coração, mas Aileen chegou até mim e passando a mão pelo meu rosto, que a esta altura estava molhado pelas lágrimas, trouxe a mais plena paz ao meu íntimo.

Mais controlado, eu percebi que Leon, Lorna, Dierdre e Ryann estavam completamente alheios ao que acontecia ali. Com o pé, toquei levemente o braço de Ryann, que imediatamente me olhou suplicando por um caminho a seguir. Eu sorri e mostrei a ele como deveríamos trabalhar.

Dierdre praticamente sentou no abdômen de Aileen e controlando seu peso, "completava" a força necessária para expulsar a criança do seu ventre. No meio da madrugada, às vésperas do Festival do Fogo, nasceu Kyeran, um pequeno guerreiro, que lutou muito para chegar até nós.

Dierdre embrulhou-o rapidamente em alguns tecidos de lã que os aldeões providenciaram e subiu para o templo de Mirdle que era bem mais próximo do que nossa casa. Eu ainda via Atma na barraca e ela falava comigo.

— Aullus, escute o que Ryann tem a falar. A alma de Aileen precisa desse descanso.

Achei que Atma me dizia aquilo por causa do esforço de Aileen para Kyeran nascer. Fiquei tranquilo e me preparei para conversar com Ryann. Este não era o momento para acerto de qualquer problema.

Logo que amanheceu, com a ajuda de Solano e seus filhos, levamos Aileen para cima. Eu, Ryann e Dierdre dormimos e só acordamos com o sol alto. Lorna, com a ajuda das auxiliares de Aileen, cuidou da iniciada *druida* e arrumou uma ama de leite, pois Aileen não tinha condição nenhuma de alimentar o filho.

Irina e Fergus, Líria e Angus com o pequeno Boyd, chegaram no dia em que levamos Aileen para casa, e diante da grave situação, ficaram para ajudar a cuidar de Kyeran e Khiara, que não entendia porque a mãe não acordava. Embora a situação fosse estranha, pois ninguém esperava me ver, ninguém perguntou absolutamente nada.

Este era um costume de nosso povo. Estávamos sempre dispostos a escutar e até a ajudar alguém, porém não havia interferência ou intromissão. O respeito estava sempre presente em nossas relações. Entrei no templo de Aileen e Ryann e pedi a Dierdre que me deixasse sozinho com o rapaz, que terminava seus rituais matinais. Assim que Dierdre saiu, Ryann pegou uma tigela com algumas frutas secas e colocou a nossa frente. Não fiz rodeios e fui direto ao assunto.

— Ryann, ontem, pouco antes de Kyeran chegar ao visível, a sacerdotisa, Atma, estava presente na barraca e ela pediu que eu o ouvisse. Em consideração à minha senhora, eu vou escutar, embora eu acredite que nada, absolutamente nada, me fará mudar de ideia – minha voz era fria.

— Aullus, eu tinha decidido não falar nada para você. Sempre achei que Aileen deveria falar, mas ontem as coisas saíram do controle – Ryann parou e me olhou como se esperando alguma palavra minha. Como não abri a boca, ele continuou.

— A conversa que você escutou entre eu e Aileen não era sobre a nossa traição. Não estamos unidos e a Deusa não nos abençoou, pois quem abençoa nosso sentimento é o Criador. Você não pode falar nada, Aullus, porque Aileen sempre foi honesta com você e nunca mentiu. Como ela mesma falou várias vezes, eu e ela somos irmãos de alma no sacerdócio e sempre seremos – tentei interromper, mas Ryann levantou a mão, num sinal que não queria ser interrompido. Eu respeitei.

— Sobre a parte da conversa que você ouviu, Aullus, a verdade é a seguinte: Aileen veio falar comigo assim que soube que vocês tinham recebido novamente a bênção da Grande Deusa. Antes de falar com você ela resolveu falar comigo e com Mirdle. Aileen sabia como você se sentia com a partida de Atma e nós estávamos com muito trabalho. Mirdle havia conversado com Aileen sobre ela ser a nova sacerdotisa da aldeia, que mesmo quebrando algumas regras por causa de sua idade e o treinamento não estar completo, o rei autorizou. Aileen seria, após o *Samhain*, a sacerdotisa da comunidade junto de Mirdle.

Com mais uma criança, a vida seria muito mais difícil e ela acabaria se afastando muito de você, que insistia em não participar do grupo de atendimento.

Não aguentei e interrompi, Ryann queria me iludir e eu não seria tão inocente desta vez.

— Ryann, pode ir direto ao assunto, por favor. Como guerreiro não tenho muito tempo para ficar por aqui. Preciso me apresentar a Alistair em breve – mantive o tom frio e não me abalei quando ele sugeriu que Kyeran era meu filho. Com certeza era mentira. Mas usou o mesmo tom frio, quando voltou a falar.

— Já termino, Aullus, e por favor, não me interrompa novamente. Como eu estava falando, com todas estas novidades e mais uma criança a caminho, Aileen pediu uma licença para Mirdle. E o que isto significava? Aileen não estava dando as costas ao sacerdócio, mas não se ausentaria tanto de casa e só participaria dos atendimentos mais graves e continuaria fazendo o treinamento do sacerdócio no conhecimento.

Mirdle foi até Lorna para convidá-la a ficar entre nós, após Aileen dar à luz e até o bebê ficar forte. Ela e Leon aceitaram a situação temporária. Por isso o casal de *druidas* chegou ontem à tarde. Não foi pelo acidente de Aileen; eles eram esperados, pois Mirdle não os avisou de sua partida.

Aileen imaginou que até o momento dela dar à luz ela conseguiria novas auxiliares, inclusive conseguiu a volta de Brigid, e Dierdre mais livre a ajudaria nos cuidados com Khiara e o novo bebê, sem o auxílio da comunidade.

Quando você nos ouviu, estávamos falando sobre a autorização de Arkell que ainda não havia se manifestado, e pela demora, ela receava não ter a proposta aceita.

Pelo nervosismo dela, eu acreditava que seria melhor não dizer nada a você até obter a autorização. Mas Aileen discordava, pois não queria que você ficasse tão nervoso como ficou quando ela abraçou o sacerdócio. Ela não queria que você pensasse que novamente ela traía o acordo que vocês tinham em decidir juntos, o futuro de vocês.

Eu dizia que a decisão não pertencia a ela e sim, a Mirdle e Arkell, mas mesmo assim nós discutimos e o final da conversa você escutou e interpretou do jeito que quis.

Somente eu, Mirdle e Arkell sabíamos sobre o pedido de licença, ninguém mais... Nem Dierdre sabia e após sua partida, ninguém soube do pedido, mesmo com a autorização de Arkell, que veio após você partir.

Aileen dizia a todos que você havia decidido partir com os guerreiros para ajudar na formação da nova comunidade. Porque ninguém conhecia o plantio como você...

Você, Aullus, não escutou ninguém e não deu à sua alma o direito de defesa. Ao contrário, só trouxe mais sofrimento a Aileen, que já tinha o coração dolorido com a partida de Atma... Você não quis ouvir, pegou suas coisas e saiu, levou tudo, inclusive a vida dela...

Ryann tinha toda minha atenção e eu não conseguia dizer nada. Depois de um longo silêncio o rapaz voltou a falar.

— Eu achei que você, Aullus, teria muito mais problema em aceitar uma negativa com relação à licença. Se você não soubesse de nada, Aileen não teria problemas com suas expectativas. Este era o assunto. Amo Aileen, sim, Aullus – eu me mexi nitidamente incomodado, imaginei que era agora que ele revelaria toda a verdade –, e amo desde a primeira vez que a vi. Porém, amo como Leon ama Lorna, como Brenon ama Grialia e como Mirdle ama Atma, mesmo sua Alma estando no invisível. Eu amo e sempre amarei Aileen, mas o meu amor não é carnal. O meu amor é o amor do irmão de alma, de ideal, de sacerdócio. Sempre foi e sempre será assim – Ryann estava emocionado.

— Você está querendo me dizer que nunca se deitou com Aileen?

— Aileen nunca amou outra pessoa e penso que, em parte, esta criança demorou tanto a nascer e castigou tanto nossa Aileen, por causa dos seus sentimentos... Aileen era a própria tristeza andando por esta aldeia desde que você se foi, sem dar a ela a chance da explicação.

— Mas por que ela não me falou? — percebi as besteiras que fiz, por conta de minha teimosia e comecei a chorar, mas era tarde, o estrago estava feito.

— Você não quis ouvir, lembra? Quando você falou comi-

go e com ela suas decisões e conclusões estavam claras, e...
Paramos de falar ao ouvir o grito de Dierdre.
Entramos na casa e Aileen estava banhada em sangue. O susto foi maior quando vi Atma aos pés da cama. Comecei a gritar como um louco. Eu não podia perder Aileen, não agora que acabava de saber da verdade e constatava a minha ignorância. O remorso bateu e se instalou em meu coração.

Numa explicação bem simples e atual, por algumas complicações o útero de Aileen não se contraiu como deveria e causava séria hemorragia e não havia muita coisa que, naquela época, poderia ser feito; esse tipo de morte física era comum.

Talvez a única pessoa que teria condições de curá-la era ela mesma. Mas a inconsciência e o delírio a mantinham numa realidade particular.

Capítulo 27

Atma, aos pés da filha, fazia algo que eu não saberia explicar, mas acreditei ser algum tipo de tratamento do invisível, pois não havia, no visível, alguém que pudesse realizar em Aileen um tratamento eficaz. Todos estavam cansados e descontrolados com o estado da *garota druida,* e este era um caso muito difícil para se atender; só tínhamos conhecimento de uma cura na comunidade, realizada por Aileen alguns anos atrás.

Ryann entrou logo atrás de mim e percebeu em meus olhos que eu via alguma coisa que ele não alcançava. Puxou minhas vestes e como se eu estivesse numa espécie de transe, falei que estava vendo Atma. Ryann deixou-se cair no banco em que tantas vezes eu mesmo coloquei Atma.

Numa atitude desesperada, movida muito mais pelo meu remorso, peguei Aileen nos braços e iniciei uma conversa íntima. Eu falava em seu ouvido, como se quisesse chegar ao seu espírito.

— Meu amor, minha alma, não vá!.. Olhe, estou de volta!.. Perdoe-me... perdoe-me... – Aileen, inerte em meus braços, ignorava tudo a sua volta.

Senti Atma, e olhei desesperadamente para sua figura que flutuava diante de mim. Um olhar profundo, consolador e triste, invadiu o meu ser. Cai em choro convulsivo sem largar Aileen.

De repente senti suas mãos em volta de meu pescoço e me agarrei ao fio de vida que vinha dali.

— Aullus... Alguém te avisou que a nossa bênção estava pra chegar? O que a Deusa nos mandou desta vez? – sua voz era um fio frágil.

— Eu cheguei junto com ele, meu amor. A Deusa nos mandou um menino forte que Mirdle chamou de Kyeran... Mas não fale, você tem que poupar suas forças.

— Aullus... Não tenha raiva de mim ou de Ryann, nunca houve nada entre nós, eu nunca traí nosso sentimento. Não posso partir com este entrave na alma... Por favor, me diga... Diga que você sabe... – a súplica me cortou como uma lâmina corta a carne.

— Sei sim, meu amor. Eu que sempre fui cabeça dura, egoísta, como Atma dizia...

— Ela está aqui, você vê?

— Vejo, ela esta aqui para ajudar você a ficar no visível... – respondi meio confuso; será que ela via mesmo?

— Não, meu amor... Ela está aqui para me ajudar a partir para o invisível sem máculas, sem entraves na alma... Ainda temos um tempinho juntos, mas não muito. Fique aqui comigo, não vá, sua alma não é de um guerreiro, não nesta vida... Não vá contra seu espírito... Seu espírito pertence à natureza, à terra e às ervas... Ninguém tem ervas como as suas... Atma as adorava...

Abracei Aileen com todas as minhas forças, como se meus braços pudessem segurar ali a sua alma.

Fiquei agarrado àquele fio de vida até ela adormecer.

Os aldeões se juntavam à frente do templo de Aileen e Ryann e em completo silêncio esperavam a decisão do Criador, dos deuses... Da natureza. Aileen era querida por seu jeito, por sua dedicação e por seu empenho em ser a sacerdotisa que idealizava.

Irina e Angus chegaram e eu não consegui me controlar. Naquele momento o que me corroia era o remorso. Eu não devia ter feito o que fiz. Não devia ter abandonado Aileen. Mas de nada adiantava eu, mentalmente, forçar o tempo a voltar; o que fiz, ficaria pra sempre marcado em minhas memórias, como também a lição dolorosamente aprendida.

Círio e Dierdre, Denzel, Leon, Lorna e Alistair chegavam, entre outros que eu não sabia quem eram, e todos se colocavam em posição de oração.

Alistair chegou até mim, me cumprimentou como só os guerreiros se cumprimentavam – tocando o ombro direito do companheiro com a mão direita.

— Aullus, eu sinto muito por tudo isto. – Os guerreiros eram assim, econômicos nas palavras, mas toda frase carregava muita emoção. Ele era meu amigo, senti isso naquele momento.

Eu não consegui falar nada e apenas o cumprimentei com um aceno de cabeça; ele compreendeu e me abraçou.

Fiquei um tempo lá fora. Eu não tinha coragem de entrar e enfrentar uma situação que eu sentia ter causado, mas independentemente de meus sentimentos eu precisava entrar. Passou algum tempo até Mirdle vir me chamar.

— Aullus, você precisa entrar, Aileen acordou e...

Não esperei Mirdle terminar e corri para dentro; eu me agarrava a qualquer esperança.

Ryann sentado na cama onde eu dormi tantas vezes ao lado de Atma, segurava a mão de Aileen, pequena e muito branca. A figura de Atma ainda pairava sobre todos que estavam na casa.

Pedi a Ryann que fosse buscar a chama sagrada de Aileen no templo e ele, cuidadosamente, colocou a mão de Aileen sobre seu corpo. Eu olhava para a figura de Atma e pedia socorro. "Por que ela não salva a filha? Por que ela não me salva?", eu me perguntava, mas não obtinha resposta.

Ao lado de Atma percebi um senhor parecido com Mirdle. Aparentava bastante idade e tinha uma luminosidade bem superior à de Atma. Ele me fez um sinal para chegar mais perto de Aileen.

Ryann voltou com as chamas dele e de Aileen e me entregou. Coloquei as duas chamas no altar que foi de Atma e fui até a cama. Ryann já estava sentado ao lado e Dierdre e Brigid, logo atrás, não seguravam as lágrimas.

— Minha alma!? – a voz de Aileen era muito fraca.

— Estou aqui. E está aqui também o teu irmão de alma... Estamos em paz – eu queria que Aileen soubesse que eu estava em paz com Ryann.

Ela sorriu.

— Eu sei que vocês ficarão em paz. Eu quero ver Kyeran e Khiara... Preciso ver, por favor.

Lorna entrava pouco depois com os dois. Khiara correu

para ver a mãe e Kyeran dormia. Aileen tinha um relacionamento diferente com a filha, que era criada por ela própria e não pela comunidade; se assim fosse Khiara não sentiria tanto a falta da mãe.

— Meu docinho... Eu preciso falar muito sério com você. — Aileen falava com muita dificuldade e Khiara prestava muita atenção e parecia ter uma compreensão que eu não alcançava. Pausadamente, com muito esforço, a mãe se despedia da filha; a mãe preparava a filha para crescer sem os seus carinhos.

— Eu tenho que fazer uma viagem muito longa, mas é tão longa que talvez eu não possa ver você crescer. Não vou estar aqui quando acontecerem alguns momentos muito importantes para você... Não vou poder falar com você do jeito que falamos agora, mas eu quero te dizer que sempre que algo doer aqui – Aileen apontou para o coração da menina – eu vou saber, e se puder venho falar com você, mas só poderá me escutar dentro de sua cabecinha – Khiara envolveu o pescoço da mãe e pediu que ela não fosse.

— Como você vai morar aqui dentro? – apontou para sua cabeça... Sua inocência comovia. – Não vá embora... Por favor...

— Meu docinho, eu não vou morar aí, mas você vai me escutar como se eu estivesse aí, compreendeu?... Eu não posso deixar de fazer esta viagem... foi a Grande Deusa que me pediu para ir e antes de ir eu quero falar para você não ficar triste porque você não vai sair desta casa, você e seu irmão continuarão a morar aqui com Mirdle, Ryann, teu pai Aullus, e você obedeça Dierdre como se fosse eu...

Aileen sentia o sangue que perdia e a cada minuto ela ficava mais fraca. Ainda com Khiara agarrada ao seu pescoço, ela continuou sua triste despedida.

— Quero te contar um segredo: eu amo tanto você, meu docinho que não vou deixar você sozinha, eu pedi para Dierdre cuidar de você exatamente igual a mim e sabe o que ela me prometeu? Que vai fazer melhor, porque não vai sair e ficar fora como eu fazia... Ela vai estar sempre perto de você e de Kyeran.

Uma grande pausa, mas Aileen devia continuar...

— Meu docinho, eu também quero que você ajude Dierdre a cuidar do Kyeran... Porque ele não poderá falar comigo nem em pensamento... Só você, meu docinho, vai falar comigo. Agora me dê um beijo bem gostoso que eu vou me preparar para viajar — Khiara não soltava o pescoço da mãe e só quando eu a chamei ela veio para mim, soltando a mãe. — Ali, naquele instante e por causa de Aileen, a relação entre pais e filhos fora modificada. Os filhos continuaram a ser das mães, mas os pais passaram a ter o direito de criá-los se assim desejassem. Os filhos passaram a ser da família, antes de ser da comunidade.

Aileen dormiu o resto do dia e o número de aldeões só aumentava em frente da casa. Estava frio, mas a sensação era que ninguém sentia o vento gelado e a neve que caía silenciosa.

Arkell chegou e ao saber da proposta sobre as crianças apenas disse:

— Não negarei um pedido da *garota druida*... Ainda estou no mundo visível graças ao Criador e a ela. As crianças pertencem a Aullus e a Dierdre, assim deve ser e assim será!

Lorna havia levado as crianças para o Templo de Mirdle, que também descansava. Não sabíamos ao certo a idade de nosso mais querido Mestre, mas perder Atma e agora Aileen estava sendo muito difícil para ele. Apenas as crianças trariam um fôlego novo ao ancião. Muitos desconfiavam que Mirdle fosse o pai de Aileen, mas Atma sempre foi muito discreta com seus sentimentos pessoais e certeza ninguém tinha.

Já fazia algum tempo que a figura de Atma não era mais percebida por mim e acreditei que isto fosse um bom sinal. Dierdre dormia no banco aos pés da cama e Ryann na cama que foi minha. Eu dava pequenas cochiladas e sempre acordava num pulo. Brigid cuidava de Aileen.

A noite já dava os primeiros sinais, quando Aileen ficou consciente novamente. Eu corri até ela e Ryann levantou-se.

— Minha alma, eu quero que saiba que eu sempre o amei e sempre o amarei, mesmo no invisível. Sei que não poderemos ficar juntos por algum tempo, mas para o espírito, o tempo não existe... Acho que teremos que aprender a trabalhar um de cada lado primeiro para depois trabalharmos juntos, mas sei que conseguiremos... – sua voz era muito fraca

Eu segurava suas mãos e mantinha meus olhos fechados. Tinha medo do que a visão poderia me mostrar. Aileen, quase num sussurro, queria se despedir.

— Ryann, meu irmão, você é uma alma querida, que acompanhou meu ser, e muito me acompanhará ainda. Nossa jornada é um pouco mais leve, mas de muita responsabilidade. Não acalente nenhum sentimento ruim e saiba que nosso amor de irmão está além de nossas almas.

Abri meus olhos e a figura de Atma e o senhor que eu já havia visto no dia anterior surgiram em minha frente. Atma colocou a destra na fronte da filha e a outra mão na região do coração. O senhor começou a mexer as mãos em movimentos bem lentos e longitudinais ao longo do corpo de Aileen. A cada passada suas mãos pareciam se enrolar nos tênues fios que envolviam e ligavam as "duas" *Aileens* que meus olhos percebiam.

Eu não conseguia entender exatamente o que acontecia, mas acreditava que era um tratamento e que em breve eu teria minha Aileen comigo novamente. Cheguei mais perto e fiquei em oração tentando ajudar naquilo que eu achava que fosse a cura. Automaticamente Ryann, Brigid e Dierdre fizeram o mesmo.

Estávamos ajudando em seu desligamento, mesmo sem saber. Aileen dormia novamente.

Depois de alguns minutos reparei que a respiração de Aileen era mais pesada e difícil, mas mesmo assim não entendi o que estava prestes a acontecer.

Hoje sei, e entendo a necessidade de nossos amigos do invisível, nos cegarem para não interferirmos nas decisões do Alto. Se soubéssemos o quanto causamos mal ao "prender" um ser querido, com certeza teríamos outra atitude. A partida é sempre difícil, despedir-se é sempre doloroso, mas podemos amenizar ou piorar toda situação.

Aileen acordou e me chamou. Ela tinha um pedido a fazer.

— Aullus, chame Dierdre e Ryann... Preciso falar...

Imediatamente os dois estavam ao nosso lado, e Mirdle entrava visivelmente abatido. Mirdle se colocou ao lado de Aileen, que segurou a minha mão com a pouca força que ainda tinha. Era o segundo dia de vida de Kyeran e o sangramento de Aileen era intenso. Havia momentos em que acreditamos estar controlado, mas no minuto seguinte a hemorragia voltava com força.

Ervas e xaropes, os tratamentos dos *druidas*, nada modificou aquele quadro que nos torturou por dois dias.

— Meus irmãos, meu amor... Mestre... O meu espírito sentirá a falta de vocês... Não descuidem dos meus filhos, amem essas crianças... Khiara vai precisar de muito amor. Peçam a Arkell a permissão para criá-los aqui...

— Meu amor, Arkell já permitiu. Eles ficarão aqui... – interrompi, tentando apaziguar seu espírito.

— Aullus, não culpe Kyeran, você sabe que ele não tem culpa. Se existe alguém culpado sou eu mesma, que fui até a planície e não olhei direito onde pisava... Ninguém mais. Nem você, minha alma, que acalenta a culpa e o remorso... Como Atma dizia: "se assim quis o Criador, assim deveria ser"...

— Aileen, leve meu amor de irmão. – Ryann estava muito emocionado e mal continha as lágrimas.

— Eu quero que vocês, Aullus, Dierdre e Ryann acompanhem minha alma ao invisível. Não quero que você, Mirdle, sofra mais, você já sofre com a distância de Atma... Amo vocês e sempre vou amar... Sempre vou reconhecer vocês, em qualquer tempo, em qualquer vida... – somente essas palavras, nada mais.

A imagem de Atma pairava sobre nós e também outros seres que a acompanhavam. O mesmo senhor de antes reiniciou seus movimentos e vi o espírito de Aileen levantar com muito mais facilidade. Poucos fios uniam os corpos de Aileen e os movimentos do senhor desatavam os fios mais sutis.

Observei que havia um fio mais "grosso" que partia da altura da nuca. Era brilhante como os outros e não se enroscava nas mãos do homem.

Atma chegou bem próxima a mim, e passou as mãos pelo meu rosto como se enxugasse minhas lágrimas. Virou-se e

gentilmente pegou o corpo de Aileen e a aninhou nos braços como se ela fosse um pequeno bebê.
Aileen dormia.
Outros seres, que somente agora eu via, rodearam o corpo físico de Aileen e com as mãos postas em direção daquele cordão mais grosso, jogavam uma luz intensa naquele ponto. Ao mesmo tempo, um enorme facho de luz colorida como um arco-íris partia da área do coração de cada ser e envolvia não só o fio como também o corpo de Aileen.
O senhor parou os movimentos e notei que ele me olhou de maneira muito profunda. Atma, com Aileen nos braços, a acolhia com extremo carinho. Ryann levantou do lugar que estava e se posicionou atrás de mim, com a destra em meu ombro, alheio a tudo que eu via. O senhor virou e num movimento completamente diferente dos que até então fazia, soltava o fio mais grosso do corpo físico de Aileen. Com muita sutileza o fio soltou-se completamente e não havia mais ligação.
Ao perder o contato com o físico, o cordão se desfez.
Senti a casa vazia. Oca!
Não via mais ninguém. Não via mais nada. Não ouvia mais a respiração de minha alma, e chorei. Talvez o choro mais dolorido daquela existência. Um choro silencioso, cheio de remorso pelas ações cometidas e também pelas não cometidas. Um filme passava pela minha mente e de repente Aileen estava ali correndo pela planície, curando Liliana, fugindo das broncas da mãe e preocupada com nosso futuro após ela tornar-se iniciada.
Revia os conselhos de Mirdle e os avisos de Atma.
Atma, um espírito que nunca desistiu de mim e me ensinou tanto... e um pensamento me retirou das lembranças: eu tinha que encaminhar a Alma de Aileen.
Ryann me abraçou e eu permiti o abraço. Aquele gesto significaria muito em nossas vidas posteriormente.
Dierdre levantou e foi até a porta da casa avisar aos aldeões da partida de nossa querida sacerdotisa, a garota *druida*, que todos amavam.
Eu estava tão vazio quanto o ambiente que agora eu via, mas tinha que arranjar forças para realizar o funeral de Ai-

leen. Saí da casa e segui para o templo de Aileen e Ryann. Quando entrei, as lembranças de uma briga que tivéramos, quando ela me proibiu de entrar ali novamente, chicotearam meus sentimentos e me curvei à dor que sentia.

Khiara entrou, ou acho que ela já estava ali, não sei ao certo, correu até meu colo; enrolou seus pequenos bracinhos em volta do meu pescoço, como há pouco fizera com a mãe e me consolava com sua inocência infantil, sem saber que ela mesma sofreria a ausência de Aileen.

Lorna e Brigid entravam pelo fundo Brigid estava com Kyeran nos braços e tentou chegar perto de nós, mas naquele momento aquele bebê não era divino para mim; não era uma bênção. Era o ser que havia levado minha Aileen e naquele instante, eu o queria bem longe dos meus olhos. Fiz um sinal para ela não chegar.

Levantei com Khiara no colo e fui andar. Quando percebi estava no salão ao lado do templo da aldeia onde nos entregamos pela primeira vez à paixão, ao amor. Khiara se mantinha quieta em meus braços, algo que dificilmente acontecia.

Estava tudo do mesmo jeito e minha mente voltou no tempo. Cheguei a "ver" Aileen andando pelo cômodo, rindo e se insinuando para mim, numa brincadeira só nossa e que só nós sabemos realizar.

Um choramingo me despertou dos sonhos, e infelizmente voltei ao tempo presente. Khiara estava muito bem enrolada em peles e lã, e mesmo sob a neve no trajeto de volta à casa de Atma, ela adormeceu em meus braços. Era um pedaço de minha alma, era a única coisa que havia restado dela.

A multidão em frente ao templo de Aileen e Ryann só aumentava.

Tentando não chamar atenção, entrei em casa pela parte dos fundos e a primeira coisa que percebi foi a ausência do corpo de Aileen. A casa estava vazia... Sem sons, sem vida. Só o cheiro de sangue parecia impregnado; isso me enjoava e me trazia mais dor.

Ryann e Dierdre já haviam levado o corpo para o templo e já o preparavam para o funeral. Coloquei Khiara na cama que foi minha e observei as chamas sagradas, que permaneciam no altar que fora de Atma. No último inverno estávamos juntos e perto das festividades do *Samhain,* Aileen contava a Khiara as lendas dos deuses. Eu escutava sua voz, seu riso...

Tentei localizar as pessoas que deveriam estar por ali, e deduzi que Lorna e Brigid estavam no templo de Mirdle, com Kyeran. Eu não havia falado com o ancião após a partida de Aileen. Como estaria o grande Mestre?

Khiara reclamou e eu voltei até a cama, onde ela dormia. Segurei-a novamente até ela se acalmar, mas acabei deitando junto de seu corpinho frágil; ela sentia frio. Para mim aquela criança era a única ligação que eu ainda tinha com Aileen. A materialização de meu sentimento; a prova viva de nosso amor.

Sentia meu corpo anestesiado, vazio... Dormi.

Capítulo 28

Tive uma noite muito agitava e acordei bem cedo.

A neve era intensa, mas os aldeões transferiam seus acampamentos para a planície em frente ao templo de Aileen. Costume que também foi incorporado aos novos hábitos a partir daquele inverno.

Embora houvesse várias cabanas, que agora chegavam antes para os funerais do que pelo Festival de Inverno, o silêncio era pesado. Todos sofriam a partida da "garota druida" que mesmo adulta ainda era assim chamada.

Khiara ainda dormia e aproveitei para ir até o templo. Assim que entrei vi o corpo de Aileen sobre um tipo de aparador que havia ao fundo do salão. Estava limpo e já envolvido com a mistura de sal e óleos. Um tecido completamente branco e limpo a cobria. Dierdre e Lorna preparavam o tecido que, mais tarde, envolveria seu pequeno corpo, que ali parecia ser muito menor.

Kyeran dormia no colo de Brigid e uma ama de leite, andando pra lá e pra cá, arrumava as coisas do pequeno ser. Leon e Ryann foram até o templo de Mirdle.

Eu não sabia o que dizer ou o que fazer. Abracei Dierdre e mais uma vez chorei o remorso de ter ido embora e ter trazido tanto sofrimento para Aileen. Quando me acalmei pedi a ela que olhasse Khiara, eu iria até a casa de Denzel e depois para o templo.

O funeral de Aileen seria na véspera do *Samhain,* o Festival do Inverno, e a simbologia deste festival traduzia meu sentimento. No caminho para casa de meu tio, mais um retorno ao passado e eu ouvia Aileen contando a lenda dos pequenos deuses a Khiara:

— Sente aqui, Khiara, vou lhe contar uma história! - Aileen apontava para que a menina sentasse em seu colo. Com duas pequenas bolinhas de argila, ela transmitia nossas crenças e eu não saberia dizer, pela alegria e felicidade, qual das duas era a criança. Para mim as duas pareciam seres divinos.

O inverno era associado à morte, pois o solo estava "morto", mas trazia em si mesmo a esperança da vida, do renascimento. Para nós, o deus (o Sol) estava morrendo, mas a deusa (a Lua que brilha palidamente) trazia em si a vida; durante as noites escuras e frias do inverno a deusa procuraria o deus e o traria dos mortos. Neste período acreditávamos que o véu divisor dos mundos visível e invisível era mais tênue, mais sutil, e facilitava a visita dos antepassados que já haviam partido. A deusa após encontrar sua metade, o deus, o traria de volta ao mundo dos vivos e ele renasceria em todo o seu esplendor, iniciando a verão.

O Sol e a Lua eram para nós deuses menores. Pequenos deuses cujos milagres não estavam em atender pedidos, mas em manter a vida; fornecendo calor, atuando nas marés e fazendo a terra brotar e produzir o alimento. Estes eram os milagres desses deuses.

Eu me sentia como a deusa que queria ir atrás de seu deus, da sua metade, mas ao contrário da deusa, eu não trazia em mim a vida necessária para reviver a minha metade.

O funeral de Aileen trouxe reflexão a todos. Boa parte da comunidade já estava na aldeia para o Festival de Inverno e o restante veio quando soube da partida de Aileen. Todos os presentes, em oração silenciosa, pediam à Grande Deusa que acolhesse em seus braços aquela que atendia a todos. Que inundou a vida de muitos com sua alegria e juventude e que vivia correndo pelos campos de girassóis... Que usava sempre sua guirlanda com cordões de lavanda para alegrar o coração daqueles que atendia. E que só conheceu a tristeza, por minha culpa...

Minha Aileen partia...

Ver o corpo de Aileen no altar do templo trazia para a realidade visível toda a dor que seu povo sentia. Não era exatamente as curas que faziam de Aileen alguém querido, era sua simplicidade, sua dedicação, seu carinho e principalmente sua atenção com todos que queriam falar com ela.

No período em que atendia na prática como sacerdotisa, não houve uma única pessoa sem atendimento. Ela e Ryann sempre estavam prontos para conversar, atender e tratar. Aileen ficava vários dias com as crianças da aldeia e nunca sabíamos quem se divertia mais, ela ou as crianças.

Dierdre e Lorna haviam preparado o corpo de Aileen de forma especial. Enrolada em panos alvos que iam até o pescoço, diferente de nossa tradição, um trançado de flores brancas e roxas envolvia todo seu corpo e a guirlanda que ela nunca deixava, branca com cordões de lavanda, que recebera no cerimonial da iniciação, repousava no alto de sua cabeça em meio aos cabelos da cor de trigo maduro, que desciam soltos até os ombros.

Seus pertences de sacerdotisa foram entregues a mim e muito tempo depois, eles seriam usados por sua bisneta, Almira, neta de Khiara, a única que seguiria os passos de Atma e Aileen e numa terra muito distante daquela em que vivíamos.

Sua "casca", mesmo vazia, ainda guardava os traços de sua beleza e trazia às nossas lembranças um pouco da sua doçura.

Mirdle deu sinal e os músicos iniciaram a música que embalaria os rituais do funeral. Os gestos calmos e pausados de Mirdle às vezes davam lugar às ações mais diretas e não menos emocionadas de Ryann. Dierdre, ao meu lado, tentava manter secos os olhos doloridos de tanto chorar... Ela perdia a amiga e a Mestra. Naquele dia Dierdre decidiu seguir a vida do sacerdócio e também tornar-se uma iniciada; Brigid seria sua auxiliar.

A balada triste nos levava a outras dimensões e tentávamos de alguma forma esquecer os próprios sentimentos para levar conforto ao espírito de Aileen. Não podíamos fazer mais nada, além disso.

Durante os funerais, vi Atma ao meu lado, senti a força que emanava de seu espírito e durante alguns minutos eu me senti confortável. Quando iniciamos a última fase do encaminhamento da alma de Aileen, Atma chegou bem próximo e eu a ouvi dizer: "é assim que deve ser, e assim será! Que o

Criador tenha piedade de Sua criatura e que derrame sobre Sua cria, todo amor e toda força necessária à sua caminhada".
Quando percebi, estava chegando o momento mais difícil para mim: apagar a chama sagrada.
Precisei de coragem para apagar a chama sagrada de minha alma, mas quando consegui, a minha chama se apagou também.
Ryann acendeu a pira e assim nós encaminhamos a alma da *garota druida*. Daquela que seria lembrada sempre como a sacerdotisa mais querida, mesmo sendo apenas uma iniciada.
No dia seguinte seria o Festival do Inverno, mas a comemoração não foi normal. Óbvio que nossas crenças não permitiram o cancelamento do festival, que era considerado como um evento religioso. Era o momento de pedirmos ao Criador a volta do sol, a volta da vida ao solo, para termos alimento suficiente para todos da comunidade. Mas naquele festival os aldeões pareciam pedir forças para superar a tristeza, que era pesada demais.
Aos poucos, a vida voltou ao normal e Ryann ficava mais tempo no Templo de Mirdle, que ficava entre nós, pois as crianças acabavam aliviando nossos dias. Nos primeiros dias foi difícil para Khiara entender a ausência da mãe, mas Dierdre sempre presente ajudou e por isso eu não voltei ao grupo de guerreiros logo após a partida de Aileen, mas após dois invernos eu retomava minhas funções junto ao grupo.
A comunidade havia se separado logo após a partida de Aileen, mas Arkell já se preocupava com outra separação... A população crescia rápido. Nesta segunda separação eu me entreguei de corpo e alma na procura de terras e algumas vezes me expus a situações perigosas e desnecessárias.
Khiara também crescia e se apegava cada vez mais a Ryann e Dierdre, agora uma iniciada. Eles criaram os filhos de Aileen como se deles fossem. Dierdre realizou o Pacto de União com Círio e moravam todos na casa de Atma e com a partida de Mirdle, cinco invernos depois, o templo de Aileen e Ryann, que nunca deixou de ser assim chamado, era o mais procurado.
Após a partida de Mirdle, não havia mais como adiar, e

nossa aldeia realizou uma nova separação. Eu e Alistair fomos chamados por Arkell para ajudar na nova empreitada, porém seria uma viagem sem volta, pois grande parte da terra ao nosso redor já estava tomada e teríamos que ir mais longe do que já havíamos ido.

Desta vez, quase metade dos aldeões nos seguiu. A viagem foi difícil e longa, mas eu queria ir o mais longe possível e Alistair concordou. Paramos em vários povoados, e parte dos aldeões seguiu para uma comunidade que já crescia,[1] mas um pequeno grupo seguiu e chegamos a atravessar uma grande faixa de água salgada em barcos a vela.

Fomos para uma terra onde o inverno parecia ser constante e as brumas nos envolviam até boa parte da manhã. De um número inicial de quase mil aldeões, chegamos lá com um pequeno grupo de pouco mais de cem pessoas.

Tinha muito trabalho e um solo e clima completamente diferentes da nossa aldeia. Aos poucos consegui sementes novas e nossos hábitos alimentares mudaram um pouco, mas a prioridade sempre foi alimentar a todos.

Ainda quando nos preparávamos para esta separação, encontrei Dierdre e Ryann voltando de um tratamento, e traziam Khiara e Kyeran pelas mãos. Alguns sentimentos reviveram em meu íntimo. Khiara pulou em meu colo, mas minha indiferença com o menino me deu a certeza sobre a necessidade do meu afastamento. Khiara era um pedaço de Aileen, mas Kyeran era seu assassino. Ficar afastado era o melhor que eu podia fazer para não criar sentimentos contraditórios e errôneos com relação ao garoto forte que tinha os olhos e os cabelos de Aileen.

Aquele encontro me deu forças para partir e deixar para trás a aldeia que me deu a vida, na qual cresci, encontrei o amor e morri em vida.

Eu já estava cansado, mas os novos desafios mantinham minha mente longe do remorso e da culpa. A nova aldeia foi minha última morada, antes de eu partir para o invisível.

Atravessamos muitas terra e até mesmo parte do oceano e a nova comunidade crescia nas terras que hoje são conheci-

---
[1] Nas proximidades da atual Versailles (França) – aproximadamente 550 km do local original de nossa aldeia.

das como Reino Unido.[2] Uma terra completamente nova que devia trazer paz ao meu coração; era o que eu desejava, mas não foi assim.

Vivi pouco, mas muito mais do que eu queria. Nunca mais me envolvi com ninguém emocionalmente e muitos hábitos das antigas aldeias foram absorvidos pela comunidade que crescia, que mesmo após longo tempo ainda guardaria a imagem de Aileen nos pensamentos. Leon e Lorna estavam no meio do grupo desta nova comunidade e passaram grande parte do Conhecimento aos aldeões agregados no passar dos anos. O coração desta nova comunidade, o pequeno grupo que ali chegou, trazia na memória e no coração a figura de Aileen, Atma e Mirdle. Muitos tinham sido curados por Aileen e outros tantos haviam nascidos pelas mãos de Atma e todos de idade adulta, tinham passado pelo templo de Mirdle na iniciação do Conhecimento, por isso foi fácil mantermos certos costumes, e foi primordial na manutenção de nossa fé.

Quatro verões depois, uma epidemia dizimou parte dos aldeões primários que já possuíam certa idade, e também levou nossos amigos *druidas*. Um novo casal já iniciado ficou responsável pela comunidade, mas Leon e Lorna não tiveram tempo de passar todo o Conhecimento. Nessa modificação necessária, eu passei aos aldeões minha experiência sobre preparação de solo, plantio, irrigação, enfim todo o conhecimento que eu havia adquirido com a agricultura. Os novos *druidas* realizavam um bom trabalho dentro do possível, aprendendo o que faltava com os mais velhos da aldeia e boa parte de nossos costumes permaneceram por longo período, como as lembranças das curas realizadas por Aileen, que agora, ao ouvir as histórias, pareciam fantasiosas demais. Alistair tornou-se o rei desta comunidade, o que ajudou na continuidade dos principais costumes. Tornou-se também meu melhor e único amigo.

Novos costumes, novas crenças e novos hábitos aos poucos modificavam as características de nosso povo, mas quando eu parti nossa fé e seus princípios ainda eram os mesmos. As grandes modificações vieram muito tempo depois.

2 Como referência, nos instalamos nas imediações da atual cidade de Salisbury, Reino Unido.

Alistair, meu fiel amigo, encaminhou minha alma acendendo a pira funerária. Naquela aldeia somente nos funerais dos *druidas*, dos assistentes e dos iniciados o sopro da chama sagrada era realizado, diferente de nossa aldeia. Cheguei ao invisível doze invernos após a partida de Aileen. Ainda sentia o mesmo amor por ela e infelizmente a mesma posse, mas Deus sempre nos dá a chance de recomeçar e consertar aquilo que quebramos.

A visão nunca me abandonou e no momento em que eu partia para o invisível, consegui ver Atma e Aileen ao meu lado. Sorri para as duas e lembro que Aileen me abraçou.

— Minha alma... – ouvi sua voz.

— Meu amor, você veio... Você está linda como da primeira vez que eu a vi e o meu amor é exatamente igual...

Parti nos braços de minha alma e ao lado de minha grande amiga Atma.

Epílogo

No plano espiritual...

A última lembrança que tinha era de estar nos braços de Aileen, mas não sabia ao certo se era real ou se fora um sonho, pois quando tive consciência de mim, eu estava num lugar muito estranho, muito frio e escutava ao longe algumas pessoas chorando. Andei por muito tempo até achar um lugar onde eu pudesse descansar.

Importante dizer que no instante de meu desencarne Aileen e Atma realmente estavam ao meu lado e fui levado para um local onde receberia tratamento, mas minha vibração não permitiu tal procedimento e imediatamente após meu desligamento e relativa consciência, me vi como que "sugado" ao ambiente pertinente à minha necessidade vibratória, onde os sentimentos equivocados como a raiva, vingança, orgulho etc., são comuns. Seguir para estes lugares não pode ser encarado como castigo, é apenas questão de afinidade emocional/vibratória.

Eu tinha muita revolta no coração... Em alguns momentos eu pensava como minha vida seria sem a presença de Ryann, e era tomado pela raiva. Em outras situações eu pensava em Aileen, que deveria me amar e não amar o sacerdócio, o que também me trazia sentimentos controversos. Minha mente trabalhava sem cessar e vários pensamentos ao mesmo tempo só geravam confusão, raiva e remorso. Com o tempo estes sentimentos misturavam-se com momentos de desespero e súplica. Por que eu estava sendo castigado? Era o que eu pensava e não entendia.

Houve um dia que acordei e me vi envolvido com seres de aparência estranha, muito semelhante ao ser que uma vez "grudou" em mim enquanto eu cuidava de Atma e o ensinamento da minha senhora ajudou-me a sair daquele lugar.

Quando um ser se aproximava de mim, eu sentia repulsa, nojo, mas imediatamente, tentava trazer o amor para meus pensamentos, como minha senhora havia me ensinado.

Tentei calar meus pensamentos e manter certo controle; realizava minhas orações matinais com os materiais que eu tinha a mão e sempre lembrava as recomendações de Atma: peça com o coração... Ore com o coração. Acreditei que aquele seria o caminho para a situação inexplicável que eu vivia ter seu fim. E foi assim que consegui, um dia, encontrar com aquele senhor que desembaraçou a alma de Aileen e me assustei, pois ele parecia ser mais real do que nas minhas visões. Foi assim que tomei consciência que eu estava "morto".

No primeiro instante meu desejo era brigar com ele, mas Atma, minha Mestra, ainda muito presente em mim, me dominou e aceitei a ajuda. Seu nome era Mickael e trazia na voz muita compaixão. Ele levou-me para um lugar onde fui muito bem recebido e tratado, mas não reconheci ninguém.

Entendi que o melhor caminho era manter a calma e depois de algum tempo reencontrei Atma, que me ajudou a reencontrar Aileen, quando meu equilíbrio emocional já estava bem forte.

Mirdle se juntou a nós algum tempo depois, e eu que nunca quis me envolver nos atendimentos e na ajuda ao próximo, fazia parte de um grupo que no invisível ajudava os *druidas* em seus tratamentos. Eu tinha a oportunidade de estar do outro lado da visão e saber o porquê e como ocorria a cura. Aprendi muito sobre os tratamentos realizados pelos sacerdotes com as ervas e com a imposição de mãos que, naquela época da História, eram as únicas formas de se tratar a saúde, já que médicos não existiam e aqueles que diziam entender da saúde, em sua maioria não passavam de curiosos.

Hoje percebo que nos últimos dias desta minha vida de encarnado, quando participei das separações das aldeias, e mesmo quando, pelas circunstâncias, tive que passar o conhecimento sobre o plantio, era o início de minha dedicação ao próximo. Sem alarde, o Criador mostrou a mim a estrada da dedicação aos mais necessitados, e eu a abracei sem perceber; sentia-me feliz em ensinar tudo que eu sabia. Certos conhecimentos que passei fizeram a diferença na vida de várias gerações e isto, de alguma forma, me comoveu.

Trabalhamos muito no plano invisível, afinal a evolução entre os encarnados e desencarnados é muito similar e ainda hoje necessitamos reencarnar para aprender e alcançar a plenitude. Mas já era hora de pensar nos sentimentos que precisávamos equilibrar e uma análise mais profunda sobre nossos equívocos era importante.

Naquela existência, Aileen desencarnou por uma atitude imprudente e permitiu que certos sentimentos se sobrepusessem a suas responsabilidades, como mãe e como *druida*.

Com a gravidez adiantada, ela não deveria, principalmente no frio e com a neve alta, subir e descer as colinas. O solo escorregadio facilitou o desequilíbrio que a levou ao chão, fazendo profundo corte na perna; a falta de alimentação após minha partida debilitou profundamente seu organismo, causando uma acentuada anemia. Seu corpo não tinha forças para uma resposta e se regenerar após a expulsão da criança. Aileen também não cumpriu totalmente as responsabilidades assumidas pela vida sacerdotal, motivo pelo qual ela recebeu a mediunidade de cura; permitiu que o sentimento carnal falasse mais alto.

Eu facilitei meu desencarne, me expondo a situações desnecessárias. Naqueles doze anos eu vivi à margem da vida, de certa forma pedindo a morte. Recebi a visão para ajudar e não fiz absolutamente nada com ela, nem ao meu favor, para aprender alguma coisa. Consegui amenizar um pouco quando auxiliei a nova comunidade com meus conhecimentos de agricultura. Assim como Aileen, permiti que meu sentimento carnal fosse mais importante, que me cegava cada vez mais com pensamentos e atitudes equivocadas, trazendo sofrimento a várias pessoas. Sem falar da raiva e do remorso que me prendeu a sofrimentos desnecessários.

Se Aileen não partisse naquela situação, ela iria deixar o sacerdócio. Decisão tomada diante de minha atitude, que por sua vez era baseada na posse e na desconfiança. Ela abriria mão de um compromisso assumido. Aileen, ainda no plano espiritual, se preparou para a vida no sacerdócio; estudou e trabalhou para receber a mediunidade de cura para ajudar um povo, numa época onde a medicina que conhecemos não existia e se confundia com os ensinamentos religiosos. Eu compartilhava este compromisso e recebi a vidência para auxiliar Aileen nos tratamentos. Porém, movidos por um sentimento doentio, cumprimos praticamente nada.

Esta experiência nos ajudou nas encarnações seguintes. Por milênios encarnamos em épocas diferentes e em situações que dificultavam nosso maior envolvimento. Mesmo em ligações consanguínea, a minha posse a subjugou a uma união com alguém que só trouxe sofrimento para sua vida.

Dierdre viveu até os sessenta e três anos, idade relativamente avançada para a época, e partiu num inverno muito rigoroso. Ryann chegou ao invisível logo depois de Dierdre, atacado por uma doença nos pulmões, mas os dois tiveram a oportunidade de treinar e deixar como iniciada Almira, bisneta de Aileen. Almira tinha a dedicação da bisavó, mas não tinha o dom da cura. Eu e Aileen, Atma e Mirdle, estaríamos ao seu lado durante toda sua vida terrena. Almira tinha a visão como eu e a entrega de Aileen e ajudou muito seu povo.

Almira nasceu em nossa aldeia e depois de alguns anos como iniciada ela partiu. Passou por duas comunidades e viveu boa parte da vida na aldeia onde eu vivi os últimos anos de minha vida carnal. Como iniciada de Ryann e Dierdre, e do clã de Atma e Aileen, ela foi recebida de braços abertos e lá viveu até seu desencarne.

Reencarnamos várias vezes, juntos e separados, como celtas e egípcios, e estivemos juntos ao lado do Mestre e Irmão Jesus, quando Ele pisou o solo físico do planeta. Uns como gente simples do povo, outros como ricos romanos e outros como centuriões. Esta é outra existência que marca profundamente nossos espíritos, mas não cabe aqui relatar outros dados.

Eu já aprendi muito, mas quando estou encarnado ainda tenho que dominar meus instintos, assim como todos. A cada vida carnal, aprendemos um pouco, ajudando a nós mesmos e aos outros... Evoluindo sempre!

Hoje, Atma, Aileen, Ryann e Dierdre, Brigid, Alistair e Círio estão encarnados. Entre uns existe o laço sanguíneo, mas outros têm como laço a verdadeira amizade, seguem como irmãos de alma. Mirdle, que estava encarnado junto ao grupo, chegou há muito pouco tempo aqui no invisível e se prepara para trabalhar no plano espiritual.

Eu sou apenas um dos inúmeros espíritos que ajudam este grupo a trabalhar no bem e na harmonia. E peço a Deus a breve possibilidade de estarmos todos juntos.

Para todos os meus amigos leitores, peço que não se busquem nas personagens, mas nos ensinamentos que estas humildes páginas trazem:

— religiosidade, a simplicidade e a dedicação.
— a renúncia, a abnegação e a luta.
— a humildade de aprender e a humildade de ensinar.

E, principalmente, eu gostaria que esta narrativa pudesse ajudar a muitos que confundem este sentimento puro e simples, que liberta e que engrandece, chamado AMOR.

Fiquem na paz do Criador, porque é assim que deve ser, e assim será!

Aullus

A SACERDOTISA CELTA
foi confeccionado em impressão digital, em maio de 2025
Conhecimento Editorial Ltda
(19) 3451-5440 — conhecimento@edconhecimento.com.br
Impresso em Luxcream 70g — StoraEnso